Ullstein

ÜBER DAS BUCH:

„Der amerikanische Traum war zu allen Zeiten möglich und ist ebenso heute noch überall realisierbar," so Lee Iacocca, dem in diesem Buch ein ausführliches Kapitel gewidmet ist, „nur in den USA ein bißchen leichter als anderswo."

Heinz Horrmann lernte auf seinen Reportage- und Interviewreisen die Aufsteiger mit den Traumkarrieren persönlich kennen, die heute Millionen und Milliarden Dollar verdienen. 14 faszinierende und facettenreiche Lebensgeschichten von prominenten Top-Beruflern, die die Kunst des Erfolgs zum Thema haben, stellte er zusammen. Heinz Horrmanns Gesprächspartner erzählen aber nicht nur von glanzvollen Siegen und mutigen Entschlüssen, sondern auch von Einbrüchen, Niederlagen und Zweifeln, sie enthüllen bisher nie bekannt gewordene Hintergründe zu bedeutenden Wirtschaftsentscheidungen.

DER AUTOR:

Heinz Horrmann, 1943 in Düren geboren, ist bei der Tageszeitung „Die Welt" für die Ressorts Reports, Reisen sowie Auto und Verkehr verantwortlich. 1983 wurde er für die Berichterstattung über die „Motor-City USA" mit dem Reportagepreis der Stadt Detroit ausgezeichnet. 1985, 1986 und 1989 erhielt er den Autorenpreis der Christophorus-Stiftung.

Weitere Veröffentlichungen (u.a.):
Traumreiseziele (1988); *Das Deutsche Autojahrbuch IV* (1988); *Das Deutsche Autojahrbuch V* (1989); *Wenn ich einmal reich wär!* (1990); *Die Besten der Besten. Business-Hotels* (1992); *Die Besten der Besten. Strand-Hotels* (1992); *Die Besten der Besten. Gourmet-Hotels* (1993); *Die Besten der Besten. Golf- und Tennis-Hotels* (1993); *Karrieren* (1993).

Heinz Horrmann

Amerikanische Traumkarrieren

Ullstein

Sachbuch
Ullstein Buch Nr. 35357
im Verlag Ullstein GmbH,
Frankfurt/M - Berlin
Ursprünglicher Titel der
Originalausgabe:
Das Hundert Milliarden Dollar Buch

Für das Taschenbuch aktualisierte und
mit einem Kapitel über Arnold Schwarzenegger
neu eingerichtete Ausgabe

Umschlagentwurf:
Dietmar Suchalla
Foto: Louis H. Jawitz/The Image Bank
(© by Louis H. Jawitz/The Image Bank)
Alle Rechte vorbehalten
© dieser Ausgabe 1994 by Heinz Horrmann
Printed in Germany 1993
Gesamtherstellung:
Ebner Ulm
ISBN 3 548 35357 6

Januar 1994

Gedruckt auf alterungsbeständigem Papier
mit chlorfrei gebleichtem Zellstoff

Vom selben Autor
in der Reihe der
Ullstein Bücher:

Traumreiseziele
(34479)

Die Deutsche Bibliothek -
CIP-Einheitsaufnahme

Horrmann, Heinz:
Amerikanische Traumkarrieren /
Heinz Horrmann. -
Aktualisierte und mit einem Kap.
über Arnold Schwarzenegger neu
eingerichtete Ausg. - Frankfurt/M ;
Berlin : Ullstein, 1994
(Ullstein-Buch ; Nr. 35357)
ISBN 3-548-35357-6
NE: GT

INHALTSVERZEICHNIS

I
Rückblick
Zündende Ideen _____ 9

II
Ronald Haan
Das Frühstücks-Darlehen _____ 25

III
Arnold Schwarzenegger
Die Angst, arm aufzuwachen _____ 37

IV
Jay A. Pritzker
Der unbekannte Milliardär _____ 47

V
Donald J. Trump
An der Spitze überleben _____ 65

VI
Frederick W. Smith
Schneller als die Post _____ 85

VII
Lido A. Iacocca
Einen Dollar Gehalt für den Anfang ———————————— 101

VIII
Elke Andrzejewski
Die Mode-Queen von Los Angeles ———————————— 123

IX
Jack Nicklaus
Millionen mit Golf ————————————————————— 139

X
William B. Johnson
Der Mann, der hinter Ritz-Carlton steht ——————————— 149

XI
Giorgio Moroder
Drei Oscars und Millionen Dollar als Lohn ————————— 163

XII
Heinz Prechter
Vom Sattlerburschen zum Konzernbesitzer ————————— 179

XIII
Mark McCormack
Gute Geschäfte mit Golf und Vatikan ———————————— 189

XIV
Karl Ehmer
Bei ihm geht's um die Wurst ——————————————— 205

Dank, Bildverzeichnis ——————————————————— 214

*Wenn jemand einmal Erfolg hat,
kann das Zufall sein.*

*Wenn jemand zweimal Erfolg hat,
kann das Glück sein.*

*Wenn jemand dreimal Erfolg hat,
stehen allein Fleiß,
Ideenreichtum und Einsatz dahinter.*

Volkswort aus
der Normandie

RÜCKBLICK

Zündende Ideen im Wandel der Zeit

Wer jemals eine bittere Colanuß gekaut und den ungenießbaren Geschmack erlebt hat, bekommt Hochachtung vor dem Apotheker Dr. John S. Pemberton, der den galligen Brei des zerkleinerten Rohproduktes in zig Stunden und nach 100 Versuchen mit grobem Zucker und in Sirupform, mit Phosphorsäure und aus Teeblättern gefiltertem Koffein derart abgestimmt und solange mit Sodawasser verdünnt hatte, bis ein erfrischender Softdrink draus wurde, der im Saloon neben dem Drugstore bald zum Lieblingsgetränk avancierte. „Delicious, Refreshing, Invigorating", begeisterten sich die Kunden und lieferten spontan die Schlagworte für spätere Werbekampagnen. Das genaue Rezept der Mixtur wird heute noch als Geheimnis gehütet. Die Frage, warum es gerade die Colanuß zum Experimentieren sein mußte, ließ der Tüftler zeitlebens unbeantwortet. Vielleicht war es wirklich ein purer Zufall.

Wie auch immer, Pemberton hatte erfunden, wonach Amerika lechzte, ein Erfrischungsgetränk, das nicht nur den Durst löschte, sondern sich gleichzeitig als Medizin gegen Mißstimmung und schlechte Laune einsetzen ließ. Der Mann war von seiner Idee beseelt und verfolgte sie konsequent. Sein Freund Frank M. Robinson, mit einem feinen Ohr für Lautmalereien, taufte das Getränk „Coca-Cola". In jenen Tagen interessierte das niemanden.

Pembertons ganzes Vermögen betrug damals zwei Dollar und 75 Cent, Rücklagen aus Geschäften mit Haarfärbemitteln und Hustensirup, versteckt in einer Blechdose, die hinter Büchern stand. Für seine Versuche hatte er im Laufe der Zeit an die 80 Dollar ausgegeben, die er sich vom Munde absparen mußte.

Mit einem Schlag bekam der unscheinbare Apotheker aus Atlanta 2300 Dollar, als er alle Rechte am neuen alkoholfreien Soda-Drink an Mrs. Asa Candler verkaufte, die mit ihrem Mann „The Coca Cola Company" gründete und den Millionen-Dollar-Reigen in Schwung brachte. Pemberton, der damals geradezu entzückt den knapp formulierten Vertrag unterschrieb, wäre in der heutigen Zeit durch das Getränk mit dem Hauskürzel „7 X" ein typischer Self-Made-Millionär. Einer, der den amerikanischen Traum, mit dem beliebten Abziehbild-Slogan „Vom Tellerwäscher zum Millionär", perfekt wahrgemacht hätte. Auch der Wortschöpfer Robinson könnte in unseren Tagen für sein Silbenspiel mit Vokalen „Co-ca-Co-la" die süßen Früchte sechsstelliger Tantiemen ernten. Vor hundert Jahren ging er leer aus.

Die Dollar-Millionen machte die clevere Candler-Familie, die den so berühmten Schnörkel-Schriftzug entwerfen ließ und das 5-Cent-Geschäft (pro Flasche) im großen Rahmen ankurbelte. Genau 20 Jahre rackerte das Ehepaar, zog ein Vertriebsnetz über die Staaten, baute Lizenz-Stationen auf, perfektionierte von Dekade zu Dekade und verkaufte das Unternehmen für damals kaum vorstellbare 25 Millionen Dollar.

Am Tag der Erfindung schrieb man 1886. Was für ein Jahr! Zwölf Monate der Senkrechtstarter. Gedankenblitze für Jahrhunderte. Sartre, der später seine Theorie formulierte, wonach Geld keine Ideen habe, ist in diesem Zeitraum, sozusagen im Vorgriff, gleich dutzendfach widerlegt worden. Mit zündenden Gedanken und Realisierungen, die bis heute unverändert Gültigkeit haben. Ein kurzer Rückblick noch auf dieses außergewöhnliche Jahr. Nicht nur Coca Cola, das zum bekanntesten Markenzeichen der Welt und zugleich zum Symbol westlicher Zivilisation geriet, wurde 1886 erfunden, Daimler und Benz brachten ihre ersten Automobile zum Laufen; Sears startete die größte Kaufhaus- und Versandhauskette der Welt; die Produktion des Kaugummis aus einer flexiblen Masse, mit dem Saft des südamerikanischen Sapodilla-Baums lief an und machte den Chemiker Carel Mauth ebenfalls zum wohlhabenden Mann. Ein Schriftsteller schließt den Kreis der Personen, denen man das amerikanische Adelsprädikat

„He made it", „Er hat es geschafft" verleihen konnte: Arthur Conan Doyle erfand die Roman- und Filmfigur Sherlock Holmes. Dieser Detektiv hat nach mehr als hundert Jahren nichts von seiner Faszination eingebüßt.

„Der amerikanische Traum war zu allen Zeiten möglich und ist ebenso heute noch überall realisierbar", überlegte Lee Iacocca, „nur in den USA ein bißchen leichter als anderswo." In sämtlichen Branchen gab es und gibt es die Erfolgreichen, die mit Nichts anfangen und zu Millionären werden. Vieles verbindet sie miteinander; vor allem Einfallsreichtum, der zu oftmals revolutionären Produkten führt, und extremer Fleiß, ja Arbeitsbesessenheit.

Doch nicht allein das Beispiel des Apothekers Pemberton macht deutlich, daß Volltreffer von einst, die heute ganzen Branchen Milliardenumsätze garantieren, zu ihrer Zeit selten angemessen honoriert wurden. Nicephore Niepce, der Sohn eines Advokaten in Shalon, ist dafür der personifizierte Beleg. Zuerst konstruierte er mit seinem Bruder Claude ein Boot, das auf dem Flüßchen Saône herumknatterte. So recht funktionierte das Triebwerk jedoch nicht, vielleicht weil es nicht mit Benzin, sondern mit den Sporen des Bärlappkrautes angetrieben wurde, die bei Zündung schlagartig explodierten. Der frühe Umweltmotor kam nie zur Serienproduktion.

Dafür hatte Nicephore später (im Jahre 1822) mit anderen Versuchen mehr Glück. Er baute eine „Camera obscura", einen Holzkasten, der bislang als Zeichengerät diente, und belichtete über den Dächern des Dorfes St. Loup-de-Varennes acht Stunden lang ein Papier, das mit lichtempfindlichen Silbersalzen beschichtet war. Damit gelang ihm das erste Foto, das, zugegeben, nur schemenhafte Konturen zeigte. Aber es war der Anfang einer phantastischen Entwicklung. Ohne diesen Startimpuls gäbe es wahrscheinlich weder Canon, Leica, noch Agfa und Nikon. Ein paar Jahre später erschien bei Herrn Niepce ein Monsieur Daguerre aus Paris. Für nicht einmal 250 Mark (umgerechnet) kaufte er dessen Erkenntnisse zu eigenen Auswertungen und machte damit das große Geschäft. Seither gilt nämlich er als Erfinder der Fotografie. Er gab ihr seinen eigen Namen und nannte sie „Daguerreotypie". Als offizielles Datum steht das Jahr 1839 in den Archiven. Niepce erging es wie den anderen, für die sein Beispiel steht. Das Genie starb verarmt. Nichts hatte er davon, daß ihm sein

Heimatort später in dankbarer Erinnerung ein überdimensionales Denkmal setzte.

Geniale Erfindungen von der Güte der Fototechnik blieben keine Seltenheit, sieht man einmal davon ab, daß der Umsatz, der auf der Idee des Zimmerservices in den Hotels, des Blumenversands oder der Thermosflasche basiert, nicht annähernd vergleichbar hoch ist und schon gar nicht einwandfrei zu berechnen.

Haken wir damit die Vergangenheit ab. Steigen wir aus den verstaubten Archivgewölben in die aktuelle Phase dieses Jahrtausends. Knipsen Sie die Kellerbirne aus, Thomas Alva Edison! Übrigens auch einer, der nie angemessen partizipierte.

Erfolgsmenschen zünden ihre Treibsätze in allen Branchen. Einige haben mit ihren Ideen, mit ihrem Durchsetzungsvermögen ganze Industriezweige und Märkte verändert, umgewälzt oder zumindest Details in Teilbereichen etwas besser und gründlicher gelöst, treffendere Antworten gefunden auf Bedürfnisse und Nischen im Angebot. Es sind oft so einfache Dinge im Berufsleben, im Alltag. Nehmen Sie die selbstklebenden Haftnotizen, hervorgebracht durch Spence Silver, verfeinert durch zwei stille Wissenschaftler namens Henry Courtney und Roger Merrill, von einem Mitarbeiterteam des Unternehmens 3M (dahinter verbirgt sich die Minnesota Mining & Manufacturing Company) bis zur Vermehrung gehegt und gepflegt, sind sie heute in jedem Büro allgegenwärtig, weil sich mit ihnen Nachrichten eben dort placieren lassen, wo Menschen sie haben wollen.

Der japanische Elektroingenieur Mitsudo Ida entwarf einen kleinen tragbaren Kassettenrecorder, der von Sony den Namen „Pressman" bekam, weil er für die Arbeit der Journalisten ideal war. Mit einer Weiterentwicklung des Kompaktgerätes, durch die Stereoschaltung möglich wurde, verbuchte Ida den Erfolg, daß alle Techniker ihre Lieblingskassetten damit abspielten. Winzige Kopfhörer, die den hypnotisch lebendigen Klang vermitteln, ohne die Mitmenschen zu belästigen, waren der nächste Schritt. Bis zum geradezu sensationellen Verkaufserfolg – in jeder zweiten japanischen und amerikanischen Familie gibt es inzwischen ein solches Gerät – wurde die Perfektionierung dieser auf den Namen „Walkman" getauften Erfindung durch die kreative Triebkraft einer zwölfköpfigen Team-Organisation vorgenommen.

Zurück zu den „Solisten". Nehmen Sie die Zieglers. Mel und Pat, deren Romanze an der Fotokopiermaschine in der Redaktion des San Francisco Chronicle begann, die heirateten und sich versuchsweise als Inhaber einer Werbeagentur selbständig machten, gründeten 1978 ein Unternehmen mit dem merkwürdigen Namen „Banana Republic" und dem selbstgetexteten Werbe-Zusatz „der Welt fröhlichste Textilkette". Mel hatte spontan reagiert, als ihn wildfremde Leute auf sein ausgefallenes Hemd ansprachen, das sie ihm auf der Stelle abkaufen wollten. „Es war mein letztes Burma-Buschhemd, das Patricia aus drei lädierten älteren Hemden zusammengenäht hatte. Ich setzte noch einige Lederflicken und Knöpfe drauf, das war alles. Weil die Leute verrückt darauf waren, fertigten wir noch ein paar Kopien", erinnert er sich.

Ende 1985 gab es bereits 40 Filialen, heute sind es mehr als 100. Damals gingen sämtliche Ersparnisse für die erste Monatsmiete drauf, und die 1500 Dollar für den ersten Katalog wurden mit einer Kreditkarte vorfinanziert. In diesen Tagen wird der Katalog 90/91 an über 20 Millionen Kunden weltweit verschickt. Wegen seiner Originalität bekam das begehrte Sammlerstück bereits 16 Designer-Preise. Das Angebot: Kleidung, Schuhe und Werkzeug für Wüste, Busch und Militär. Geschätztes Vermögen der beiden nach erfolgreichen Jahren: mehrere 100 Millionen Dollar.

Das Alter spielt auf der Erfolgsleiter heutzutage keine Rolle. Das belegen etliche Stories mit sehr jungen Hauptdarstellern eindrucksvoll. So wurde ein französischer Schüler mit 17 Unternehmer, weil das Taschengeld nicht reichte. Er lieh sich umgerechnet 3000 Mark und produzierte selbstentworfene Schlüsselanhänger mit Firmenaufdruck als Werbung. Das Geschäft brummte vom ersten Tag an, und die Gewinnzahlen explodierten. Ein paar Jahre später verkaufte er die Firma und machte Kasse: umgerechnet eine Million in D-Mark.

Zu den Wunderkindern im Geldverdienen kann fraglos auch der Deutsche Michael Fischer gezählt werden, der an der Wall Street im Herzen des Börsengeschäfts gewaltige Summen an Provisionen verdient. Im Gegensatz zur „Wall Street"-Verfilmung geht es hier ganz legal zu. Es klingt boulevardesk übertrieben, wird aber von den Eltern als wahr bestätigt: Danach soll Klein-Michael den Spielzeugbagger als Geschenk zum fünften Geburtstag nicht einmal auf seine Funktionen überprüft haben. Jedoch mit der BASF-Aktie, die ihm Vater geschenkt hatte, jubelnd durch die Wohnung getanzt sein. Würden Sie einem derart Besessenen Ihre Wertpapiere anvertrauen, wenn der Knirps zum Experten herangewachsen ist? Michael Fischers Entwicklung verlief in den folgenden Stufen ähnlich rasant, oder richtiger, erwartungsgemäß.

Rentenfonds statt Comics, Bons anstelle von Murmeln in den nächsten Jahren, und mit Vaters Verbindungen stieg der 16jährige ungewöhnlich früh ins Wall-Street-Geschäft ein. Schon bald nannte man ihn ein „Trüffelschwein", was keine Beleidigung ausdrückt, sondern einen Mordsrespekt. Die so bezeichneten Spürnasen an der Wall Street erkennen nämlich Trends, die sich dann weltweit durchsetzen. Meistens. Den Schwarzen Montag (19. Oktober 1987) hatte auch die Mehrzahl der „Stock-Pikker" nicht kommen sehen. „Die Kurse sausten in den Keller, und die Kollegen gingen serienweise baden", erinnert sich Michael Fischer. „Wir setzten in unserem Büro auf eine Mischung aus Renten, Bargeld und einen geringen Aktienanteil, da fiel der Crash für unsere Kunden kaum ins Gewicht." Sie sehen, daß man ihm tatsächlich Vertrauen schenken kann. Nur am Rande: Finanziell hat der Knabe natürlich zu Lebzeiten keine Sorgen mehr.

„Teile nie deinen Profit, es sei denn, es läßt sich partout nicht vermeiden!" Diese nur schwer widerlegbare Weisheit soll ein damals erst 18jähriger von sich gegeben haben, wird ihm zumindest nachgesagt. Richard Branson nutzte 1968 die studentische Protestwelle in Europa und gründete in verblüffendem Größenwahn mit geliehenem Geld das internationale Jugendmagazin „Student" als Sprachrohr der Bewegung. Der Nobody gewann als Autoren große Namen wie Sartre und Le Carré, Prominente, die vom Solidaritätsgefühl jener Tage mit der protestierenden Jugend erfaßt worden waren.

Ohne selber auch nur Sympathie, geschweige denn Engagement für die aufmüpfigen Altersgenossen zu empfinden, vermarktete Branson die Proteste und brachte sie mit persönlichem Profit unter einen Hut. Mit einer Startauflage von 50 000 betrat „Student" einen Markt, auf dem sich vor allem mittellose Taschengeldempfänger tummelten. Und dennoch gelang es Branson, Anzeigen zu akquirieren, aus einer Telefonzelle mit dem Finger in who is who, ein echter Goldfinger.

Im Jahr, als die Legislative von Rhode Island (USA) ein Gesetz beriet, wonach pro Sexualakt innerhalb der Staatsgrenzen eine Steuer von zwei Dollar zu entrichten sei, fand Branson eine ähnlich verrückte Marktlücke und die eingangs zitierten markigen Worte. Er versandte Schallplatten am Handel vorbei direkt per Post an Kunden.

Legenden pflastern seinen weiteren Weg. Die Entdeckung des Gesangsstars Mike Oldfield zum Beispiel, sagt man ihm nach. Weil er – wie gesagt – nicht teilen wollte, baute er ein eigenes Plattenstudio und verkaufte von der Produktion mal eben sechs Millionen Stück. Und heute? Im Branson-Imperium mit riesigen Mega-Stores, mit Unternehmen wie „Virgin Records", „Virgin Books", der Preisbrecher-Fluglinie „Virgin Atlantic", Reisebüros, Hotels und einer karibischen Insel arbeiten weltweit 2000 Mitarbeiter in 17 Ländern. Geschätztes Vermögen: umgerechnet anderthalb Milliarden Pfund. Nach Prinz Charles und dem Papst ist er laut Umfrage des Magazins „Money" der populärste Mann im Land. In einem Folgebuch mit Self-made-Millionären auf dem alten Kontinent, das in der Vorbereitung ist, wird Branson eine Hauptrolle spielen.

Der amerikanische Traum in Romanen und Wirklichkeit

Weil sich Geschichten vom Erfolg, vom großen Geldverdienen so spannend lesen, werden Romane aus der Hochfinanz und der Geschäftswelt in fast allen Ländern der Welt zu Bestsellern. Allein 20 Millionen Exemplare wurden von „Money", „Cash" und „Profit" in 43 Ländern verkauft. (Selbst eine chinesische Zeitung druckte den Roman in Fortsetzungen.) Autor ist der französische Schriftsteller Paul-Loup Sulitzer, der sich damit selber einen Platz in der Dokumentation der Erfolgreichsten erschrieben hat. Für James Michener und John Jakes – um nur zwei Autoren zu nennen – ist das immer junge Thema „Wie sie wurden, was sie sind" in Länderchroniken verpackt, allzeit beherrschend. In California Gold (Jakes) hangelt sich der Hungerleider James Macklin Chance 30 Jahre nach dem kalifornischen Goldrausch in den Dollarhimmel, wird mit Öl, Zitrusfrüchten (dem wahren Gold Kaliforniens) und riesigen Immobilien zum reichsten Mann der Westküste. Im Roman wohlgemerkt, doch ist dieser tatsächlich Aufzeichnungen nachempfunden. Der 1932 in Chicago geborene

Autor konstruiert damit seine Vorstellung vom American Dream und erfüllte sich diesen Traum selbst.

Wie ein Erfolgsroman liest sich die Lebensstory von einem Nischenjäger, der stets als Einzelkämpfer auftrat und auf der Suche nach dem totalen Erfolg war: Erwin Christian. Einziger Unterschied: seine Geschichte ist Realität. Er machte seine Millionen als Fotograf und Veranstalter, der Touristen die Schönheiten der Unterwasserwelt Polynesiens zeigt. Der abenteuerliche Reiz seiner Erzählungen wurde bisher nur in Zeitungsartikeln verarbeitet.

Am menschenleeren Palmenstrand von Bora Bora, umgeben vom türkisfarbenen Wasser der schönsten Lagune der Welt, erzählt mir Erwin Christian seine Geschichte.

Ein paar Einblendungen und Farbtupfer aus seinen Erinnerungen: „Der Ausgangspunkt war London, wo ich als mittelloser Hotelkaufmann arbeitete. Der Auftrag, der mich 1962 in die Südsee verschlug, war alles andere als alltäglich, kam mir aber sehr gelegen." Im ehrwürdigen Londoner „Savoy Hotel" boten ihm Patres des Jesuitenordens an, ein hochseetüchtiges Missions-Schiff von England über die Meere zur neugebauten Station auf den Marshall-Inseln zu bringen.

„Ich verkaufte das bißchen Hab und Gut, steckte, was ich für einen neuen Anfang am anderen Ende der Welt brauchte, in zwei Seesäcke und fuhr los." Das Missions-Schiff kam bis Papeete, der Hauptstadt Französisch-Polynesiens auf Tahiti. Das letzte Stück der Reise schaffte Christian nicht mehr, weil die Amerikaner ihm die Einreise auf die Marshall-Inseln, damals wichtiger militärischer Stützpunkt und für Ausländer gesperrt, strikt verweigerten. Da konnten auch die hochgeschätzten geistlichen Brüder nicht helfen. Sie holten schließlich das Schiff in Tahiti selber ab und gerieten in einen gewaltigen Sturm. Es zerschellte an einem Korallenriff.

Christian entschloß sich, im „Inselreich der Träume" zu bleiben, wie Tahiti in Schlagertexten besungen wird. Doch dort eine Existenz aufzubauen, war freilich leichter gesagt als getan. Heute ist der erfolgreiche Geschäftsmann, der als Kind mit seiner Mutter einst aus Schlesien flüchtete, in Düsseldorf zur Schule ging und im Hotel „Breidenbacher Hof" seine kaufmännische Lehre absolvierte, der heimliche König des Inselreichs.

Seine beiden Hobbys Fotografieren und Tauchen haben ihn zu einem reichen Mann gemacht. 15,8 Millionen seiner Fotos wurden als Postkarten mit Grüßen von Tahiti in alle Welt geschickt und bescheren dem Betrachter Träume von paradiesischen Stränden: So muß das Glück aussehen. Acht Südsee-Bücher veröffentlichte er in dem von ihm gegründeten Verlag „Kea Editions". Seine Wassersport-Basis mit Glasboden-Booten, flinken Motor-Yachten und Tauch-Ausrüstungen auf Bora Bora hat inzwischen drei Filialen. Den nach dem Marlon-Brando-Streifen „Meuterei auf der Bounty" einsetzenden Touristenstrom hatte er zum Bau seiner ersten Wassersport-Basis am Lagunenrand genutzt. In seiner Freizeit fotografierte er Bora Boras schöne Gesichter und die braunen Südseemädchen, so, wie sie sich die Europäer in der Phantasie vorstellen; nur mit Blütenkronen im Haar und duftendem Cocos-Öl auf glatter, brauner Haut. Die Taucher und Wasserskiläufer waren die ersten Abnehmer. In Zusammenarbeit mit einem Schweizer Druckunternehmen produziert Christian seither Postkarten und Poster am laufenden Band, anfangs ausschließlich Motive von Bora Bora, dann aber auch von den touristisch nahezu unberührten stillen Nachbarn Raiatea, Huahine und Maupiti, später von Moorea, wo einst James Cook an Land ging, und von den Atollen des Tuamotu-Archipels. Und er begab sich auf die Spuren Gauguins.

Ich berichte darüber so ausführlich, weil gerade diese Lebensgeschichte zeigt, wie mühevoll der Weg von zündenden Ideen, vom Erkennen der Bedürfnisse bis zum Realisieren und dem eigenen Geschäftserfolg ist.

„Das alles war nur mit harter Arbeit zu schaffen", sagt der Auswanderer und ist sich dabei wohl bewußt, daß er als Mann, der erst einmal möglichst viel von der Welt sehen und das strenge preußische Pflichtkorsett abstreifen wollte, genau das Schicksal erlebt, das in Karikaturen den emsigen Deutschen so gern angedichtet wird: nach kurzer Rast am stillen Ort nur schnell wieder in den alten Streß zu eilen. Oder bildlicher, wie es der Autotüftler vom Bodensee, Felix Wankel, zu Lebzeiten einmal formulierte: Geht ein deutscher Techniker mit ein paar Konservendosen in den Urwald, kommt er mit einer Lokomotive wieder heraus.

Nichts ist geblieben vom sanften Südsee-Leben, Christian beginnt seinen Arbeitstag morgens um sechs und ist ständig unterwegs. Er kontrolliert selbst die Glasboden-Boote und kommt pünktlich neuen Foto-Terminen nach.

Wenn er wirklich mal frei hat, dann sitzt er auf Bora Bora am warmen Wasser der grünen Lagune mit einem Bier in der Hand und träumt vom Skilaufen in den Bergen und vom Glück, einmal mehr Zeit für sich zu haben. Der Preis für Erfolg und Millionen?

Es sind nicht nur die Erfinder von Produkten, die Marktlücken-Strategen, Überflieger in eigener Sache, sondern oft genug auch die Top-Manager, die sich nach oben katapultieren, das Unternehmen auftragsgemäß hochziehen und sich dabei mit guter Leistung selbst die Taschen füllen. Die ganze Palette der Top-Manager zählt dazu und an erster Stelle natürlich Lee Iacocca, dem selbstverständlich ein Kapitel in diesem Buch gewidmet ist. Er verkörpert Amerikas Traum, er ist Mister America, ganz egal, ob gegen Ende seiner beispiellosen Karriere Chrysler, das Unternehmen, das er mit einem symbolischen Jahresgehalt von einem Dollar vor dem Konkurs rettete, erneut ins Wackeln gerät, weil die gesamte US-Autoindustrie in der Krise steckt.

Ich habe in unseren Gesprächen mit ihm darüber diskutiert, ob sein persönlicher American Dream zum Alptraum wird, wenn, wie er es bei Henry Ford II. erlebt hat, ohne eigenes Verschulden ein Sturz vom Gipfel auf den harten Straßenasphalt erfolgt oder Chrysler in die Problemzone driftet. Lee sieht die Erfüllung mit dem Erreichen des selbstgesteckten Zieles. Und wie er urteilte General-Motors-Chef Bob Stempel, auch Don Peterson, der Ford zur profitabelsten Company der Welt machte und dafür mehr als 20 Millionen Dollar kassierte.

Der Rahmen war angemessen, als die Liste der Spitzenverdiener des Jahrzehnts von einem Wirtschaftsmagazin vorgestellt wurde. Die Pracht der Halle spiegelte sich im Glanz des weichen Kerzenlichts tausendfach in den winzigen Bleikristallpartikelchen der Lüster. Teure Originale zierten die Wände. Ritz-Carlton Rancho Mirage. In kaum einem anderen Ort der Welt als Rancho Mirage leben so viele Millionäre. Außergewöhnliches ist kaum noch etwas Besonderes. In den Vereinigten Staaten, so hat man errechnet, gibt es heute insgesamt rund eine Million Millionäre. Die hier in der Kalifornischen Wüste leben, zählen zu den Allerreichsten. Einige sind Milliardäre, die man in Amerika Billionäre nennt. Mit zehnstelligen Konten, ohne Komma dazwischen. Etliche Bürger von Rancho Mirage besitzen mehr als ganze Staatshaushalte mittlerer Nationen ausweisen. Die meisten leben vom alten Geld, Erben in der zweiten und dritten Generation. Sie lassen die Millionen arbeiten.

Einer von ihnen ist Walter Annenberg, der zu einer Besprechung mit Mister President nicht nach Washington reist, sondern die Herren zu einer Unterredung in sein Haus einlädt. Auch Lawrence D. Rockefeller, der wochenlang mit einem Helicopter unterwegs war, nur um den schönsten Standort auf den Hawaii-Inseln für ein Hotel zu finden, zählt dazu. Er baute „mir zur persönlichen Freude" das Mauna Kea Hotel, das, obwohl es inzwischen mehrere Ketten durchlief und an Japaner verkauft wurde, immer noch als eins der besten fünf Hotels der Erde gilt.

Die zweite Gruppe der Reichen, in der Palm-Springs-Region, sind die Macher, die bereit sind, für ihren Erfolg Übermäßiges zu leisten und sich dafür mit Verrücktheiten belohnen, wie es der Erfinder des Abreißkalenders tat, der sich für 600 000 Dollar eine eigene Skipiste im Keller seines Marmorpalastes bauen ließ, ausgerechnet hier in der sonnenreichsten Gegend der Vereinigten Staaten. Der Enkel von Seward Johnson gab den Auftrag für einen Heliport unter der Erde, mit elektronisch zu öffnender Abdeckung. Muß er wohl in einem James-Bond-Streifen gesehen haben. Der Großvater hatte 1880 übrigens das Wundpflaster erfunden und wurde mit dieser blutstillenden Entdeckung ebenfalls Millionär. Seinen Lieblingsspruch ließ er sich auf ein Kissen häkeln: „Geld ist die Wurzel allen Übels", hieß es da. „Doch jeder Mensch braucht Wurzeln."

Für den Durchschnittsverdiener sind Millionen und Milliarden sowieso kaum begreifbare Größen, und oft wird kontrovers diskutiert, ob Zuwendungen in diesen Höhen für Top-Manager überhaupt vertretbar seien. Wenn ein Mensch 24 Stunden am Tag jede Sekunde eine Mark aus dem Fenster werfen würde (hielte er das konditionell durch), hätte er weit mehr als 30 Jahre lang zu tun, bis er es auf eine Milliarde Mark gebracht hätte. So schwer ist das.

Diese verrückte Ecke Amerikas, drei Autostunden östlich von Los Angeles, verleitet zu Betrachtungen über Millionen und Milliarden. Sie ist wie auserwählt für die Vorstellung der Ranglisten der Moneymaker, der Top-Dollar-CEOs (Chief Executive Officer), die Business Week zusammengestellt hatte. 1989 war Craig O. McCaw von McCaw

Cellular die Nummer eins. Er kassierte an Gehalt, Bonus und Aktienanteilen 53,9 Millionen Dollar. Steven J. Ross von Time Warner brachte es auf 34,2 Millionen Dollar und Donald A. Pels von Lin Broadcasting auf 22,8 Millionen. Coca-Cola-Chef Roberto C. Goizueta wurde mit 10,82 Millionen Dollar entlohnt. Nimmt man den Weltrekord an Zuwendungen der letzten Jahre, ist Charles Lazarus von Toys „R" mit 156,2 Millionen ganz oben. Einen ähnlichen Betrag schrieb sich 1989 Frederick Smith von Federal Express selber zu.

Die Richtigkeit der erstaunten Aussage, dieser Tennisspieler oder jener Golfer verdienen mehr als der Vorstandsvorsitzende eines Milliarden-Unternehmens, belegt die Aufstellung der Top Shots im Sport. Sie führte 1989 der Boxer Sugar Ray Leonard (Super-Mittelgewicht) an. Er kassierte 35 Millionen Dollar, knapp dahinter Mike Tyson, der Schwergewichts-Champ, mit 27 Millionen. Die Rennfahrer Alain Prost, Formel-I-Weltmeister, und Ayrton Senna erreichten je 10,5 Millionen. Der bestbezahlte Fußballer Diego Maradona, Argentinien, und Legionär beim SSC Neapel, brachte es auf sieben Millionen Jahreseinkommen ohne Werbung. Der Golfer Greg Norman, Australien, der beste Eishockeyspieler der Welt, Wayne Gretzky, und Tennis-Numero-Eins, Ivan Lendl, erhielten für ihre zuschauerbeglückenden Übungen jeweils sechs Millionen Dollar. Deutschlands Racket-Stars Steffi Graf und Boris Becker liegen mit knapp fünf Millionen ebenfalls in der Spitzengruppe. Orel Hershiser und Kareem Abdul-Jabbar, die besten Basketball-Profis der Welt, kamen wie Football-As John Elway auf runde drei Millionen Dollar. 1990 wurden sie alle von Joe Montana übertroffen, der einen 14 Millionen-Vertrag als Quarterback unterschrieb.

Mit Michael Jackson, der 279 000 Mark (umgerechnet) mit jedem Tag verdient, den Gott werden läßt, öffnen wir das Tor zum Showgeschäft, mit Filmhelden, Produzenten und Unterhaltungskönigen. Paul McCartney kommt auf 242 000 Mark pro 24 Stunden. (Zum Vergleich: George Bush kassiert nur 931 Mark täglich.) Siegfried & Roy zählen dazu, ärmliche Zauberlehrlinge von einst, mit Zig-Millionen-Dollar-Engagements heute. Das Showbusiness in den USA hat den Superlativ zur Norm gemacht. Natürlich ist seine die „größte Show der Welt". Ringling Brothers, Barnum & Bailey Circus ist ein florierendes Imperium, Star und Aushängeschild seit 20 Jahren eben dieser Günther

Gebel-Williams, der seine diversen Zirkus-Oscars nicht mehr zählen kann. Dafür, daß er seine 17 bengalischen Tiger durch Flammen springen läßt oder mit Salti auf die Rücken der Elefanten, akzeptierten die Vertragspartner Jahresverträge in mehreren Millionen Dollar Höhe. Gebel-Williams hat es geschafft, mit Kreativität im Unterhaltungsbereich.

Ist Glück ein entscheidender Faktor, um in den Kreis der Reichen und Erfolgreichen zu kommen? Mark H. McCormack, den sie gerne „König der Manager" nennen, weist das übliche Gerede wie: „Der hat eben Dusel gehabt" entschieden zurück und erweitert das alte Sprichwort „ohne Fleiß, kein Preis" mit dem Spruch eines Klienten: „Je mehr Mühe ich mir gebe, desto mehr Glück habe ich." Nur so passe die Kombination. Seine persönliche Glücksphilosophie schrieb er auf: Im Laufe der Jahre haben wir mehr Glück gehabt, als uns vielleicht zusteht, aber wir haben auch gelernt, unsere Chance zu suchen, anstatt zu warten, bis sie auf dem „Präsentierteller" lag. Das macht, glaube ich, den eigentlichen Unterschied zwischen den „Erfolgreichen" und den weniger Erfolgreichen im Geschäftsleben aus. Die „von Natur aus Bevorzugten" bemerken den kleinsten Riß und verstehen es, einen klaffenden Abgrund daraus zu machen. Die, die „nie eine Chance hatten", würden sie nicht einmal als solche erkennen, wenn sie absolut unübersehbar vor ihrer Nase läge.

Um „sein eigenes Glück zu schmieden", muß man erkannt haben, worin es besteht. Dann ist es im Grunde nicht mehr schwer, seine Chance zu ergreifen. Mr. Goodfather (das ist sein wirklicher Name) ist Florist und kümmert sich um die Bepflanzung der Büros mehrerer Unternehmen in Cleveland, zu denen auch Jones und Laughlin Steel gehört. Er erfuhr, daß die Eaton Corporation, ein großer Konzern in Cleveland – und ein Jones-und-Laughlin-Kunde – seine Büroräume in das gleiche Gebäude verlegte und rief bei Eaton an, um ihn ebenfalls als Klienten zu gewinnen.

Als er bat, mit jemandem zu sprechen, der für die Büros zuständig sei, wurde er fälschlicherweise mit dem Mann verbunden, dem die Büros tatsächlich unterstanden, nämlich mit Del De Windt, Vorstandsvorsitzender von Eaton. „Ich kümmere mich um die Bepflanzung bei Jones und Laughlin Steel", sagte Goodfather, „und ich möchte einen Termin, um über Ihre Büroräume zu sprechen."

Am nächsten Morgen wurde Goodfather in seiner Arbeitskleidung mit der blauen Kappe – sein Markenzeichen – in den Konferenzraum gebeten, wo schon mehrere Top-Manager von Eaton, mit Jones-und-Laughlin-Akten vor sich, versammelt waren. Nachdem die Verwechslung aufgeklärt war, lachten alle, und damit hätte unsere nette kleine Geschichte auch ohne Pointe enden können. Aber während Goodfather Anstalten machte zu gehen, wandte er sich noch an einen der Manager und sagte: „Was nun die Pflanzen betrifft..." Er erhielt den Auftrag.

Soweit Mark McCormack, der wie kaum ein anderer über Verträge und Vermögen plaudern kann. Seine Ideen, die zum Erfolg führten, und seine Philosophien werden noch ausführlich behandelt.

Obwohl Summen, Bilanzen und Geschäftsabläufe natürlich einen Platz haben, wo's um Millionen und Milliarden geht, kann und soll dieses Buch natürlich keine Wirtschafts-Chronik sein. Es ist durchaus möglich, daß sich eine der auf den folgenden Seiten herausgestellten Persönlichkeiten nach Erscheinen des Bandes an einem Projekt überhebt und viel Geld verliert, wie es in der Vergangenheit schon häufig passiert ist. In der redaktionellen Schlußphase beispielsweise schien das Imperium von Donald Trump zu wanken. Nach monatelangen Schlammschlachten über die Scheidungsdetails verkündete Trump zur Überraschung aller Wirtschaftsexperten, er wolle wieder auf Barmittel setzen und dafür etliche Firmen verkaufen. Was er verschwieg: Die Bankschulden waren ihm über den Kopf gewachsen. Er hatte sich übernommen. Das Plaza Hotel macht bei jährlich 40 Millionen Dollar Zinsbelastung 30 Millionen Verlust im Jahr. Die Airline Trump Shuttle war erst einmal ein 35-Millionen-Dollar-Zuschuß-Geschäft, später verkaufte Trump sie wieder, und auch die älteren Spielcasinos in Atlantic City zeigen Einbrüche. Dennoch bleibt der Weg von den tollkühnen Anfängen zu erworbenen Milliarden unangetastet. Bis zum Redaktionsschluß dieses Buches gab sich der Mann, unter dessen Händen wie bei König Midas über Jahre alles zu Gold wurde, optimistisch. Der Grund liegt wohl in den versteckten Werten, wie Grundstücke und Apartment-Häuser, die bei der Aufstellung seines Imperiums zumeist fehlen. Dennoch ist der Titel seines aktuellen Buches „Surviving at the Top" (Überleben an der Spitze) trefflich gewählt. Das Jahr 1993 gibt ihm Recht. Es geht wieder steil nach oben.

Einer, der geradezu ideal die Vorstellung vom Selfmade-Millionär verkörperte, starb während der Recherchen zu diesem Buch: Malcom Forbes, der gern als Grandseigneur des Kapitalismus bezeichnet wird. Er machte aus seiner Lust am Geld und am Geldverdienen nicht den geringsten Hehl. Es liegt in der Natur der Sache, daß nach seinen eigenwilligen Aussagen das Echo natürlich geteilt war.

Die Stories der Erfolgreichen, wenn auch nicht immer Unumstrittenen, die Schilderungen der Wege zum Durchbruch allein wären allerdings zu wenig. Persönliche Gespräche im Wortlaut sollen die Abläufe der Visionen und Entwicklungen ergänzen, wo Eigenart und interessante Philosophien spürbar werden. Die Persönlichkeiten leben in und mit ihren Aussagen. Tips und Hinweise aus dem Schatz ihrer eigenen Erfahrungen setzen den Schlußpunkt. Die Quintessenz besteht allerdings nicht aus Lehrbuch-Management.

Branchen haben ihren spezifischen Glanz und Reiz. Beginnen will ich mit einem, der in der aktuellsten aller Industrierichtungen, dem Computerbereich, außergewöhnlich erfolgreich ist: mit Ronald Haan, der eine so gewinnbringende Nische im Softwarebereich fand, daß seine Geschichte wie ein Stück aus dem Märchenbuch wirkte, wäre sie nicht wahr.

Dann folgt das Schulbeispiel – wer will, mag das wörtlich nehmen – eines innovativen Menschen, Frederick Smiths Idee von einer flinken Privat-Post, die die bewertenden Professoren als „exotische Spinnerei" abtaten, die aber locker Hindernisse und Konflikte überflog und zum Milliarden-Unternehmen Federal Express führte.

Elke Andrzejewski, die die Liebe zu einem Mann aus ihrer Heimatstadt Köln nach Los Angeles trieb, sorgt mit ihrem Erfolgsrezept dafür, daß nicht der Gedankenfehler entstehen kann, hier handele es sich um eine Sammlung von Männer-Stories. Elke Andrzejewski macht Mode für Millionen. Aus vielen Gründen gab ich ihr den Vorrang vor ihrem männlichen Gegenstück, Calvin Klein, der rein vom finanziellen Ertrag über Elke Andrzejewski rangiert. Kleins Jahresumsatz beträgt eine Milliarde Dollar. Davon bleiben dem Designer rund zwölf Millionen. Im Land der Aufsteiger führt er ein öffentliches Leben, mit allen Vor- und vielen Nachteilen. Auch er hat privat wenig Glück, Tochter Marci wurde entführt, der Vater zahlte das Lösegeld.

Mit Calvin Klein hat Elke gemein, daß sie ebenfalls keine unerschwinglich teuren Einzelstücke, sondern unter dem Markenzeichen „ZOE" Modelle in 10 000er-Serie für die feinsten Kaufhäuser der Staaten fertigt. Wenn es um die Philosophie des Geldverdienens geht, macht sie gerne den Unterschied zwischen der alten und neuen Heimat deutlich. Ungeschminkt formuliert sie: „In Amerika stinkt Geld nicht, hier ist das der Sinn der Arbeit und des Erfolgs."

„Wenn aber in Deutschland einer Geld hat", klagte der Bankier und Adenauer-Freund Robert Pferdmenges, „dann denken die Leute gleich, er habe es gestohlen".

II

RONALD HAAN

RONALD HAAN

Das Frühstücks-Darlehen für eine glorreiche Idee

Morgens um neun zeigte das Thermometer an der Georgetown-Apotheke bereits angenehme 75 Grad Fahrenheit. Nach nächtlichem Regenguß leuchtete der Märzhimmel makellos wie blankgeputzt. Ein warmer, sonniger Frühlingstag kündigte sich in Washington D.C. an.

Vor dem Pub-Restaurant „Clydes" kehrte ein Lehrling den Bürgersteig. Eine Duftmischung von frischem Kaffee und scharf angebratenem Fleisch stieg aus einem geöffneten Fenster auf die Straße. Im Gästeraum ist zur Frühstückszeit nur eine der vier Sektionen für Gäste freigegeben, ein Tisch zu dieser frühen Stunden bereits besetzt. Nichts Ungewöhnliches, Geschäftsleute treffen sich hier oft schon zwischen acht und neun, um Arbeitsgespräche bei Toast und Butter zu entwickeln. Ronald Haan hatte seine Partner William C. Thompson und Elliot Cole eingeladen. Das Komplizierteste an dieser Verabredung hatte der Wirt Tage vorher zu regeln.

„Ron", wie er genannt wird, hatte Champagner zu Eiern mit Speck bestellt. Nicht irgendeinen, sondern Dom Perignon mußte es sein, Jahrgang 1977. Den aber konnte keiner der Grossisten liefern. Nur 80er und 82er wären verfügbar, hieß es. Aber irgendwie ist schließlich alles zu regeln. Nach elf Telefonaten hatte der Restaurantbesitzer die Flaschen bei einem Sammler aufgetan. Von den Grundweinen kein außergewöhnlich guter Jahrgang übrigens, wie der Experte erklärt. Schulterzucken. Was soll's. Der Gast, der zahlt, hat ein Recht auf Verrücktheiten. Also stießen die drei Herren in Managerblau mit dem wertvollen Tropfen an, nickten sich zu und schüttelten sich wie Verschwörer die Hände.

Ronald Haan ist Geschäftsmann, als Software-Spezialist im Computergeschäft erfolgreich. Sehr erfolgreich. 1989 der Aufsteiger des Jahres in den USA. Er ist kein glitzerndes Symbol einer Ära, mit seinen Auftritten und Geschäftsaktionen sind nie Wirbelstürme im Big Business verbunden, wie sie von Trump oder Iacocca ausgelöst werden. Haan wickelt seine Geschäfte leise ab, fast unbemerkt von der Öffentlichkeit. Es ist nicht weiter verwunderlich, daß Rons Story meines Wissens nur ein einziges Mal, und zwar in der New York Times geschrieben wurde, doch ist gerade diese Haan-Geschichte mehr als die Chronik eines erfolgreichen Aufbaus, mehr als die Erfüllung des amerikanischen Traums. Sie ist, auch wenn sich diese Begriffe selbst im Wege stehen, ein modernes Business-Märchen.

Die Entwicklung begann an eben diesem Ecktisch in der Frühstücks-Sektion des „Clydes" vor genau 13 Jahren. Der Jurist Cole und sein Freund diskutierten damals über sinnvolle, gewinnbringende Anlagen, über Bonds und Aktien, über die Idee, Anteile einer Hotelkette zu erwerben, die zweifelsfrei auf dem Weg nach oben war, und über die Gewinnchancen bei der Finanzierung eines Kreuzfahrtschiffs. Am Nebentisch stocherte Ron in Rühreiern mit Speck. Gewaltige finanzielle Sorgen drückten ihn auch an diesem Morgen. Er saß auf einer prima Idee, doch fehlten ihm mindestens 25 000 Mark Startkapital, um sein glänzendes Konzept verwirklichen zu können. Interessiert hörte er zu, wie die Nachbarn gewaltige Summen und aufregende Projekte verhackstückten.

Nach einigen Minuten stand Haan auf, deutete hölzern eine Verbeugung an und stellte sich vor: „Ich will ein Unternehmen gründen, habe einen ausgearbeiteten Ablaufplan, drei Top-Leute dabei und suche nun einen Partner, der 25 000 Mark oder mehr anlegen möchte." Thompson besah sich den jungen Mann genauer. Kantiges Gesicht, kurze, mittelblonde Haare, Sommersprossen und ehrliche, gletscherblaue Augen. „12 und 13 Prozent, wie Sie eben kalkulierten, sind ja nicht umwerfend. Da biete ich mehr. Ich mache Sie zum Partner einer Gesellschaft, die komplette Arbeitsprogramme für Telefoncompanies als Software verkauft. Eine bessere Idee, Geld zu verdienen, gibt es heute wohl kaum", setzte Haan nach.

Eine Schlüsselszene folgte zwei Stunden später, vielleicht des Märchens erster Teil: Thompson schlug ein, und der Rechtsanwalt am Tisch setzte den Vertrag auf. Er bekam als Berater fünf Prozent der neuen Firma, Thompson 25 Prozent für 25 000 Dollar. „Telic" wurde gegründet. Ron, Chef der geborenen Firma, hatte vorher bei einer Computer-Timesharinggesellschaft als Top-Verkäufer von Programmen gearbeitet. Er fand damit Gelegenheit, Kenntnisse, Erfahrungen und vor allem Kontakte zu sammeln, und war bis zu dem Zeitpunkt auch zufrieden, als der Verkaufschef seinen Vertrag einseitig beschneiden und die Prämien heruntersetzen wollte. Der Grund war denkbar simpel. Rons Zulagen waren geradezu sprunghaft in die Höhe geschnellt. 14 000 Dollar machte er im ersten Jahr, schließlich waren es 70 000. Das Management wollte nun 50 000 als Limit setzen. Mit Ron Haan kündigten die drei besten Programmierer des Unternehmens, um sich mit dem Mann aus Pittsburgh selbständig zu machen. Gemeinsam bildeten sie eine gute personelle Grundlage, um ein Konkurrenzunternehmen aufzuziehen, aber war das auch schon eine Garantie für eine sichere Geldanlage?

Das Champagnerfrühstück im Frühling 1990, also 13 Jahren später, präsentierte die Antwort. Der Unternehmenschef räusperte sich, versuchte zu sprechen: „Damit kaufe ich deine 25 Prozent Anteile an Telic zurück. Danke, daß du es mir damals möglich gemacht hast, anzufangen." Mit diesen Worten überreichte er seinem Partner einen Scheck. Hell klangen die Gläser. Der Scheck belief sich auf 25 Millionen Dollar. Nahezu 100 Millionen Dollar an Ausschüttung waren in den vergangenen Jahren bereits auf Thompsons Konto geflossen. Wohlgemerkt für ganze 25 000 Einsatz. Vielleicht die beste Rendite im Big Business überhaupt. Der Jurist am Tisch hatte fünf Millionen für seine fünf Prozent bekommen. Er ist immer noch Ron Haans Rechtsberater. Haan ist damit nun Alleinbesitzer der auf 100 Millionen Dollar taxierten Firma Telic.

Dieses Buch handelt von Träumen, die Wirklichkeit wurden. Wie es im einzelnen bei der Realisierung seiner Idee dazu kam, erzählte mir der Geschäftsmann auf dem Nobelkreuzfahrtschiff „Sea Goddess" zwischen Nizza, Sardinien und Sizilien. Es war sein erster Urlaub seit drei Jahren. Rons Erfolg basiert nicht nur auf Computerarbeiten, er hat selbst seinen Kopf computerhaft geordnet. Alle geschäftlichen, alle persönlichen Daten, Zahlen, Abläufe ruft er ab, ohne sich nur ein einziges Mal zu verheddern. Eine Korrektur ist nie nötig.

Er beginnt mit seinem größten Flop. Das „Aus" kam vor dem Aufstieg. Mit seiner ersten Firma, einer Arbeitsvermittlung für Studenten, gleich nach dem abgeschlossenen Wirtschaftsstudium an der Carnegie Mellon University in Pittsburgh, ging er pleite. 30 000 Dollar Schulden blieben. Haan war der trügerischen Hoffnung aufgesessen, daß man ihn als den angesehenen Uni-Sprecher und Studentenpräsidenten des Jahres 68 in diesem Job unterstützen werde. Ohne einen Penny in der Tasche fuhr er per Anhalter nach Florida, verdiente als Ladehelfer bei Trucks gerade genug zum Überleben. Häufig hungerte er sich durch den Tag. Dieses Gefühl war für den Sohn holländischer Auswanderer nichts Neues. Emotionslos berichtet er von seiner Jugend. Sechs Kinder lebten bei der Mutter, der Vater hatte sich abgesetzt. Zum Teil wohnte man in öffentlichen Obdachlosenhäusern, man schlug sich mehr schlecht als recht durchs Leben. Und diese Phase wiederholte sich nun noch einmal.

Durch Zufall erfuhr Haan von einer Washingtoner Firma, die Computersysteme im Timesharing-Verfahren an Firmen verkaufte. Das Unternehmen mit dem Namen „Tymeshare" entwickelte spezielle Arbeitsvorbereitungs-Programme, Personalplanung und Kostenrahmen, um die Probleme der Kunden-Companies zu lösen. Ron bewarb sich um die Stelle eines Verkäufers und bekam sie. Er machte seinen Job ausgezeichnet. Zu gut, wie er dargestellt hat. Bis zur Kündigung hatte er während der Jahre eisern und konsequent 25 000 Dollar auf die Seite gelegt. Das war der halbe Kapital-Einsatz für Telic. Der Firmengründung im Restaurant folgten die besten Jahre seines Lebens, wie Haan heute sagt. 1977 schuftete er 15 Stunden in einem Apartment, das nicht größer war „als eine Gefängniszelle". Auf dem Herd prasselten laut und unverschämt Popcorns gegen die Innenseite des Topfdeckels. Ergänzende Nahrung: Hamburger und Hot Dogs mit Sauerkraut.

Während die Programmierer unermüdlich tüftelten, planten und Konzepte nur so ausspuckten, zog Ron als Verkäufer der Programme einen Kunden nach dem anderen an Land. Der Vertragsabschluß mit dem Marktführer AT&T brachte den endgültigen Durchbruch: Bell Canada, General Telephone und Bell South folgten.

1979, also nur zwei Jahre später, hatte er seine erste Million verdient. „Beim Auswerfen der Profitzahlen schüttelte mich ein unglaubliches Glücksgefühl", erinnert er sich, „ich bin dann zu einem Rolls-Royce-Händler gegangen und habe einen gebrauchten Silver Cloud gekauft, Baujahr 1964, sehr gepflegt, ein herrliches Auto, das für mich aber darüber hinaus Symbolcharakter hat. Die ‚Emily' auf dem Kühler, das Zeichen für Winner. Ich bin im Regen auf die Straße gerannt und habe geschrien: ‚Nie wieder arm sein.'"

Die Aufwärtsentwicklung beschleunigte sich immer mehr. Ein Jahr später machte Telic fünf Millionen, 60 Companies waren inzwischen Kunden, und die Programme waren erheblich verfeinert, spezieller. Man konzentrierte sich auf Telefongesellschaften, die 95 Prozent der Kunden ausmachten, erstellte Personaleinsatzkonzepte, errechnete Kostenreduzierungen im allgemeinen Apparat. Zwölf Verkaufsleute waren ständig unterwegs, und Ron selber reduzierte seine Arbeitszeit auf „bescheidene zwölf Stunden am Tag".

1987 stand in Washington eine kleinere Company zum Kauf, die ebenfalls Telefongesellschaften Software anbot. Das Unternehmen „National Telephone Services" mit regionalem Aktionsradius war 1985 in Atlanta von Joseph Switzer gegründet worden. Es bekam nie die Kurve. Ron kaufte die Firma für zehn Millionen Dollar. Diesmal brauchte er keine Partner und Geldgeber mehr. Er baute NTS zu einer völlig neuen Industrie auf nationaler Ebene aus. Das System läßt sich im Grobraster kurz erklären: Die Hotels gingen bei Long Distance-Telefonaten, die von Gästen mit Kreditkarten bezahlt wurden und über den AT&T-Operator liefen, völlig leer aus. Ihre Kosteninvestition für die Anlage blieb Service, der sich finanziell nicht auszahlte. „National Telefonservice", so der Firmenname, wollte den Hotels eine zusätzliche Einnahmequelle eröffnen. Mindestens 10 000 Dollar monatlich garantierte der Unternehmensleiter. Die Gesellschaft leaste bei AT&T und anderen Mitbewerbern Fernleitungen und setzte einen eigenen Operator-Service ein. 5000 Hotels wurden Kunden, ebenso Kliniken und Warenhäuser. Im ersten Jahr belief sich der Umsatz auf zehn Millionen Dollar. Zwei Jahre später war die höchste Zuwachsrate aller US-Firmen erreicht. Da machte die Company 85,4 Millionen Plus.

Auf dem höchsten Punkt der Kurve und vor dem Hintergrund, daß sich die aufgeschreckte Konkurrenz, die anderen Telefongesellschaften, massiv formierte – Ideen sind auf dem Markt nun einmal schwer zu schützen –, suchte Haan einen Käufer für die Firma. Die angebotenen 50 Millionen eines Finanzkonsortiums waren ihm zu wenig, obwohl ihm Freunde rieten, sofort zuzugreifen. Er beharrte auf 75 Millionen. Und er „machte" diese zusätzlichen 25 Millionen mit den besseren Nerven. Selbst beim „allerletzten Angebot" von 67 Millionen lehnte er noch einmal kühl ab und verabschiedete sich in den Urlaub: mit der Concorde nach Paris, in Nizza auf die „Sea Goddess" und hinterher herrliche Tage in Venedig. Ein Geschenk für Ehefrau Linda, die ihn drei Jahre lang nur selten gesehen hatte.

Im Urlaub kam das 75-Millionen-Dollar-Telex

Während der Kreuzfahrt durch das Mittelmeer kam das Fernschreiben seines Anwalts: „Deal ist perfekt. Kaufpreis von 75 akzeptiert, erstes Drittel der Summe bereits auf dem Konto." Ron überflog das Papier und reichte es mir rüber, grinste breit, Lausbubengesicht. Dann sagte er schlicht: „Okay", steckte das Telex in die Tasche. Kein Wort mehr. Nachts um drei, als die Pianobar geschlossen war und der Champagner im Whirlpool auf dem Sonnendeck floß, platzte es dann doch heraus. Er schrie einmal laut „Yippy Yeah", oder so ähnlich, wie man es beim Rodeo hört – das war's dann auch endgültig. Der Gipfel an Emotionen.

Mit seiner Schiffstour hatte Ron weniger Glück. Unwetter zogen auf, Stürme tobten, und hoher Wellengang schüttelte die Luxusyacht. Bouillon wurde ab Windstärke sechs serviert. Klare, saubere Fleischbrühe, als Medizin sozusagen. Sie dampfte in großen, hohen Porzellantassen, die beim Wellentanz nicht überschwappten. Horst aus Österreich, der kleine Steward mit wallender Blondmähne, der ausschaute wie Opern-Hofmann im Bonsai-Format, schenkte pendelnd ein, strahlte tapfer, obwohl er, wie viele Passagiere, ganz furchtbar litt, so wie Ron und Ehefrau Linda. Sie verstanden die Welt nicht mehr. Die Wetterkarte war einfach gnadenlos. Wolkenloser Himmel über Europa, ausgenommen der südliche Teil des italienischen Stiefels, wo sie gerade mit der „Sea Goddess" kreuzten. Hier hielt sich hartnäckig das Sturmtief mit Kältefront. Böen peitschten die See, färbten blaue Wellen in bleigraue Fluten um. Um Sizilien herum, bei Windstärke acht, rollten die Gäste in ihren Kabinenbetten im Rhythmus der Wellen.

Ron präsentierte eine amerikanische Idee: Ein Whisky soll angeblich die Seekrankheit heilen. Zwei Doppelte halfen doppelt. An der Reeling erzählte Ronald von seinen Lieblingssportarten Tennis (aktiv) und Football (Zuschauer). Die Gedanken über das Spiel leiteten ihn zum Begriff Fairness, und er philosophierte druckreif: „Auch geschäftliche und sportliche Ziele bedeuten menschlichen Erfolg. Nach meiner Meinung können sie darum nicht durch unmenschliche Mittel erreicht werden." Für ihn keine Worthülse, sondern Prinzip in allen Geschäftsjahren.

Über diesen Umweg kam er wieder auf Telic zu sprechen. Zukünftig will er sich ganz dem weiteren Ausbau dieser Firma widmen, die er vom ersten Tag an, mit den ersten Kunden, hochgezogen hat, von vier auf 250 verfügbare Programme vergrößerte und die er nach Auszahlung der Teilhaber zu 100 Prozent besitzt. Die Programmierer, die mit ihm einst das Wagnis eines Neubeginns nach der Kündigung riskierten, bekamen beim Ausscheiden im letzten Jahr jeweils acht Millionen Dollar von Telic. Auch sie gründeten eigene Software-Companies, eine Industrie, die in den USA ständig wächst.

Ron Haan sucht in den nächsten Jahren neue Märkte. Er bereitet sich auf das Europageschäft vor. „Die Privatisierung des Telefongeschäfts geht voran", glaubt er, „und die Probleme, Programme sowie Ausbaumöglichkeiten sind übertragbar." Dabei spiele es keine Rolle, ob die Standorte nun diesseits oder jenseits des Atlantiks liegen. 75 Millionen in Reserve sorgen darüber hinaus für Sicherheit. Um zeitlich ein wenig unabhängiger zu sein, setzte er inzwischen einen Präsidenten ein, der ihn im Alltagsgeschäft entlastet, als Chairman hält er aber weiter die Zügel in der Hand.

Wie hat sich nun der Wandel mit der Entwicklung des Märchens in der persönlichen Lebensqualität vollzogen, wollte ich von ihm wissen. Einen gewaltigeren Unterschied gibt es in der Tat wohl kaum als zwischen den beiden Polen Hungerleiden und Zig-Millionen-Dollar-Poker. Der Aufsteiger reibt sein kantiges Kinn, streicht über den Drei-Tage-Bart: „Ich kaufe heute Hemden und Schuhe, ohne auf das Preisschild zu schauen, und auch Linda hat kein Kleiderbudget mehr, das sie beachten muß", sagt er. Das sei wohl die spürbarste Veränderung im Alltag. Sein Lieblingsessen bleibe aber der Cheeseburger, auf einer Seite dick mit mittelscharfem Senf bestrichen.

Ehefrau Linda, die vorher als Art-Director eines Washingtoner Magazins beschäftigt war, kaufte er die Nobelzeitschrift „Dossier" als „Spielwiese, weil sie was eigenes machen wollte". Und dann wohnen sie jetzt, wie sie es sich immer erträumt hatten: in einem dreistöckigen Penthouse-Appartement mit Blick auf den Fluß als Washingtoner Stadtwohnung (allein das Wohnzimmer hat 140 qm). In Boca Raton (Florida) richteten sie ein Landhaus ein und ein weiteres in Aspen (in den Rocky Mountains). Weil Rons ganze Begeisterung außerhalb der Company dem Tennissport gehört und „ich es so hasse, wenn ich in knapp bemessener Zeit auf einen Platz warten soll", zahlt er jetzt in vier Washingtoner Clubs Beitrag: „Da findet meine Sekretärin zu jeder Stunde einen verfügbaren Court." Und da es selbst in Florida manchmal regnet, ließ er in den Garten seines Hauses auch eine Tennishalle bauen.

Schließlich sind da noch die Autos. Nur deutsche Fabrikate für den Alltagsbetrieb, BMW als Limousine und Cabriolet und Fahrzeuge der S-Klasse von Mercedes-Benz. Natürlich steht der gerade total überholte Rolls-Royce, Baujahr 64, auch noch in der Garage. Damit leistet Ron sich besonderen Spaß: Er spielt hin und wieder Chauffeur mit Schirmmütze und weißen Handschuhen. Kommen Geschäftspartner, die ihn noch nicht kennen, am Flughafen an, holt er sie ab, reißt den Schlag auf und sitzt stumm vorne links am Steuer. Er amüsiert sich königlich über die Gesichter, wenn er sich dann später selber als der Unternehmens-Chef vorstellt.

Offen und ungeschminkt antwortet Ronald Haan auf sehr persönliche Fragen:

Ein Unternehmen kaufen, vergrößern, mit Profit veräußern, wie Sie es praktiziert haben, ist Business-Alltag in den USA. Empfinden Sie überhaupt keine Bindung zur eigenen Company und zu Mitarbeitern?

Haan: Ich unterscheide da sehr stark. Die angesprochene Firma war ausschließlich ein Spekulationsobjekt. Gewinne machen ist in diesem Fall tatsächlich die einzige Beziehung. An Telic, dem Unternehmen, das meine Lebensidee beinhaltet, meine Konstruktion ist, hänge ich natürlich. Hier würde mir ein Verkauf schwerfallen. Grundsätzlich ist aber das System, Firmen zu entwickeln und auf dem Höhepunkt zu verkaufen, die beherrschende Philosophie in unserem Lande.

Wo liegt die Motivation, weiterhin intensiv zu arbeiten, obwohl allein die 75 Millionen Dollar aus dem Verkauf nahezu alle materiellen Wünsche finanzieren können?

Haan: Ohne Frage macht mich dieses Geschäft völlig frei und sicher, was immer auch passiert. Doch ohne Arbeit, ohne die täglichen kleinen Erfolge und die persönlichen Herausforderungen wäre das Leben leer.

Aber der tägliche Stundenplan ändert sich?

Haan: Ich werde verstärkt delegieren und nicht mehr mit Linienflugzeugen, sondern Privatcharter unterwegs sein. Das spart doch eine Menge Zeit, die ich für Frau, Freunde und Tennis nutzen kann. Gemeinsam mit Linda werde ich mir, wann immer es geht, die Welt ansehen. Bisher war ich noch nie auf Hawaii und kenne Asien nicht.

Einige erfolgreiche Senkrechtstarter wie Trump kamen in letzter Zeit plötzlich in Schwierigkeiten. Sehen Sie da allgemeine Finanzprobleme, die sich auf den einzelnen auswirken, oder persönliche Fehler als Ursache?

Haan: An der Spitze zu überleben wird tatsächlich immer schwieriger. Der Trend zur Cash-Dominanz schlägt Wellen, die zu rauher See führen. Ich kenne Donald Trump sehr gut und glaube, daß er trotz der vorübergehend knappen Finanzdecke die Kurve bekommen wird. Kritische Phasen gibt es immer mal. Offensichtlich überlegen die Banken sehr sorgfältig, ob sie Risikobereitschaft weiter unterstützen sollen.

Sie sind ein Mann, der von ganz unten nach oben stieg. Hat das Ihren Führungsstil beeinflußt? Pflegen Sie Teamwork oder hierarchische Strukturen?

Haan: 95 Prozent aller Dinge lassen sich in Übereinstimmung mit verantwortlichen Kollegen regeln. In kritischen Fällen laß' ich diskutieren, treff' aber letztlich die Entscheidung. Dafür bin ich da.

Glauben Sie, daß Selfmade-Millionäre, die sich den Erfolg mit persönlichem Einsatz erarbeitet haben, die überzeugtesten Gegenspieler kommunistischer Ideen sind?

Haan: Ja, das ist unbedingt richtig. Sie sind oft leidenschaftliche Republikaner, weil sie wie einen Augapfel hüten, was sie mühevoll zusammengebracht haben. Nur das Leistungsprinzip und der freie Wettbewerb offeriert jedem die Chance, höchste Ziele zu erreichen. Auch das ist wert, daß es gehütet und verteidigt wird.

Ist es eigentlich verständlich, daß Menschen bis zum Umfallen schuften und immer mehr leisten, um sich steigende Bedürfnisse erfüllen zu können?

Haan: Das läßt sich nicht allgemeingültig beantworten. Für mich war die Befriedigung von materiellen Wünschen nie eine Triebfeder. Alles bewirkte die Herausforderung, eine Aufgabe total zu lösen. Die Ansprüche wuchsen nicht proportional. Sich mehr leisten zu können, das war nur eine Belohnung am Rande.

Wann hatten Sie das Gefühl, das prächtige Initial zur eigenen Erfolgsstory ausgemalt zu haben?

Haan: An dem Tag, als die Bilanzrechnungen die erste Million Profit zeigten, war das ein Augenblick voller Glücksgefühl, den man nur schwer beschreiben kann. Ich bin im Regen über die Straße gerannt, und in meinem Kopf hämmerte der Satz: I made it, I made it! (Ich habe es geschafft!)

Spenden Sie Geld für die Wohltätigkeit, oder unterstützen Sie den Sport mit Promotion-Verträgen?

Haan: Nein, ich helfe direkt und unmittelbar. Eine gute Freundin wünschte sich immer, ein Hotel zu führen. Ich kaufte ihr eins in San Francisco und richtete es mit edlen Antiquitäten ein. Sie macht ihren Job gut. Ich unterstütze die Carnegie Mellon University und im Sport unsere Firma-Mitarbeiter-Teams, keine Profi-Truppen.

Welche außergewöhnlichen Charakterzüge, glauben Sie, führten letztlich zum Erfolg?

Haan: Das Wichtigste ist, zwar hart und konsequent, aber immer fair zu sein. Ich habe noch nicht ein einziges Mal versucht, einen Partner übers Ohr zu hauen. So etwas mag im Augenblick zwar einen Vorteil bringen, zahlt sich auf Sicht aber nie aus. Zweitens: Entscheidungen ohne Zögern und Zagen zu treffen, auch auf die Gefahr hin, manchmal spontan etwas Falsches zu tun. Wenn 50 Prozent aller Entscheidungen richtig sind, ist das ein guter Wert.

Was sollten Jung-Manager auf dem Weg nach oben sonst noch beherzigen?

Haan: Ein großes Übel ist heute, daß die Leute nicht mehr zuhören können. Man kann sich das anerziehen, wirklich hinzuhören. Ein ganz wichtiger Punkt, wie ich glaube. Dann sollte man sich nicht scheuen, Schwächen und persönlich zu verantwortende Pannen einzugestehen. Für Karrieren ist nichts störender als langatmige Erklärungen, Entschuldigungen und Schuldzuweisungen für andere, wenn etwas schief gelaufen ist.

Hatten Sie eigentlich eine besondere Beziehung zu Computern?

Haan: Nein, nie. Lediglich im College habe ich mal einen Lehrgang gemacht, wie man so ein Standardgerät bedient, das war alles. Ich war und bin der Verkäufer, nicht der Programmierer.

Hätte der Erfolg auch in einer ganz anderen Branche kommen können?

Haan: Jetzt im Nachhinein ist so etwas immer schwer vorstellbar. Aber sicherlich wäre das auch möglich gewesen. Es gibt so viele Dinge, die man anstrebt und die dann ganz anders laufen. Karrieren, die durch Zufälle eine solche Eigenrotation bekommen, daß Einflußnahmen kaum noch möglich sind. Ich erkläre es Ihnen scherzhaft: Ein Lover schickt seiner Angebeteten 50 Liebesbriefe, und die verliebt sich in den Briefträger, der sie ihr täglich ins Haus bringt...

III

ARNOLD SCHWARZENEGGER

ARNOLD SCHWARZENEGGER

Die Angst,
arm aufzuwachen

Mythen sind hartnäckig. Kaum verbannt sie die Vernunft ins Reich der Ammenmärchen, stehen sie andernorts wieder auf. Die Rollen sind neu besetzt. Die Faszination der Masse für die Handlungen einiger weniger bleibt gleich.

Natürlich ist das alles Zufall. Diese Kraftakte, Beispiele menschlicher Willensstärke, hätten ebenso irgendwo anders passieren können, doch weil sie nun einmal hier geschehen sind, gehen sie als Belege für den eisernen Menschenschlag der Steiermark in die Stories ein, die man sich so stolz in Südösterreich erzählt und die von dort aus in die Welt gingen. Die Geschichte des jungen Landwirts beispielsweise, der mit bloßen Händen einen aus der Kontrolle geratenen Traktor aufhielt und spielenden Kindern das Leben rettete. Oder nehmen Sie den Steirer Tennisspieler Thomas Muster, der sich bei einem Autounfall derart die Beine gequetscht hatte, daß Muskeln und Bänder rissen und einen Normalsterblichen zum Invaliden gemacht hätten. Muster aber ließ sich eine Spezialbank bauen und drosch im Hocken mit schmerzverzerrtem Gesicht auf die Bälle ein. Unglaublich früh trat er wieder, mit Bandagen und Manschetten versehen, zu den Turnieren an.

Und dann ist da der Parademann, der Herkules unserer Tage: Arnold Schwarzenegger. Dieses Jahrhundert hat keinen Einstein, keinen Dichter zum idealen Mann erkoren, sondern einen Muskelstar, ein Fitness-Idol. Schwarzenegger, „Predator mit Herz" (New York

Times), „Göttersohn mit Bizeps und Köpfchen" (Werbetext), ist der einfache, bärenstarke Sproß der Steiermark, der den amerikanischen Traum verwirklichte. In seine Filme, wie „Terminator II" und „Last Action Hero", strömen die Massen zur Heldenverehrung.

Nimmt man die Gagen und Einspielergebnisse der Schwarzenegger-Streifen zum Maßstab, ist der Österreicher der erfolgreichste Schauspieler aller Zeiten.

Wo sind die Treibsätze dieser einzigartigen Laufbahn aus bürgerlichen Verhältnissen hin zu Weltgeltung und ans Schaltpult der Macht? Eine Rückblende in die Jugendzeit legt Wurzeln frei. Mit zehn Jahren wünschte sich Arnold Nacht für Nacht, etwas Besonderes zu können, mit ausgebreiteten Armen fliegen zu können, mit bloßen Händen Panzer wegzuschieben, in jeder Beziehung der Beste, vor allem der Stärkste zu sein. Er träumte, er sei der Herr der Erde, er dirigiere ein Reich und alle sähen ihm wohlwollend dabei zu. Tiefenpsychologen würden wohl angesichts solcher Spinnereien ein ideales Betätigungsfeld erkennen. Phantastereien unter dem Mantel der Nacht. Dämmerte der Morgen, war alles völlig anders, so grau und ziemlich trostlos.

Seine Kindheit in Thal, einem Dorf bei Graz, verlief freudlos und mühselig. Arnold war schwächlich, wurde oft gehänselt. Ärmlich ging's zu, im Elternhaus fehlten Kühlschrank und Toilette. Der Bruder kam tragisch ums Leben. Er schleuderte mit seinem Auto gegen einen Baum. Der Vater, ein Polizist, versuchte äußerst nachdrücklich, Zucht und Ordnung zu garantieren. Er war mehr als unbeliebt. Arnold schlief im Stall zusammen mit dem Vieh und schuftete acht Stunden täglich als Knecht. Um ein bißchen kräftiger zu werden, begann er mit Hanteln zu hantieren. Er quälte sich mit Disziplin und Willensstärke. Die Muskeln schwollen, seine Figur veränderte sich. Erste Bewunderung genoß er sichtlich, fand aber damals schon den großen Überblick, als er bekannte: „Richtig beeindruckt bin ich nur von Leuten, die noch nach Jahrhunderten in Erinnerung sind, die etwas geschaffen haben, was die Zeit überdauert. Dazu werde ich wohl nie gehören."

Ein warmer Frühlingstag in New York. Der morgendliche Berufsverkehr hat abgenommen, jetzt beginnen die Stunden der Touristen. Arnold Schwarzenegger wandert zum dritten Mal die Fifth Avenue bis zu Tiffany hoch und wieder zurück bis zur 42nd Street. Er ist noch begeisterter von dieser Stadt, als er sich das im fernen Graz vorgestellt hatte. „Amerika war von Anfang an für mich das Land der Zukunft, und der Boden, wo man wirklich geschäftlich etwas aufbauen kann. Ich wollte dabei sein." Und nun war er hier, um zum fünften Mal den Mister-Universum-Titel zu gewinnen. War mehr als vier Stunden geflogen, von Los Angeles, wo er ein winziges Zimmer bezogen hatte. Vier Stunden innerhalb eines Landes, auch das war für ihn eine Sensation, machte die Größe der neuen Heimat deutlich.

Er war gerade 20, als er seine Heimat verlassen hatte, „wo die Leute doch nur herumsitzen und zwei Stunden an einer Tasse Kaffee trinken", wie er selber den Alltag zu Hause charakterisierte. Mit ganzen 15 Dollar kam er in Los Angeles an, schlug sich mit Gelegenheitsarbeiten durch, wohnte in einem möblierten Zimmer. Doch sein Kapital war damals schon nicht zu übersehen: Der Mann war und ist knakkig, hat Bullenkraft, birst vor Vitalität. Beinahe zwangsläufig stellten sich Erfolge ein. Mit 17 pumpte er seine Bizeps bereits öffentlich auf der Bühne des Hotels „Steirhof". Während der Militärzeit verdiente er sich bei Show-Veranstaltungen ein paar Schillinge, mit denen er den Wehrsold aufbesserte.

Dann begann eine Dunkelphase, die mit wenigen Sätzen abgetan werden kann. Die Schriftstellerin Wendy Leigh bringt den kräftigen Bodybuilder in jenen Jahren in Zusammenhang mit der Schwulen-Szene, als Gespiele von Millionären. Die von ihr erstellte Biographie war natürlich nicht authorisiert. Die Schriftstellerin behauptet, ihre Ausführungen solide recherchiert zu haben. Der Schauspieler mag derartige Vorhaltungen nicht einmal kommentieren. Er gewann den ersten der angestrebten Prozesse. Für Schwarzeneggers Karriere-Story ist dieser Abschnitt, wie immer er sich auch gestaltet haben mag, völlig unbedeutend. Darum zurück zur Aufbauphase in der Neuen Welt. 1968, auf dem Höhepunkt der Hippie- und Flower-Power-Welle, interessierte sich kaum jemand für den perfekten Körper, stand Bodybuilding im Ruf, weniger Sport, sondern mehr dubiose exhibitionistische Betätigung für geistig Minderbemittelte zu sein. Schwarzenegger kümmerte das überhaupt nicht. Er sah nur sein Ziel, das er beschrieben hatte: „Mama, ich will der Beste und der Stärkste sein." So quälte er sich weiter mit seinen Muskeln, malträtierte seinen Körper. Er brauchte keine Menschen, die ihn motivierten, das schaffte er immer wieder selber. Über seine Philosophie der ersten Jahre sagt er heute:

„Bist du jung, brennst du vor Ehrgeiz, bist hungrig nach deinem Ziel, aber du darfst nicht abschlaffen, wenn du es erreicht hast. Schaff dir ein neues, bleib immer hungrig." Ein simples Wort, übertragbar auf jede Karriere. Arnold tat mehr, als allein auf seine Muskeln zu setzen.

Ein chinesischer Gong und laute Musik rissen Schwarzenegger aus seinen Gedanken. Vor der großen Entscheidung der Mister-Universum-Wahl 1970 unter den gleißenden Spots im Madison Square Garden werden die Kandidaten „vermessen". Beifall brandet auf. Die Damen in Abendrobe vor der Bühne hält es kaum auf den Stühlen. Sie hängen mit ihren Blicken am Spiel der Muskeln. Der Geruch des Massageöls vermischt sich mit dem Duft von Parfum. Arnold, mit Startnummer Vier, ist an der Reihe. Er ist 1,88 Meter groß, 95 Kilo schwer, Brustumfang 1,45 Meter, Bizeps 40 Zentimeter. Bei den weiblichen Besuchern ist er schon vor der Entscheidung der Sieger. Doch das sagt nichts. Die Juroren finden oft unverständliche Wertungen. Schon zweimal zuvor hatte er den Titel „Mister Universum" gewonnen. Diesmal dauert es lange, bis die Entscheidung bekanntgegeben wird. Dann bebt die Halle in einem einzigen Jubelsturm. In der Schlußszene ist es erneut Schwarzenegger, der im Glanz des goldenen Gürtels posieren darf.

Ein Regisseur der dritten Garnitur saß in der ersten Reihe und verfolgte aufmerksam das Geschehen auf der mit Samt ausgekleideten Bühne. Er suchte unter den Bodybuildern einen gutaussehenden Mann, der in einem ebenfalls drittklassigen Krimi einen Fitness-Club-Chef mimen sollte. Schwarzenegger, der Sieger, wurde schließlich ausgewählt. Er bekam 20 000 Dollar und zeigte seinen nackten Po, Titel: „Herkules in New York".

Das war der Anfang, weitere winzige Rollen tröpfelten hinterher: „Pumping Iron" und die „Jayne Mansfield Story". Es machte ihm Spaß. Geld verdiente er in jenen Tagen aber mit anderen Aktivitäten, mit Immobiliengeschäften und seiner Firma „Oak Production" – alles für den Bodybuilder. Dann stellt in Hollywood eine Produktionsgesellschaft die Truppe zusammen, um den Brutal-Streifen „Conan, der Barbar" zu drehen. Arnold, immer noch in körperlicher Top-Form mit inzwischen sieben „Mister-Universum"-Titeln, bekam die Hauptrolle in diesem vorsintflutlichen Schwertdrama, das 19 Millionen Dollar verschlang. Der Österreicher kassierte diesmal ordentliche 100 000

Dollar, mußte wieder einmal mehr seinen Körper präsentieren, als schauspielerische Qualitäten vorweisen, und wurde hinterher auch total verrissen. Heute schmunzelt er drüber, der Film geriet – völlig unverständlich – zum finanziellen Erfolg.

Gerade mal ein Jahr später folgte Teil II „Conan, der Zerstörer". Auch über diesen Film lohnt es sich nicht, längere Ausführungen zu machen. Es war nur noch mehr Blut als beim ersten Teil zu sehen, mehr zerschlitzte Körper, aber auch die doppelte Gage für den Auswanderer, 200 000 Dollar. Werbewirksam war im Umfeld vor allem eine angebliche Liebesgeschichte mit Grace Jones. Alle Blätter in Amerika zeigten Fotos von den beiden, mit einem Mal war aus dem Bodybuilder der Hollywood-Star Arnold Schwarzenegger geworden, und ganze Hundertschaften zerbrachen sich die Zunge an dem unaussprechlichen Namen. Seine sportliche Karriere hatte der Österreicher inzwischen beendet, er konzentrierte sich nun konsequent aufs Filmen und Geldverdienen.

Die nächsten Stationen: Noch im selben Jahr wie „Conan, der Zerstörer" drehte Arnold das Kraftstück „Der Terminator". Dabei suchte sich der geniale Regisseur James Cameran Arnold als außerirdischen Roboter aus. Er killt in dem Film halb Kalifornien und kassierte dafür 400 000 Dollar. Der Streifen kostete in der Herstellung schlappe 8 Millionen und scheffelte mehr als 100 Millionen Dollar. Arnold war ein gemachter Mann, wurde erstmals in der Branche auch akzeptiert.

Die nächsten Filme folgten Schlag auf Schlag. Ganz gleich, ob man diese Art von Gewalt- und Brutalstreifen mag oder nicht, die Einspielergebnisse waren prächtig, ja überirdisch. So wie die Sphären, in denen diese Unterhaltungsstückchen angesiedelt sind. Nehmen Sie „Phantom-Kommando", da wird der Steirer zum Anti-Rambo, raucht zum ersten Mal Zigarre. Wieder ist die Handlung banal: südamerikanischer Diktator kidnappt Tochter, Arnold holt sie zurück. Zwei Zeilen Inhalt auf 90 Minuten gestreckt. Der „City-Hai" und „Der Predator" folgten.

Die Gagen waren längst über die Millionengrenze geklettert, Regisseur und Produktionsumfeld durfte sich der starke Mann selbst aussuchen. Ein Film pro Jahr ließ genügend Zeit für weitere Bücher und Immobilien-Deals und vor allem für das Privatleben. Schwarzenegger, seit 1983 amerikanischer Staatsbürger, heiratete am 26. April

1986 in den Kennedy-Clan ein. Er ehelichte Maria Owings Shriver, Nichte des demokratischen Senators Ted Kennedy. Ein weiterer Schritt zur allgemeinen Akzeptanz. In den Klatschspalten allerdings wurde genüßlich festgestellt, daß der engagierte Republikaner nun ständig die demokratische Opposition im Bett habe.

Probleme gab's scheinbar nicht. Schwarzenegger unterstützte mit Leidenschaft George Bush, wurde zu einer der wichtigsten Wahlkampffiguren. Bush war geschickt genug, die Popularität des Medien-Darlings zu nutzen. Der nach Wolfgang Amadeus Mozart bekannteste Österreicher avancierte zum Sport- und Gesundheits-Beauftragten der Nation. Dazu muß man wissen: Arnold Schwarzenegger hatte sich vorgenommen, die 90er Jahre zu einem Jahrzehnt der Fitness zu machen. Es ist sein erklärtes Ziel, die Fitness der amerikanischen Jugend zu verbessern, indem er mittels größerem Engagement der Eltern und der Einführung kommunaler Programme an amerikanischen Schulen wieder hochwertigen täglichen Sportunterricht gewährleistet. Hohe Priorität hat für Arnold auch die bessere Fitness der Senioren, Behinderten, Minoritäten, Einkommensschwachen sowie Arbeitern und Angestellten in allen Berufen.

Auch als Bush nicht wiedergewählt wurde, ließ „Mister Universum" in seinen Bemühungen nicht nach, blieb er erste Garnitur. Allerdings mußte er den Traum, Senator für den Staat Kalifornien zu werden, erst einmal begraben. Er konnte es locker ertragen.

Geplant oder nicht, zu Beginn der 90er Jahre begann die Wandlung des „Koloß von Beverly Hills": von der Schaufigur fleischgewordenen Männlichkeitswahns hin zum tatsächlichen Schauspieler mit Darstellvermögen und Bereitschaft zur Selbstironie. In seiner ersten Komödie „Zwillinge" wird er als Bruder von Danny Devito zur Lachnummer. Sechs Millionen plus Gewinnbeteiligung gab es als Lohn fürs Blödaussehen. Der Regisseur Ivan Reitman, der ihn ins Neuland geführt hatte, setzte ihn ausschließlich als eigenwilligen Polizisten in „Der Kindergarten-Cop" ein. Sylvester Stallone war von diesem Lacher so begeistert, daß er beschloß, fortan sein Geld in Schwarzenegger-Filme zu investieren. In den technisch brillantesten Thriller „Der Terminator II" wurden nahezu 100 Millionen Dollar investiert. Doch für seine Prozente bekam Stallone so viel Geld wie für den großen Aufwand seiner eigenen Streifen ausgezahlt. Schwarzenegger verzichtete übrigens auf Bares bei den Vertragsverhandlungen. Er kassierte sein Traumflugzeug, einen Gulfstream-Jet (Einkaufspreis 13 Millionen Dollar).

Weil das Fernsehgeschäft so gut funktionierte, beschlossen Sly Stallone und Schwarzenegger, einst erbitterte Gegner, zusammen Kneipen aufzumachen. Als Dritten nahmen sie den ebenfalls sehr erfolgreichen Action-Darsteller Bruce Willis hinzu. Ein beeindruckendes Trio, das überall auch zu den Eröffnungen erscheint und damit Erfolg programmiert. Erst war es „Planet Hollywood", in Santa Monica entstand „Schatzi", es folgten Discos in London, Paris und Tokio. Zufrieden zieht sich Arnold, wann immer sich die Gelegenheit dazu bietet, in seine weiße Traumvilla in Pacific Palisades zurück. Die Erfolgspalette ist breit gestaffelt und stabil.

Nicht Aufträge und Vermögen, sondern die größte Ehre erweisen „The Arnold" die amerikanischen Kids. Sie ahmen ihr Idol in Gehweise, Gestik und sogar im Akzent nach – Schwarzenegger-Speak. „Dörminante de couch-podadoes" ist der Kampfruf bei den jugendlichen Fitness-Freaks auf Steiermark-Englisch: „Macht die Stubenhokker fertig!"

Ich traf Arnold bei den Olympischen Spielen in Barcelona. Das Ritz-Carlton-Hotel „Arts" hatte eine Etage vor der offiziellen Eröffnung für Prominente freigegeben. Dort wohnte Arnold. Als er die Treppe herunterkam, wirkte er auf den ersten Blick wie eine schlechte Kopie seiner selbst. Einen Zigarrenstummel im Mund, die Hose zu kurz, das Hemd zu knapp überm kräftigen Bizeps. Mister Olympia sah aus wie einer, der auftritt, ein Klavier abzuholen. Nichts von der Entschlossenheit, die er auf Kinoplakaten zeigt. Natürlich gewinnt er beim Sprechen, er lacht sympathisch, ansteckend.

Der Concierge versuchte mit tiefer Verbeugung, seinen Namen auszusprechen. Es klang unverständlich. Der Österreicher grüßte freundlich, grinste, oft habe man ihm geraten, diesen Namen zu ändern, weil sich den doch kein Amerikaner merken könne: „Nun kennen sie ihn doch", sagte er.

Früher, während der Bodybuilder-Zeit, habe er täglich vier, fünf Stunden trainiert. Wieviel Zeit er denn heute noch aufwende? Schwarzenegger: „Täglich eine bis eineinhalb Stunden. 45 Minuten davon sind Gewichtstraining." „Anabolika ist ein Schlagwort unserer Zeit geworden. Zu Beginn Ihrer Karriere haben Sie Ihre Muskeln ebenfalls mit Steroiden aufgebaut. Ein verdrängter Fehler?"

Schwarzenegger antwortet überzeugend glaubhaft: „Anfang der 70er waren wir in unserem Wissen noch nicht so weit, hatten keine Ahnung von den Gesundheitsschäden. Als ich von den Nebenwirkungen erfuhr, habe ich das Zeug nie wieder benutzt und Doping-Kontrollen bei Bodybuilder-Wettkämpfen gefordert."

„Wie ist das", wollte ich wissen, „mit einer möglichen politischen Karriere?" Er lacht offen: „Mein politisches Engagement begrenzt sich auf das Fitness-Programm. Wer meinen Tageskalender sieht, glaubt mir aufs Wort."

Es ist so ein ganz normaler Dienstagmorgen im September '92. Die Sonne hat sich durch die Dunstglocke von L.A. gebrannt. Ein prächtiger Morgen. Arnold braust im offenen weißen Cadillac ins Studio. Eine Stunde quält er sich, um die Muskeln nicht schlaff werden zu lassen: Liegestütze, Radfahren, Gewichtheben. Nach dem täglichen Work-out eine kurze Dusche, dann die Fahrt zum nahegelegenen Oak Tree Gun Club. Mit einem Remington-Gewehr schießt er schnell und präzise aus einer Serie von 25 Tontauben 22 herunter und schmunzelt: „Alle 25 wären besser." 45 Minuten später trifft er im kleinsten Kreis den Gouverneur von Ohio. Anschließend stehen 90 Minuten Nachsynchronisieren auf dem Timetable.

Mit einer Privatmaschine düst er nach dem Lunch hinüber nach San Francisco. Die Vorbereitungen zu den Special Olympics, den Olympischen Spielen der Behinderten, gehen in die entscheidende Phase. Schwarzenegger engagiert sich ohne Profitdenken. Er schenkt ihnen Zeit, die Behinderten ihm volle Zuneigung. Für die monatlichen Komitee-Sitzungen sind Stunden auf dem Langzeitkalender geblockt.

Arnold Schwarzenegger hat die Welt im Griff. Seine Welt, die Welt, wie er sie sieht. Auf die Frage, ob es heute noch irgendetwas gibt, wovor er Angst habe, denkt er lange nach. Dann sagt er: „Wenn ich nicht restlos glücklich wäre, müßte ich restlos bescheuert sein. Ich bete nur zum lieben Gott, daß ich nicht eines Morgens in Österreich aufwache, meine Mutter am Bett steht und sagt: ‚Aufstehen, Arnold, du mußt in die Fabrik'!"

IV

JAY A. PRITZKER

JAY A. PRITZKER

Wie der schweigsame Milliardär sein Imperium dirigiert

„Good Morning, Chicago. Es ist Dienstag, der 26. August. Die Uhr zeigt 6.45 Uhr, und der Himmel ist wolkenlos über unserer Stadt", die Rundfunk-Diskjockeys von WNUA bis WFYP jubilieren um die Wette. In ihren morgendlichen Frühsendungen produzieren sie gute Laune am Fließband für die Millionenstadt, die langsam munter wird: „Have a nice day. Und Glückwunsch allen, die heute Geburtstag haben." In den Verkehrsadern beginnt es zu rumoren. Auf der Michigan-Avenue verdichtet sich der Strom der Autos zum ersten Stau. Täglich das gleiche Bild. Frühe Airlines-Passagiere richten sich schicksalsergeben auf Verspätungen ein. In den Flughafen-Terminals von O'Hare International ist bereits der Teufel los. Trotzdem: „Have a nice day, day, day"... Eine Platte mit Sprung.

Chicago, steinernes Inferno, Schmelztiegel ohnegleichen. Spiegelbild der Einwanderungsquoten, Stadt der Gegensätze und Superlative und für Manager das beste Sprungbrett in ganz Amerika. Würde man Akten anlegen mit den Geschichten der Höhenflüge bis zum Griff nach den Sternen und der Demontage von Führungskräften, einschließlich der Fensterstürze berühmter CEOs, etliche Stockwerke des 442 Meter hohen Sears-Towers ließen sich leicht damit füllen. Nach oben und in den Keller, in beide Richtungen ist der Fahrstuhl täglich voll besetzt.

Frank Pale liegt wach in seinem Bett und registriert mit Beklemmung: Viertel vor sieben, und der Wecker schrillt nicht. „Warum so früh aufstehen", hatte seine Frau am Vorabend gesagt, „wo du doch nicht mehr in die Firma mußt...?"

Frank Pale hat heute Geburtstag. Er wird 65. Ein schmerzlicher Feiertag für einen wie er, der voller Schaffensdrang ist. Gestern ist er als Chairman of the Board (Vorstandsvorsitzender) von International Electronics verabschiedet worden. Von einem Tag auf den anderen wurde er zum Unternehmenslenker außer Dienst. Ein Alptraum wie die Fratze des Leibhaftigen. Und dann die Abschiedsfeier, wie er sie selber oft genug mit Mitarbeitern zelebriert hatte, ein einziger Greuel! „Wegwerf-Party", fiel ihm spontan als Begriff zu dieser Veranstaltung ein, und so sieht er es auch heute, am Tag danach. Morgens um zehn die Begegnung mit den Aufsichtsräten im mit Rosenholz getäfelten Besprechungszimmer, mittags die Reden der Belegschaftsvertreter im Konferenzraum 1, vor dem die rote Lichtleiste „Konferenz, nicht stören" leuchtete, und später der Umtrunk zwischen georgianischen Stilmöbeln im feinen Vorstandszimmer.

In 20 Jahren hatte sich dieses feste Programm in der Firma beim Ausscheiden von Führungskräften nie geändert. Doch als Pale selber im Mittelpunkt stand, als sich der „harte Kern" seiner Kollegen nach Champagner, Reden, Schulterklopfen und Händeschütteln verabschiedet hatte, fühlte sich der Manager „hundeelend und hinauskatapultiert": vom Regiepult der Verantwortung geradewegs zum Seniorenkreis „Goldener Abend".

„Good morning, Chicago." Die Business-Stadt mit den breiten Schultern gähnt. „Have a nice day." Ein paar Meilen weiter nördlich, in einem geräumigen Penthouse am East Lake Shore Drive, wird Jay A. Pritzker von seiner Ehefrau Cindy geweckt. Auch er hat Geburtstag, wie Pale wird er 65. Doch „Mr. Chicago", wie sie ihn nennen, hat nicht die Sorgen und Nöte gleichaltriger Top-Manager. Nicht eine Sekunde lang kam ihm in den Sinn, an diesem Tag aufzuhören, weil das nun die vorgegebene Altersgrenze ist. Nicht einmal ans Kürzertreten dachte er, trotz größter gesundheitlicher Probleme. Drei schwere Operationen am offenen Herzen hatte er glücklich überstanden. Er ist den Ärzten dankbar für ihre Kunst, aber ohne seinen eisernen Willen wäre er sicherlich nie mehr auf die Beine gekommen.

Der Mann ist Unternehmer, besser gesagt Marmon-Konzernchef (mehr als 60 Unternehmen), Dirigent eines Hotelimperiums, Chef des

Familien-Clans und selbstverständlich Milliardär. Seit Jahren schon setzt er sich energisch für eine flexible Altersgrenze im Spitzen-Management ein. Die Überlegung, daß er durch einen Geburtstag auf die Seite der passiven Beobachter gedrängt werden könnte, mag er nicht einmal zu Ende führen. Pritzker steigt unter die eiskalte Dusche, frühstückt spartanisch: Müsli, Körner, Obst und Tee, liest das Wallstreet Journal und die Chicago Tribune, die sich selber „die bedeutendste Zeitung der Welt" nennt.

Nachdem er den täglichen Terminplan studiert und Aktennotizen auf kleine Zettel gekritzelt hat, kümmert er sich mit präzisen Anweisungen um die Vorbereitungen der Geburtstagsparty. Eingeladen ist ein kleiner Kreis von Familienmitgliedern und Freunden. Nichts haßt dieser Mann mehr, als öffentlich zur Schau gestellt zu werden. Albernes Theater, ganz gleich, mit welcher Besetzung, widert ihn ebenso an wie Personenkult. Seine Feier wird in keiner Klatschspalte stehen. Interviews hat er bisher regelmäßig abgelehnt, ebenso Fototermine und TV-Auftritte. Wichtige Anfragen der Medien werden delegiert.

Bei ABC steht heute Bruder und Partner Robert für die Familiengesellschaft vor der Kamera, und die New York Times wird mit ihrer Bitte um ein persönliches Gespräch an die PR-Abteilung von Hyatt verwiesen. Diese Zurückhaltung gegenüber dem Fernsehen, Zeitungen und Magazinen ändert sich auch in den folgenden Jahren zwischen 1987 und 1990 nicht. Pritzkers Meinung ist da nur schwer verrückbar.

Manchmal können Pannen helfen, solche unüberwindlich scheinenden Schutzwälle zu verschieben, weil sie kurzzeitig eine persönliche Verbindung schaffen und die Stimmung auflockern. Ich hatte mich einige Zeit über verschiedene Kanäle um ein ausführliches Gespräch mit dem Milliardär bemüht. Meine Anfragen blieben ohne Erfolg. Erst durch die Vermittlung des Ehepaares Horn ließ sich Pritzker interessieren. Dazu muß man wissen: Helmut Horn ist der Präsident der Coastal-Hotelgruppe, ebenfalls mit Sitz in Chicago, und seine Frau Christina, eine charmante Philippinin, Direktorin in der Unternehmensführung von Hyatt International. Beide gehören zu den engen Vertrauten von Jay Pritzker und sind über das Berufliche hinaus durch freundschaftliche Kontakte verbunden.

An einem Samstagmorgen sollte ich J.P. früh gegen sieben zu Hause anrufen. So war es ausgemacht, weil er gleich nach dem Frühstück in sein Wochenendhaus fahren wollte. In Sorge, ihn zu verpassen, rief ich also in aller Herrgottsfrühe aus Detroit an, wo ich dienstlich zu tun hatte, und wartete ungewöhnlich lange, bis sich jemand meldete. Tatsächlich war es nicht früh, es war unverschämt früh. Und Jay Pritzker schlief noch fest. Schließlich hob er ab: „Schauen Sie mal auf Ihre Uhr, wir haben 5.45 Uhr, und das am Samstagmorgen." Pause – Zwischen Detroit und Chicago liegt zwar nur eine gute Flugstunde, aber auch die Zeitzonengrenze. Peinlich. Ich stammelte eine Entschuldigung und versprach, später noch einmal anzurufen. Da war dann Frau Pritzker am Apparat, und die rief lachend durch den Raum: „Jay, das ist Dein deutscher Freund, der uns mitten in der Nacht geweckt hat." „Nachtreporter", brummelte er und etwas Unverständliches, dann folgte eine Einladung in sein Wochenendhaus am Waldrand außerhalb Chicagos. Er bat mich, aus Sicherheitsgründen den Ort nicht zu nennen. Die Villa, ein geräumiger Flachbau, ist gemütlich und ohne Pomp eingerichtet. Viel Holz, Sitzbänke mit modernem Karo-Design, eine Eßbar, ein paar Zimmerpflanzen. Der krasse Gegensatz zu Trumps Schloß mit barocken Schnörkeln, Blattgoldverzierungen, Glitzer und Prunk. An Außergewöhnlichem, wenn man es so bezeichnen möchte, gibt es bei Pritzkers nur den hauseigenen Tennisplatz neben einer gläsernen Veranda. „Wohlfühlen möchte ich mich, Luxus brauche ich dazu nicht. Mich amüsieren Leute, die versuchen, in jedem Detail Millionen durchscheinen zu lassen."

Tennis und Skilaufen sind die liebsten Hobbies des Mannes, der mir im roten Rollkragenpullover gegenübersitzt. „Und natürlich Paragliding, mit und ohne Ski an den Füßen", ergänzt er. Wieso ‚natürlich'? Das ist doch wahrlich keine ungefährliche Sportart. „Wer den Wind verstehen kann, kommt damit zurecht", sagt Pritzker und hängt für einen Augenblick seinen Träumen nach. Er schildert die Situation: Ein Frühlingstag in den Rockies, popfarbene Schirme küssen den blauen Himmel. Die Paragleiter machen sich bereit, den ewigen Menschheitstraum zu verwirklichen: Abheben, Fliegen und schwerelos Sein. „Einer von ihnen bin ich selber. Du steigst hoch und wirst zum Element der atemberaubenden Naturszene."

Das ist sein eigenwilliger Ausbruch aus Alltags-Zwängen und zugleich Therapie gegen eine Welt von Zahlen und Verträgen, Aktennotizen und Entscheidungen. Anstelle des ewigen Fahndens nach Möglichkeiten zur Gewinnerweiterung die Suche nach mehr Ich. Paragliding macht manchmal süchtig. Beim ersten Mal, berichtet er, habe sich die Angst fest um Herz und Magen geschlossen. „Sie verkrallte sich im Nacken, angesichts der dünnen Schnüre als einzige Verbindung zwischen Glück und Tod." „Angstlust" nennt Pritzker das. Acht Sportfreunde starben 1988 allein in der Schweiz. In Amerika ist die Zahl nicht registriert. Der Schwenk vom Hobby zu Pflicht und Verpflichtung kommt schneller als der Haken des Hasen. „Urlaub habe ich trotz aller Begeisterung noch jedes Mal abgebrochen und verkürzt. Geschäfte sind das wirklich Wichtige im Zentrum des Lebens." Die Möglichkeiten dazu überschlugen sich in letzter Zeit in wilden Purzelbäumen. Seit einigen Tagen lebt er gedanklich auf stählernen Flügeln. Intensiv beschäftigt ihn die Übernahme von Eastern Airlines, einer der großen amerikanischen Fluggesellschaften, die finanziell total am Boden liegt. Der Preis war nicht das Problem bei den zurückliegenden Verhandlungen. Mühe machen die schwierigen Prozesse drumherum.

Eine interessante Konstellation: Pritzker, der Flugzeuge über alles liebt, der Anteilseigner und Chef von Continental war und seit dem Verkauf von Braniff unbedingt wieder eine Fluggesellschaft in seinen Konzern eingliedern möchte, ist die eine Seite. Dagegen steht, daß er sämtliche persönlichen Neigungen und Wünsche stets zurückstellt, wenn es um das Abwägen eines Deals geht. Dann diktiert ausschließlich glasklares Kalkül das Denken. Darum platzte schließlich das Geschäft mit Eastern, Minuten vor dem Abschluß.

Bekannt geworden ist das nie.

Pritzker hat die Beine übereinandergeschlagen. Er wirkt freundlich wie ein netter Nachhilfelehrer. Härte sucht man vergeblich in seinem Gesicht. Wenn er sich erinnert, schließt er manchmal für Sekunden die Augen: „In Eastern habe ich eine interessante Möglichkeit gesehen, nach einer gewiß aufwendigen Sanierung Gewinne zu machen. Daß im letzten Augenblick der Abschluß doch nicht zustande kam, lag ausschließlich an dem Umstand, daß wir bei der Fluggesellschaft nicht wie üblich einen Verhandlungspartner hatten, mit dem wir klarkommen mußten, sondern drei: Texas Air als Hauptanteilseigner, dann den Zusammenschluß der unbefriedigten Kreditgeber und schließlich die ausgesprochen starken und starren Gewerkschaften. Alle Forderungen dieser unterschiedlichen Gruppen unter einen Hut zu bringen, das ließ sich einfach nicht bewerkstelligen."

Ehrlich, war es nicht allein eine Frage des Preises? „Der Kaufpreis ist immer ein Faktor, aber bei diesem Geschäft war er sicherlich nicht ausschlaggebend. Die Kreditgeber wollten keine Zugeständnisse bei einem möglichen Vergleich machen, weil sie sich ausmalten, daß wir irgendwann mit einer neuorganisierten und abgespeckten Linie Gewinne erzielen würden."

**Den einzigen Flop
landete seine Frau**

Nach den erfolglos beendeten Gesprächen dümpelte die einst so anerkannte Airline dahin. Die Operationsbasis wurde zersplittert, der gewinnbringende Eastern Shuttle von Trump gekauft. Dem gelang es übrigens bis heute nicht, das ehemals gute Ergebnis zu stabilisieren, er steckt tief in den roten Zahlen.

Ehefrau Cindy serviert Bier und fragt gastfreundlich, ob sie für uns eine Kleinigkeit kochen soll. Ein paar Sandwiches vielleicht. Der chinesische Koch und Hausdiener serviert die Schnittchen mit Salat, Ei und Lachs. In der Ferne pfeifen die rollenden Reifen der Autos ihre monotone Highway-Melodie. Während es auf den Straßen, in den steinernen Schluchten der Wolkenkratzer mit Tausenden von schwarzen Augenhöhlen wild und hektisch zugeht, hier draußen herrscht wohltuende Ruhe.

Sprechen wir von den Voraussetzungen und dem einmaligen Weg in das Oberhaus der amerikanischen Familien-Imperien. Jay und Robert Pritzker wuchsen in kultivierter, wenn auch strenger Atmosphäre einer gutsituierten Familie auf. Der Vater war Jurist, und ebenfalls schon im Immobiliengeschäft tätig. Wenn Pritzker von Vater und Mutter spricht, kommentiert er mit Schmunzeln die Herkunft: „Die Kapitalisten-Saga beginnt 1881. Unser Großvater Nicholas kam als armer russischer Auswanderer in die USA. Die drei Söhne des Bauern, Abraham (Jays und Roberts Vater), Jack und Harry, mußten Russisch und Deutsch lernen. Meine Mutter kam aus Wien. Wenn meine Eltern nun etwas zu bereden hatten, was wir Kinder nicht verstehen sollten, auch wenn sie sich mal stritten, dann redeten sie immer Deutsch miteinander." Schon in der zweiten Generation wurde die Kanzlei „Pritzker & Pritzker" gegründet. Den Gewinn investierten sie behutsam in kleine Hotels und in ortsansässige Unternehmen.

Vater Abraham zeichnet Jays Berufsweg konsequent vor. Nach der kindlichen Lokomotivführer-Phase hegte Jay den leidenschaftlichen Berufswunsch, Pilot zu werden. Doch die Eltern lenkten sein Streben in, wie sie es nannten, „seriöse" Bahnen. Der Familientradition gemäß studierte der junge Mann dann auch Recht. Später nutzte er die Kenntnisse dazu, wasserdichte Verträge ohne fremde Hilfe machen zu können. Gleich nach dem Examen begann Jay mit den Finanzgeschäften. Der vier Jahre jüngere Robert war der einzige in der Familie, der etwas anderes als Jura studierte. Er machte seinen Hochschulabschluß als Ingenieur am Illinois Institute of Technology. Mit trockenem Humor kommentiert unser Gastgeber den Werdegang des Nichtjuristen: „Nur er verdiente sein Geld auf ehrliche Weise."

Draußen klatscht der Regen gegen die gläserne Terrassenwand. Auf dem Tennisplatz tanzen die Tropfen, schlagen Blasen. „Ein Wetter zum Heulen", stöhnt Frau Pritzker, „Jay wollte doch mit seinem Freund unbedingt Tennis spielen. Er braucht die Bewegung für sein Herz." Am Couchtisch beim Bier tanzen die Millionen, dreht sich das Firmenkarussell, daß es einem schwindelig wird, wenn man nur versucht, sich die rasante Entwicklung vor Augen zu führen. Das erste große Geschäft war die Cory Corporation, ein Beratungsunternehmen, Spezialiät Baurecht, das Jay für 25 000 Dollar kaufte, hochbrachte und 20 Jahre später für 23 Millionen Dollar veräußerte. 1953 übernahm man die Colson Company, eine Maschinenfabrik, die vom Dreirad über Röhren bis zu Raketenelementen produzierte. Sie wurde das Herzstück der Marmon-Gruppe, mit, wie gesagt, mehr als 60 Firmen. Pritzker kontrollierte damit ein Reich, in dem von der Büroklammer und Baumaschinen bis hin zum Panzer alles gefertigt wurde. Dazu Erzbergwerke, Kupfergewinnung, Beratungs- und Dienstleistungsunternehmen.

Die zweite Wurzel, das Hotelgeschäft, entwickelte sich kräftig. Pritzker über die Anfangsphase des Hyatt-Konzerns: „Wir konnten günstig zwei kleine Flughafen-Motels in Los Angeles und San Francisco kaufen, die einen guten Standort hatten, aber total renoviert werden mußten." Der dritte Bruder Donald managte sie bis zu seinem Tod 1972. Er wurde nur 39.

In den sechziger Jahren stand in Atlanta eine erschreckende Bauruine zur Versteigerung. Ein Hotel, über das Experte Conrad Hilton urteilte: „Da kannst du reinstecken, was du willst, das Ding wird nie abheben." Pritzker hob damit ab. Es wurde sein erstes Hyatt Regency. Das Atrium himmelhoch bis zum Dach geöffnet, mit Fontainen und Springbrunnen. Ein blühender Garten und dazu gläserne Fahrstühle, die an den Außenwänden hinauf- und hinabhuschen. Die Kette bekam übrigens ihre Bezeichnung vom Vornamen der Besitzer-Ehefrau des L.A.-Airport Motels: Hyatt. Mit einem unbeschreiblichen Tempo wuchs die Hotelorganisation auf 154 Häuser (30 weitere im Bau), die in zwei Ketten, die nationale und die internationale, gegliedert sind. Sie machen mehr als drei Milliarden Dollar Umsatz.

Top-Architekten wie John Portman kreieren atemberaubende, kühne und luxuriöse Bauwerke wie das Hyatt „Embarcadero Center", San Francisco, wie den Palast in Chicago oder Maryland und Phoenix, das „Grand Cypress", Orlando oder die Traumwelt von „Waikoloa", Hawaii. Jay Arthur Pritzker läßt bauen, beteiligt sich an den Projekten oder bietet Management-Verträge.

Fotograf Bernd Kollmann arbeitet während des Interviews diskret, aber ohne Unterlaß. Er hält die Gesten des Mannes in unzähligen Szenenfotos fest. Bisher hat Pritzker es stets abgelehnt, Kameraleute und Bildberichterstatter an sich heranzulassen. Kollmann gehört zu den wenigen seiner Zunft, die man nicht spürt, die nicht stören. Darum zeigt der Milliardär Geduld. Irgendwann hat er dennoch die Nase voll: „Tausend Shots, die reichen wohl. Jetzt gibt es nichts Neues mehr an mir zu entdecken, nicht mal weitere Falten." Vertrauen scheint er zu haben: „Schicken Sie mir ein paar Abzüge von den schönsten Bildern. Es gibt von mir keine."

18 Uhr, Nachrichtenzeit. Der Hausherr holt mit Fernbedienung die Welt auf die Mattscheibe. Bilder aus Ostblockländern kommentiert er: „Die Veränderungen und das Öffnen des ehemals festen kommunisti-

schen Blocks schafft hochinteressante neue Märkte. Ich hätte nicht gedacht, daß ich das alles in meiner aktiven Zeit noch erleben würde." Er genießt es sichtlich, in solch bewegten Zeiten dabei sein zu können. Er krempelt die Ärmel des Rollkragenpullovers hoch. „Nächste Woche muß ich nach Moskau und Ungarn, aber auch hier in Chicago stehen etliche Entscheidungen an. Da müssen die Tage wieder in winzige Scheiben zerlegt werden."

Sind Besessenheit, ständiger Druck und der häufige Verzicht auf Freizeit der persönliche Preis für Milliarden? Dieser Mann kennt keine Einschränkungen, er lebt für seine Arbeit. Ans Kürzertreten mag er weder jetzt noch im Hinblick auf die nächsten Jahre denken. Der physischen und psychischen Belastung und seinen gesundheitlichen Problemen begegnet er mit spartanischer Lebensweise. Keine Zigaretten, kein Alkohol, nur wenig und gesund essen, ballastreiche, fettarme Kost. Und täglich mindestens eine Stunde Bewegung, die ist fest im Terminplan geblockt, wo immer er auch gerade sein mag.

Disziplin ist für ihn ebenso wichtig wie Kreativität und Arbeitseinsatz. Was der Mann anpackt, wird zur Goldmine. Erfolge reihen sich nahtlos aneinander. Den einzigen Flop, der zu Millionen Verlusten führte, leistete sich seine Frau. Sie initiierte und finanzierte das Broadway-Musical „Singin' in the Rain", das zu einem gewaltigen Reinfall wurde. Doch Liebe ist, kommentarlos darüber hinwegzusehen. Wenn man es sich leisten kann. Die Bescheidenheit des Chicagoer Mega-Milliardärs ist nicht aufgesetzt, und so hat er auch seinen Sohn Thomas erzogen, der inzwischen schon einer der Co-Direktoren an der Spitze des Familienkonzerns ist. „Geld", pflegt Jay Pritzker zu sagen, „kannst du nicht essen, du kannst es nicht riechen, du kannst nicht damit schlafen. Es ist nur dazu da, Geschäfte zu machen."

Selbstverständlich hat er phantastische Wohndomizile für die Familie gekauft: neben dem Stadt-Penthouse einen Sommerpalast in Winnetka, eine Hacienda in Rancho Santa Fé, Kalifornien, das Wochenendhaus bei Chicago und verschiedene Ferienstützpunkte in den Bergen und in Phuket (Thailand). „Wenn es gut geht, soll man nach seinen Möglichkeiten auch anderen helfen. Ich fühle mich zu Großzügigkeit verpflichtet", sagt er. Er hat stets danach gehandelt. 15 Millionen stiftete er mal eben der Chicagoer Universität, und jedes Jahr wird der Pritzker-Architekturpreis (verbunden mit 100 000 Dollar) vergeben, „weil", so schmunzelt er, „Alfred Nobel diese wichtige Sparte vergessen hat." Die öffentliche Bibliothek von Chicago schließlich wurde mit einer Million Dollar unterstützt. Auch das macht er leise und stets ohne Eigenwerbung.

Donald Trump trompetet es hinaus, sein kapitalistisches Credo. Selbst finanzielle Probleme macht er noch zur Schau. Malcolm Forbes ließ zeitlebens die ganze Welt teilhaben an seinem Spaß, reich zu sein. Pritzker reagiert da ganz anders, still und ohne Aufhebens. Eine ungewöhnliche Persönlichkeit. Weil wörtliche Aussagen von ihm sonst kaum zu finden sind, hier einige Ansichten im Originalton:

„Manager mit Gefühl machen schlechte Geschäfte"

Freud' und Frust sehr reicher Familien sind Lieblingsstoff der TV-Serien. Sie dirigieren leise und ohne öffentliches Theater den Pritzker-Clan, dem Finanzblätter unbeschreibliche wirtschaftliche Macht in den USA und ein Vermögen zuschreiben, das unterschiedlich zwischen acht und 18 Milliarden Dollar angegeben wird. Was ist denn nun die richtige Summe?

Pritzker: Ich lese diese Summen immer mit Erstaunen. Woher wollen die das wissen, wenn ich es definitiv selber nicht weiß. Geld muß immer arbeiten. Aus diesem Grund habe ich nie versucht, die totale Summe zu errechnen. Ganz ehrlich: Sie ist mir auch egal.

Welche Unternehmen gehören zum Pritzker-Konzern? In der Bundesrepublik ist in erster Linie ja die Hyatt-Hotelkette ein Begriff.

Pritzker: Wenn Sie vom öffentlichen Aufmerksamkeitswert ausgehen, steht das Hotelgeschäft ganz oben mit den beiden Ketten Hyatt Corp., also die 100 amerikanischen Häuser, und Hyatt International, unsere 50 Hotels außerhalb Amerikas. Das gilt natürlich nicht für den Umsatz. Da ist beispielsweise die Marmon Group weit bedeutender. Dieses monumentale Industrieunternehmen arbeitet im Stahl- und Kupfergeschäft. Dazu gehört außerdem ein Handel mit Röhren und Leitungssystemen sowie ein Dienstleistungsbereich. Etliche Einzelfirmen runden die Gruppe ab. Und bis vor kurzem hatten wir, wie gesagt, Braniff.

Wie haben Sie die Organisation dieses verzweigten Netzes geregelt? Sind die Schaltpositionen ausschließlich mit Familienmitgliedern besetzt?

Pritzker: Ich bin Vorstandsvorsitzender von Hyatt und von Marmon und kümmere mich in erster Linie um Finanz- und Rechtsfragen. Mein Bruder Robert ist der Ingenieur und steht mir in der Konzernführung zur Seite.

Die beiden Hyatt-Gruppen haben an der Spitze je einen Präsidenten. Beide arbeiten direkt mit mir zusammen. Die großen finanziellen Investitionen, wie beispielsweise ganz aktuell ein Hotelkomplex in Australien, besprechen wir, auch die Auswahl unserer Partner, aber ansonsten haben die Verantwortlichen freie Hand im Alltagsgeschäft.

Und bei welcher Summe werden sie zurückgepfiffen?

Pritzker: Ich glaube, daß finanzielle Fragen das einzige Thema sind, bei dem das passieren könnte. Bisher haben wir einen solchen Fall noch nicht gehabt.

Mehr durch einen Zufall haben Sie vor 20 Jahren mit Hyatt einen der bedeutendsten Begriffe in der internationalen Hotellerie geschaffen. Hätte es ebenso gut ein anderes Produkt sein können?

Pritzker: In der Tat waren es glückliche Umstände, die uns den Start ermöglichten. Wir kauften das Airporthotel in San Francisco und beschlossen, ähnliche Häuser auch an den Flughäfen von Los Angeles, Chicago und Seattle einzurichten. Die zweite Wurzel war das „Regency" in Atlanta. Es war zur Hälfte gebaut, als den Inhabern das Geld ausging und wir es als Bauruine kauften. So fingen wir an, Hotels in zentraler Lage in den Innenstädten zu bauen.

Hatte Ihre Familie schon vorher etwas mit dieser Branche zu tun?

Pritzker: Der große Einstieg war tatsächlich 1957. Aber vorher waren wir schon einmal an zwei oder drei Hotelunternehmen beteiligt. Doch das hatte mit dem heutigen Geschäft wenig gemein.

Die großen Hotelketten expandieren atemberaubend. Aber auch die Übernachtungspreise steigen im gleichen Tempo, so daß der Kundenkreis stark eingeschränkt wird. Wie beurteilen Sie die Zukunft des Hotelgeschäfts?

Pritzker: Trotz aller Schwierigkeiten, die ich durchaus sehe, ist das für mich eine der sichersten Branchen überhaupt. Allerdings muß man stärker als bisher analysieren, welche Zielgruppe man für ein bestimmtes Haus ansteuert und an welchem Ort tatsächlich Bedarf dafür besteht. In Mexiko beispielsweise werden nach wie vor Ferien-

Ressorts benötigt. In einigen Großstädten fehlen kleine, intime Fünf-Sterne-Luxushotels.

Welches ist Ihr ganz persönliches Lieblingshotel?

Pritzker: Ganz spontan nenne ich Ihnen das „Amanpuri" in Phuket, Thailand. Es ist im Landesstil erbaut, unwahrscheinlich elegant und hat ganze 40 Suiten. Indem ich das sage, schränke ich direkt meine Aussage ein. Das ist für mich das schönste kleine, private Haus. Man muß da differenzieren. Ich könnte Ihnen genauso mein liebstes Business-Hotel oder das spektakulärste Hotel in der Welt nennen.

Und was wäre das spektakulärste Hotel?

Pritzker: Das „Waikoloa" auf Big Island, Hawaii. Es gehört zu Hyatt, aber das erstgenannte „Amanpuri" nicht.

Sie legen heute keinen Wert mehr darauf, die Hotels zu besitzen, sondern verkaufen das Know-how, das funktionierende Management. Sind da nicht Probleme mit den Besitzern und Finanziers unvermeidlich?

Pritzker: Die lassen sich tatsächlich nicht umgehen, wenn Sie Geschäfte für andere Leute führen. Ernste Auseinandersetzungen allerdings gäbe es nur, wenn ein Haus, das wir besitzen, in direkten Wettbewerb mit einem Hotel träte, das wir als Managementgesellschaft führen. Das ist in Chicago der Fall. Da besitzen wir das kleine „Park Hyatt" am alten Wasserturm, und wir führen in der Innenstadt das „Regency", eines der größten Hotels der Welt. Nur weil die beiden Herbergen so stark unterschiedlich sind und darum nicht im Wettbewerb stehen, läßt sich das machen. Sonst hätten die Besitzer des „Regency" sicherlich die Zusammenarbeit aufgekündigt.

Um Abschlüsse für Tagungen und Kongresse zu erreichen, treten die Manager in den einzelnen Städten zwangsläufig in Konkurrenz. Auch die beiden Hyatt-Ketten versuchen sich sicherlich mit ihren Ergebnissen zu übertreffen. Ist Konkurrenz im eigenen Konzern eigentlich sinnvoll?

Pritzker: Zuerst einmal ist Konkurrenz bis zu einem gewissen Grad gesund. Von diesem internen Wettbewerb engagierter Mitarbeiter leben die Firmen aller Branchen. Aber auch wenn wir diesen Konkurrenzkampf nicht wollten, könnten wir ihn nicht verhindern. Manager in New York und in Phoenix sprechen dieselbe Zielgruppe an: „Kommt in unser Hotel in den Süden", sagen die einen, und die anderen versuchen, große Gruppen von einer Tagung an der Ostküste zu überzeugen. Und was die Führung der beiden Hyatt-Ketten angeht, müßte ich wahrscheinlich sagen, es wäre sinnvoller, nur einen Präsidenten zu haben, der beiden Ketten vorsteht. Aber zum Glück kommen Bernd Chorengel (international) und Darryl Hartley-Leonard (USA) gut miteinander klar.

Müssen Sie eine Garde Diplomaten schicken, wenn Sie nun so schwierige Mitbesitzer wie Donald Trump in New York haben?

Pritzker: Der erste Manager war ein harter Mann, der ständig mit Trump im Krieg lag, weil sich Donald selbst um alles im Hotel kümmern wollte. Wenn die Duschen kalt waren, wenn Blumen fehlten, immer stand er dem Management auf den Füßen. Dann hat der Deutsche Hartmut Stauss, unser jetziger General-Manager, diese Aufgabe übernommen und besser in den Griff bekommen. Weil Hartmut entspannter ist, Stil hat und sehr geschickt mit Menschen umzugehen versteht, kommt er mit Trump, der wahrlich nicht einfach ist, gut zurecht. Hartmuts System war übrigens so simpel wie erfolgreich: Er überhäufte Trump am Anfang derart mit Nichtigkeiten, daß der von sich aus sagte, laß mich endlich mit dem Hotel in Ruhe...

„Zeigen Sie mir einen Manager, der mit Gefühl handelt, und ich garantiere Ihnen ein schlechtes Geschäft." Ein Zitat von Ihnen. Aus welcher negativen Erfahrung resultiert diese Weisheit?

Pritzker: Daran kann ich mich nicht mehr erinnern. Grundsätzlich bin ich der Meinung, daß die meisten Menschen dazu neigen, Entscheidungen vom Gefühl her zu fällen und nicht rational. Ich bekomme immer Angst, wenn die Gefühlsbetonten bei Verhandlungen ausgerechnet unsere Leute sind.

War das nur ein Gerücht, oder haben Sie mit Fidel Castro über eine Hotelkette in Kuba verhandelt?

Pritzker: Das entspricht den Tatsachen. Er hatte mich eingeladen, weil er mehr Tourismus in sein Land bringen will. Ich stimme politisch wahrlich nicht mit ihm überein, aber er ist ein sehr faszinierender Mann. Da saßen wir also nach dem gemeinsamen Abendessen die ganze Nacht bis morgens um halb fünf zusammen, und er hat versucht, mich davon zu überzeugen, in Kuba Ferienhotels zu bauen. Ich habe immer gesagt, beim jetzigen Stand der amerikanisch-kubanischen Beziehungen sei das unmöglich. Außerdem hätte ich Angst um meine Hotels in den USA, denn die Nachkommen der kubanischen

Flüchtlinge sind äußerst fanatisch. Die werfen mir in den Florida-Hotels die Fensterscheiben ein.

Was war das Ergebnis der langen Nacht?

Pritzker: Eine gegenseitige Versicherung, daß wir in Kontakt bleiben wollen. Die Kubaner werden in Zukunft um ein besseres Verhältnis zu den USA bemüht sein, weil die Sowjetunion bald nicht mehr fünf Milliarden Dollar jährlich an Subventionen zahlen wird. Für den Tourismus brauchen sie eine harte Währung und Marketingkonzepte. Da werden sie weiter auf uns setzen. Wir wollen abwarten...

Grundsätzlich lehnen Sie Geschäfte in kommunistischen Ländern nicht ab?

Pritzker: Dafür gibt es keinen Grund. Wir haben damals auch mit Gorbatschow gesprochen, weil bessere Hotels in der Sowjetunion und heute in Rußland und den anderen unabhängigen Staaten gewünscht werden. Wir arbeiten an diesen Projekten. Derzeit planen wir ein Haus für Moskau, aber ich glaube erst daran, wenn es tatsächlich gebaut wird. Jeder im Hotel-Business war schon in der Sowjetunion und hat über Projekte geredet. Doch die Nation, die Menschen ins All schicken kann, ist tatsächlich nicht in der Lage, ein simples Gebäude solide zu bauen. Wenn Sie in Chicago ein Hotel innerhalb eines Jahres bauen wollen, ist das möglich. In der Sowjetunion müssen Sie sich nicht nur mit der Bürokratie auseinandersetzen, sondern auch mit dem Mangel an Baumaterial. Die Konsumgüterversorgung ist ein Desaster. Sie gehen in ein Geschäft, und es gibt einfach nichts. Es fehlt an den einfachsten Sachen. So hervorragend die neue Politik und die Öffnung in der Sowjetunion ist, wenn sie nicht in der Lage sein wird, ihre Wirtschaft in Ordnung zu bringen und elementare Dinge zu produzieren, droht die Rückkehr in die schlimmen alten Tage. Ich hoffe inständig, daß das nicht passiert.

Wo wollen Sie sonst noch neue Märkte finden? China ist wohl vorerst kein Thema?

Pritzker: Nein, China kommt nicht in Frage. Im Gegensatz zur Sowjetunion, die eher dazu in der Lage ist, Projekte zu bezahlen, gibt es in China die Chance nicht. Womit wollen die denn bezahlen?

Ein Blick ins eigene Land. Die Amerikaner sind die größten Schuldner, leben auf Pump. Haben Sie auch Sorgen um den US-Markt?

Pritzker: Unser Defizit ist besorgniserregend. Wir pflegen ein exzessives Konsumverhalten. Wir haushalten und sparen nicht, wie das sein sollte. Die einzige Chance, die ich für die Zukunft sehe, ist Friede und Abrüstung. Ich meine damit, daß wir durch entkrampftere internationale Beziehungen unsere Verteidigungsausgaben stark reduzieren können. Auch darum ist es in unserem Interesse, daß Gorbatschow Erfolg hat.

Warum ist der US-Dollar so stark, trotz der strukturellen Schwächen?

Pritzker: Vielleicht ist einer der Gründe, daß Menschen in aller Welt Stabilität in unserem Land sehen und darum ihr Geld in Dollar anlegen. Als Konsument habe ich bei Europa- und Japanreisen das Gefühl, daß der Dollar lange Zeit unter Wert stand.

Innenpolitisch wird an Präsident Bush Kritik geübt. Nichts sei bisher passiert, was die Erwartungen der Wirtschaft erfüllt hätte. Wurden Sie vom Präsidenten um Rat gefragt?

Pritzker: Natürlich interessiere ich mich für Politik, aber ich war politisch nie aktiv. Der Präsident hat eine Reihe guter Ratgeber in den eigenen Reihen. Da braucht er mich nicht.

Sind für Sie die USA nach wie vor Investitionsstandort Nummer eins?

Pritzker: Ja, unbedingt. Dafür gibt es mehrere Gründe. Das hiesige Gesellschaftssystem, das Vermeiden von Währungsrisiken und schließlich der Umstand, daß sich die Regierung nie in große Geschäfte einmischt. In vielen Ländern ist es für Kaufleute wie mich erheblich besser, sich politisch zu engagieren. Natürlich bei der richtigen Partei, um das Wohlwollen der Regierung zu haben. In den USA können Sie die ganz großen Finanzgeschäfte tätigen, ohne jemals in Washington gewesen zu sein.

Ein paar persönliche Fragen. Eigentlich sind Sie schon im Rentenalter, haben Ihr Tagesprogramm aber nicht reduziert. Was bedeutet Ihnen Arbeit?

Pritzker: Ich habe jede Menge Energie, die ich verwerten will. Ich war nach der Ausbildung zum Juristen in der Verwaltung. Das war sehr frustrierend. Man benötigt ganze fünf Prozent seiner Zeit, um eine Sache zu entscheiden, aber 95 Prozent, um hinterher andere von der eigenen Argumentation zu überzeugen. Als Geschäftsmann können Sie ungleich mehr bewegen und sich dabei auf das Wesentliche beschränken.

Gönnen Sie sich Freizeit?

Pritzker: Was heißt Freizeit? Arbeit ist ein Großteil meines Lebens. Natürlich gehe ich gerne zum Skilaufen, aber fünf Tage Skilaufen sind genug. Ich spiele auch gerne Tennis, aber mehr als eine Stunde am Tag auch nicht. In Europa war ich beim Paragliding (Gleitschirmfliegen), da waren acht Tage geplant, aber drei reichten mir vollkommen zum Glück. Da war es weit faszinierender, an Konzepten zu arbeiten, wie man beispielsweise Eastern sanieren könnte.

Welche Idee, die Sie bewundern, hätten Sie gerne selber gehabt, McDonalds Hamburger, Coca Cola oder was?

Pritzker: Da gibt es Dutzende. Um bei McDonalds zu bleiben: Jedermann macht Hamburger, aber Fred Turner hat diese Hackbraten zu einem Namen gemacht. Nur eine Idee haben, das ist nicht so schwierig. Das Problem ist, ein Konzept zu erarbeiten, daß das Ding auch funktioniert.

Gibt es einen Wunsch, den Sie sich nicht erfüllt haben, weil er zu teuer war?

Pritzker: Darüber müßte ich nachdenken. So auf Anhieb fällt mir keiner ein. Im übrigen habe ich keine allzu teuren Sehnsüchte.

Mal eine eigene Concorde besitzen?

Pritzker: Nicht die Concorde, aber das eigene Flugzeug war ein Wunsch, solange ich ihn mir nicht erfüllen konnte. Als mein Vater sich eine Privatmaschine gekauft hatte, wünschte ich nichts sehnlicher, als dieses Flugzeug steuern zu dürfen. Aber meine Eltern fanden immer wieder neue Gründe, mir das nicht zu erlauben. Sie sehen, das war ein unerfüllter Traum, der auch nicht unbedingt etwas mit Geld zu tun hatte. Ganz konkret: Ich glaube, ich kann so ziemlich alles tun und erwerben, was mir Freude macht. Außer den finanziellen Mitteln gibt uns dieses Land die Freiheit dazu.

Täglich berichten die Medien in den USA über eine beispiellose Welle von Firmenübernahmen. Companies aus allen Branchen werden aufgekauft, in Einzelelemente zerlegt und wieder veräußert. Sind Unternehmen zu Spielbällen von Spekulanten geworden?

Pritzker: Das läßt sich nicht mit Ja oder Nein beantworten, weil es in der letzten Zeit einige sinnvolle Übernahmen, aber auch etliche rein spekulative Käufe gab. Nehmen Sie das Wechselspiel der Airlines als Beispiel: Fluggesellschaften wie Eastern oder PanAm, die in der Krise steckten, mußten sich doch zwangsläufig nach neuen Besitzern und frischen Kapitalmöglichkeiten umsehen. Andererseits halte ich es für unglücklich, wenn Fluglinien plötzlich ihr Kapital in eine Kaufhauskette investieren, weil sie dabei ein gutes Geschäft vermuten, das ihnen helfen soll, Schwächen des Flugbetriebs auszugleichen. Eine Airline muß Kapital haben, um Flugzeuge kaufen zu können – und nicht, um spekulative Gewinne in fremden Branchen anzustreben.

Bei der angesprochenen Übernahme von Konglomeraten übernehmen sich auch potente Finanziers leicht. So werden dann einzelne Bereiche an Gesellschaften verkauft, die sie effizienter führen können. Dieser Ablauf ist weit häufiger als die spekulativen Einzelverkäufe nach vorsätzlichem Zerschlagen einer Unternehmensgruppe.

Welche Gründe hatten Sie denn, die total verschuldete Eastern Airline kaufen zu wollen? Und was war ausschlaggebend dafür, daß es in letzter Sekunde doch nicht zum Abschluß kam?

Pritzker: Zunächst einmal ist das Geschäft mit Fluggesellschaften für mich ungeheuer faszinierend. Es ist ein friedlicher Krieg, mit Strategien und mit enormem Konkurrenzkampf. Zweitens habe ich in Eastern eine interessante Möglichkeit gesehen, nach einer gewiß aufwendigen Sanierung Gewinne zu machen.

Jetzt suchen Sie eine andere Fluggesellschaft, die günstig zu bekommen ist?

Pritzker: Weil eine Airline in unseren Konzern paßt und es sich darum anbietet – aber nicht um jeden Preis. Das möchte ich deutlich sagen. Ich habe in Braniff Airlines viel Geld und Arbeitskraft gesteckt, aber mich von der Fluggesellschaft getrennt, als es sinnvoll war.

Wo wollen Sie jetzt die für den Eastern-Kauf verplanten Millionen investieren?

Pritzker: Hawaii braucht unbedingt Kreuzfahrtschiffe. Darüber denke ich nach und stelle mir Riesendampfer mit 1500 bis 1600 Passagieren vor. Das wäre eine Flotte von schwimmenden Hotels, die 1995 bereits einsatzbereit sein könnte. Das Problem liegt nur darin, daß nach unseren Gesetzen diese Schiffe in den Vereinigten Staaten gebaut werden müssen und die Mannschaft amerikanisch sein muß. Nur wäre das viel zu kostenintensiv. Vielleicht finden wir eine Lösung, einen Kompromiß. Wie gesagt, ich denke darüber nach.

V

DONALD J. TRUMP

DONALD J. TRUMP

An der Spitze überleben ist die größte Leistung

Der Betrag belief sich auf einhundert Millionen Dollar.

Es war das letzte Schreiben des Tages. Donald J. Trump las jede Zeile aufmerksam, kontrollierte Wort für Wort. Dabei ging er eiligst noch einmal die Kostenrechnung durch. Eine Fehlkalkulation von nur zehn Prozent würde zehn Millionen Verlust bedeuten. Die Sekretärin, nach zehnstündiger Tagesarbeit sichtlich geschafft, wartete und registrierte, wie Donald schmunzelte. Trump war im Begriff, ein selbst für New York außergewöhnliches Geschäft abzuschließen. Zehn Millionen hatte der Kaufpreis für das heruntergewirtschaftete Hotel Commodore betragen. Die Kosten der Umbau- und Renovierungsarbeiten beliefen sich auf 80 Millionen, dafür sollte der neue Glaspalast als Grand Hotel mit 1407 Zimmern, fünf Restaurants, einem riesigen Ballsaal, mehreren Konferenzräumen und einer aufregenden Halle eine Sensation für New York werden. Trump überflog die Zahlenstaffeln für die unglaublichen Steuervergünstigungen, die er ausgehandelt hatte, und die anstehenden Zinsbelastungen.

50 Prozent der Anteile, so hatte der damalige Präsident der nationalen Hyatt-Hotelkette, Patrick J. Foley, euphorisch bekundet, wolle der Konzern Don abkaufen, weil das Management angesichts der miserablen Hotelsituation in New York für die Zukunft so optimistisch war. Man schrieb das Jahr 1975, wo die Wirtschaft und die gesamte Hotelbranche nicht nur in der Metropole antriebslos dümpelte. 100 Millionen sollte der 50-Prozent-Anteil der neuen Nobelherberge

betragen, deren Außenfront aus vier imponierenden Spiegelglaswänden besteht. Das Geschäft mit dem Prachtstück war der Optik angemessen.

Bei diesem Deal erwartete Trump, den Mann kennenzulernen, der hinter den beiden Hyatt-Hotelketten steht; eben jenen ausführlich beschriebenen Jay Pritzker, der nur bei Verträgen dieser Größenordnung selbst anreist. Unterschiedlicher als Pritzker und Trump, die später tatsächlich zu Vertragspartnern wurden, können Menschen kaum sein. Hier der wilde, immer nach Publicity jagende Trump, dort der stille Pritzker, der alles meidet, was öffentliches Interesse einschließt. Als sich die beiden erstmals trafen und die Hände schüttelten, akzeptierten sie zu dem Zeitpunkt höchstens die außergewöhnlichen Leistungen des jeweils anderen.

Dabei taxierten sich die schon vom Äußerlichen extrem unähnlichen Macher mit unverhohlener Neugierde. Ist Bewunderung die Steigerung von Achtung? Und ist Respekt vor dem Erreichten möglich, ohne gleichzeitig die Person zu akzeptieren? Solche Gedanken gingen Pritzker bei diesem Zusammentreffen durch den Kopf, wie er später verriet. Den störten die Wirbelstürme, die sein Gegenüber seit Jahren entfachte, und die Selbstdarstellung von Donald Superstar. Doch manchmal mischen Gefühle warme, freundliche Töne in die kalte Farbe der Analyse. Jay Pritzker registrierte es mit Erstaunen. Er gab dem New Yorker herzlich die Hand. Ein Händedruck, der dieses Millionengeschäft besiegelte, das für beide Teilhaber zur Goldmine wurde. Im Freundeskreis kommentierte der Chicagoer: „Ich war überrascht, aber ich mag Don. Er ist nicht unsympathisch."

Das große Ereignis der Eröffnung des Grand Hyatt an der Grand Central Station wurde im September 1980 gefeiert. Gouverneur Carey sprach die üblichen lobenden Worte nach Vordruck und erkannte „das Signal für eine Renaissance der New Yorker Hotellerie". Die Hyatt-Kette übernahm die Leitung und erwirtschaftete einen Betriebsgewinn von mehr als 30 Millionen Dollar jährlich. Der Umsatz wurde auf inzwischen 270 Millionen Dollar gesteigert.

Ein Beispiel für Trumps Nase. Zehn Jahre später sollte das ertragreiche Geschäft einer der wenigen echten Haben-Posten bleiben. Zurück ins Jahr 1980. Die Lobeshymnen auf den „Erneuerer von New York" nahmen kein Ende. Weltweit wurde der Name Trump zum Markenzeichen für atemberaubenden Erfolg. Ohne Bescheidenheit präsentierte er eine Trumpfkarte nach der anderen, so den exklusiven Trump-Tower mit Goldwänden, Wasserfällen und den feinsten Geschäften in Manhattan. Es folgten die Spielcasinos in Atlantic City, Apartmenthäuser. Television City, das größte Projekt aller Zeiten mit elf 45stöckigen Türmen, um das höchste Bauwerk (145 Etagen) gruppiert, wurde angekündigt. Zur Jahreswende gab es nichts mehr, was den damals erst 33jährigen aufhalten konnte, der den American Dream bis zum Ende des Jahrhunderts fortzuleben schien.

Diesen einsamen Gipfel hatte er in sieben Jahren erreicht. Ein kurzer Rückblick belegt das Tempo. Donald John Trump war 1948 zur Welt gekommen, als sein Vater Fred bereits einige erfolgreiche Immobiliengeschäfte zum Abschluß gebracht hatte. „Zu erfolgreich", folgerte ein Untersuchungsausschuß, bezichtigte Trump sen. der Bestechung und setzte ihn auf eine Schwarze Liste. Damit waren die Geschäfte mit dem Staat und der Stadtverwaltung erst einmal vorbei. Im gleichen Monat flog Donald von der Schule. Er absolvierte die Military Academy und einige Semester Betriebswirtschaft am Wharton-Institut (Pennsylvania). Schon zu dieser Zeit träumte er davon, die Silhouette von Manhattan umzumodeln. Derweil begann er als Laufbursche und mit unbremsbarem Arbeitseinsatz in der Firma seines Vaters, der sich auf den Bau und Verkauf von Ein- und Zweifamilienhäusern spezialisiert hatte.

1973 stieg Donald erstmals im großen Stil ins Geschäft ein. Ein 18stöckiges Hochhaus mit 290 Wohnungen war das Projekt. Die finanzielle Absicherung leistete der Staat, und dazu gab's ein Paket von Steuernachlässen und Vergünstigungen. Ein Jahr später kaufte er für 62 Millionen Dollar die Penn-Central-Objekte und kündigte Wohnbauten an, die mehr als eine Milliarde Dollar kosten sollten, aber auch einen gewaltigen Gewinn in doppelter Höhe versprachen.

Zwischendurch begegnete er bei einem Skiurlaub in Kanada der blonden tschechoslowakischen Abfahrtsläuferin Ivana Zelnickova Winklmayr, die ihr Glück im Westen versuchen wollte. Es funkte sofort. „Der Junge ist beim Anblick der großen Blonden wie ein Regenschirm zusammengeklappt", erinnert sich Vater Fred. Am 9. April 1977 wurde in der Marble Collegiate Church geheiratet. Das bedeutete nur eine kurze Unterbrechung von Millionen- und Milliardengeschäften mit Hochhäusern, Kongreß-Zentren, Spielcasinos. Dann folgte mit dem Kauf des Commodore-Hotels die Grand-Hyatt-Story.

Donald erinnert sich, daß er auf den ersten Blick erkannte, daß das Hotel an der Ecke 42nd und Park Avenue, unmittelbar neben der Grand Central Station, einen ganz hervorragenden Standort hatte, der aber nicht richtig genutzt wurde. Die Backsteinfassade sah total heruntergekommen, ja schäbig aus. Die gut gekleideten Pendler hatten keinen Blick für die vernagelten Türen und die ausgebleichten Wände. Genau dieses Haus schien „DT" optimal für einen Coup, mit dem sonst niemand rechnete. In kritischer Ehrlichkeit formuliert Trump seinen Entschluß von damals, das Hotel zu kaufen, so: „Dieser Plan in einer Zeit, wo selbst das Chrysler Building als sanierungsbedürftig galt, war nach normaler Wertung glatter Selbstmord und wohl nichts anderes, als würde man um einen Platz auf der Titanic kämpfen." Trumps Chance war die Misere der Stadt. Den Finanzbehörden machte er klar, daß er mit dem neuen Hotel als Gegenleistung für einen saftigen Steuernachlaß Tausende von Arbeitsplätzen schaffen würde. Und schließlich ein ganzes Viertel mit neuem Leben erfüllte. Trump in der Erinnerung: „Ich sollte das Vorkaufsrecht erhalten, dessen Preis bei zehn Millionen Dollar lag. Dazu brauchte ich einen Partner und mußte in der Zwischenzeit eine Garantiesumme von 250 000 Dollar hinterlegen, die im Falle der Vertragsauflösung nicht rückvergütet worden wäre."

Trump ging das Risiko ein, getreu seinem Motto, nie in kleinen Dimensionen zu denken. Er entwarf selbst auffällige Designs aus Bronze und Glas, um damit die schmuddelige Front des Hotels abzudecken. Ein Jahr später war mit Hilfe von Designer und Architekten der Plan in der Theorie bereits umgesetzt. Auch mit 27 erkannnte das Finanzgenie, daß er ohne erfahrene Hotelspezialisten nicht weiterkommen könnte. Trump entschied sich, mit dem noch jungen Hyatt-Konzern zu verhandeln, weil die anderen Ketten bereits einige Häuser in der US-Metropole hatten. Er rief den Präsidenten an, verhandelte und wurde immer wieder hingehalten.

Als Trump die Nase voll hatte und nach einem anderen Partner suchte, kam Jay Pritzker ins Gespräch. Das war der Augenblick, wo die Pole dieser unterschiedlichen Goldfinger miteinander verbunden wurden. „Wir haben zwei Gemeinsamkeiten", sagte Trump im Rückblick, „ohne Langatmigkeit kommen wir sofort auf den Punkt und trauen keinem Menschen, auch das gilt für uns beide. Schon bald einigten wir uns auf eine gleichberechtigte Partnerschaft."

Sein Imperium wurde auf Milliarden geschätzt

Weitere außergewöhnliche Deals folgten. Trump handelte konsequent nach der Devise: „Es gibt drei Dinge in meinem Leben, die ich beherrsche, ich finde immer eine Möglichkeit, Hindernisse zu überwinden, die sich mir in den Weg stellen, und es gelang mir bisher, Mitmenschen zu Spitzenleistungen zu motivieren. Schließlich habe ich stets so lange Informationen gesammelt, bis ich das Gefühl hatte, etwas hundertprozentig zu kennen. Erst danach traf ich eine Entscheidung, und so werde ich es auch in Zukunft halten."

Als ich ihn auf dem Höhepunkt seiner Erfolgsstory 1988 das erste Mal traf, wurde das Imperium des nun 41jährigen auf vier Milliarden Dollar geschätzt und er als das strahlende Symbol einer Ära gefeiert, als der Aufsteiger der Superlative. Im direkten Wettbewerb mit der Lufthansa hatte er gerade das Plaza-Hotel für 420 Millionen Dollar ersteigert. Wir sprachen über kommende Projekte, über den steilen Weg nach oben, aber auch über die Innenseite der selbst für Amerika ungewöhnlichen Karriere. Von seinem Chefbüro in der Spitze des Trump-Towers hat man den Rundblick wie aus einem Adlerhorst auf dem höchsten Felsen. Längsseits das Ameisengewimmel auf der Fifth Avenue, und am Kopfende des Zimmers von der Größe eines Tanzsaals die Weite des Central-Parks. Die riesigen Glaspartien an den Außenwänden machen es möglich. Auf der Innenseite zeigt eine Fotosammlung die Karrierestationen und erinnert an Begegnungen mit Präsidenten und Königen. Auf dem Schreibtisch in Übergröße liegen Notizen, Baupläne und Beraterempfehlungen hinter den Fotos der drei Kinder. „Schön, daß Sie da sind", sagte er, „legen Sie gleich los, die Termine drängen." Er selber hielt sich an die Tempovorgabe, er antwortete schnell und präzise, unterstrich mit großen Gesten und Handzeichen, was er ausdrücken wollte.

Man sagt, New York gehöre fünf Familien, und nennt bei der Aufzählung stets Ihren Namen. Würden Sie dem zustimmen?
Trump: Okay, und wer sollen die vier anderen sein? Im Ernst: Ich glaube, daß es tatsächlich nur einige wenige gibt, die entscheidenden Einfluß in dieser Stadt haben. Man kann wohl sagen, daß fünf bis zehn Männer New York beherrschen.
Was ist aus den Plänen „Television City" mit dem höchsten Gebäude der Welt geworden? Ist es nur eine Vision oder ein Projekt, das Sie verwirklichen?
Trump: An der Westside des Hudson Rivers gehört mir ein Stück Land, das ich der „Pennsylvania Railroad" abgekauft und auf den Namen „Trump-Park" umgetauft habe. Es ist ein ganz besonderer Grundbesitz, wahrscheinlich der schönste in Amerika. Dort errichten wir das weltweit modernste Geschäftszentrum mit TV-Studios, Parks und Promenaden am Wasser. Natürlich bauen wir in diesen Komplex auch einige tausend exklusive Wohnungen. Ich bin überzeugt, daß es gut funktionieren wird. Pläne und Baumodell sind fertig. Wir beginnen jetzt, Konstruktionsdetails auszuarbeiten. Ja, es wird das höchste Gebäude der Welt.
Geben Sie der Neun-Millionen-Stadt mit diesen und anderen Konstruktionen das neue Gesicht für das 21. Jahrhundert?
Trump: Nein, die Stadt wird kein grundlegend neues Gesicht bekommen. Es wäre auch unsinnig, das zu versuchen. Keine Stadt der Welt hat ein so schönes Gesicht wie New York mit seiner Skyline. Das könnte heute niemand mehr total verändern, selbst wenn er das wollte. Nur die Gesichtszüge werden sich ständig wandeln, vielleicht tragen dazu meine Wolkenkratzer bei. Nennen Sie es markante Korrekturen.
Am bunten Durcheinander der Baustile in Manhattan sind Sie mit Marmor-, Glas- und Aluminiumgebäuden beteiligt. Haben Sie einen Architekten, dessen Arbeiten Sie besonders mögen?
Trump: Es gibt eine Reihe von außergewöhnlichen Fachleuten. Ich arbeite gern mit Helmut Jahn, einem technisch hervorragend ausgebildeten Architekten, der übrigens aus Deutschland kommt, aus Nürnberg, glaube ich.
Sie haben den schlanken Giganten Trump-Tower gebaut, das spektakuläre Grand Hyatt-Hotel in Auftrag gegeben und ebenso die komplette

Neugestaltung des Grand Central Terminals. Was war denn Ihr liebstes Projekt?

Trump: Das schwierigste und riskanteste Projekt war das Hotel Grand Hyatt. Aber vom persönlichen Standpunkt aus gesehen ist Trump-Tower aufgrund der Lage und der Architektur mein liebstes Projekt.

Sie bauen, konzipieren, beschäftigen sich besonders intensiv mit Hotels. Umreißen Sie doch einmal ihre ideale Business-Herberge.

Trump: Nun, so ein Haus muß Atmosphäre und alle Annehmlichkeiten haben, die den Reisealltag erleichtern – eine Kombination von Funktionalität und Komfort. Daran gemessen, glaube ich, daß das Grand Hyatt das beste Hotel in New York ist. Aber wenn man großen Wert auf Luxus legt, dann wird das Plaza sicher die Nummer eins.

Womit Sie Ihre beiden Hotels geschickt verkauft haben...

Trump: Das gehört zum Geschäft. Die Wertung entspricht aber meiner ehrlichen Meinung.

Genialität sagen Ihnen Ihre Bewunderer nach, primitive Geltungssucht nennen es Ihre Kritiker. Was treibt Sie wirklich an, immer weiter immer spektakulärere und höhere Gebäude zu errichten?

Trump: Es sind kühle, sachliche Berechnungen. Aber Sie sehen, man muß hart arbeiten, um sich den Neid seiner Gegner zu verdienen.

Ist es nur Legende, oder haben Sie in der Tat als Laufbursche bei Ihrem Vater angefangen und so den oft zitierten amerikanischen Traum verwirklicht, die Geschichte, die Eltern ihren Schulkindern vor dem Schlafengehen erzählen?

Trump: Ganz grob war das mein Weg. Was ich getan habe, hat Spaß gemacht, es war sehr aufregend. Es war eine gute Erfahrung, von der Pike auf die Grundvoraussetzungen zu erlernen. Mit eigenen Geschäften habe ich aber schon angefangen, als ich zum College ging.

War die erste Million die schwerste?

Trump: Ich weiß nicht genau, wann ich diese erste Million gemacht habe. Ich habe einfach irgendwann angefangen und wurde erfolgreich. Ich habe dabei nicht auf Mittel von irgendwem zurückgegriffen, sondern vom ersten Tage an eigenes Risiko getragen. Ich bin keiner dieser reichen Erben aus der „Lucky Sperm Bank" (Befruchtungs-Lotterie).

Wachsen eines Tages Trump-Gebäude auch in den europäischen und asiatischen Himmel?

Trump: Das ist sehr unwahrscheinlich. In diesem Geschäft sollte man sich auf eine bestimmte Gegend konzentrieren, damit man es auch kontrollieren kann. Es kann sein, daß ich an Gesellschaften beteiligt sein werde. Aber es ist unwahrscheinlich, daß ich in Europa oder Asien in eigener Regie bauen werde.

Als die zweite Säule Ihres Erfolgs wird das Casino-Geschäft genannt. Wie setzen Sie persönlich die Prioritäten?

Trump: Das Casino-Geschäft ist sehr interessant. Es war für mich ein sehr gutes Geschäft. Aber es ist auch ein schwieriger, weil sehr komplexer Bereich.

Bei Geschäften in schwindelnden Millionenhöhen drängt sich die Frage auf, wie Sie das mit der Mafia regeln. Wurden Sie bedrängt, mußten Sie zahlen?

Trump: Für mich war die Mafia nie ein Problem, schon gar kein Partner. Solche Geschichten mögen in unteren Regionen der Fall sein. Aber in New Jersey, in Atlantic City sind wir mit so hohen Auflagen konfrontiert, daß ich da nie Probleme hatte. Glauben Sie mir, nie.

Die Hauptfigur im erfolgreichen Film „Wall Street" soll Ihnen nachempfunden sein. Haben Sie sich wiedererkannt?

Trump: Einige Zitate von mir wurden in Dialogen verarbeitet. Doch insgesamt spielt der Film im Börsen-Geschäft, nicht in meinem Metier.

Amerikaner pflegen von erfolgreichen Menschen zu sagen „You made it". Sie haben es geschafft. Warum arbeiten Sie noch?

Trump: Es ist die Lust am Geschäftemachen. Das ist meine Kunstform. Ich dichte und male nicht, sondern mach' Geschäfte. Am liebsten große und mit lohnenden Gewinnen.

Wie sieht Ihr Arbeitstag aus?

Trump: Ich bin morgens um 8.30 Uhr am Schreibtisch, oft bis spät in die Nacht. Ohne Pause, wohlgemerkt. Lunch is only for loosers... (Eine Mittagspause machen nur Verlierer).

Was hätten Sie getan, wenn Sie nicht, wie man Ihnen nachsagt, mit der goldenen Hand für Bauprojekte geboren worden wären?

Trump: Mit Energie und Instinkt hätte ich überall Erfolg gehabt. Die meisten Leute denken in kleinen Dimensionen, weil sie Angst vor dem Erfolg, vor Entscheidungen und vor einem Sieg haben. Und genau das verschafft Menschen wie mir immer den entscheidenden Vorsprung.

Sie wollten einst unbedingt aus dem Schatten Ihres Vaters heraustreten. Haben es Söhne erfolgreicher Väter grundsätzlich schwerer?

Trump: Nein, das glaube ich nicht. Es ist eher leichter, weil man mit dem Grundwissen und einer soliden Basis anfängt. Ohne Startblöcke anzufangen wäre viel schwieriger. Mein Vater ist ein hervorragender Mann. Natürlich ist er sehr schwierig, aber schwierig im positiven Sinn. Jeder Mann, der erfolgreich ist, ist auch kompliziert.

Als Sie anfingen, in New York zu bauen, Mitte der siebziger Jahre, war die Stadt am Rande des Bankrotts. Oft genug wurde sie totgesagt. Würden Sie es aus der Distanz der Zeit als gefährliche Kühnheit bezeichnen, damals die ersten Großprojekte gestartet zu haben?

Trump: Es war in den siebziger Jahren natürlich ein Roulettespiel, weil sonst niemand so viel investierte. Im nachhinein war es eine großartige Zeit, um anzufangen. Wenn alles perfekt organisiert wird, gibt es immer eine Chance. Meine Stadt hat ein großes Comeback erlebt. Daran war ich beteiligt.

Wie sehen Sie heute die finanzielle Situation New Yorks und Amerikas? Der ehemalige deutsche Bundeskanzler Helmut Schmidt sprach von einem „Kreditkarten-Staat", als er die USA charakterisierte.

Trump: Ich habe großen Respekt vor Helmut Schmidt und vor den Deutschen ganz allgemein. Schließlich ist Deutschland Teil meiner Herkunft. Mein Großvater war aus Baden-Baden nach Amerika ausgewandert. Aber die Deutschen gehören auch zu denen, die die amerikanischen Politiker total ausgespielt und zur finanziellen Misere beigetragen haben. Die politischen Führer meines Landes haben ihren Job nicht besonders gut gemacht, zumindest im Hinblick darauf, was aus den USA finanziell geworden ist.

Sind Amerikas Finanzen überhaupt noch in Ordnung zu bringen?

Trump: Ja, wir hatten auch bei uns kluge Leute, die wußten, was zu tun war. Diese Konzepte aus der Vergangenheit sind auf heute übertragbar. Die Finanzen und der Haushalt können relativ leicht in Ordnung gebracht werden. Es darf anderen Ländern einfach nicht weiter gestattet sein, ihre Produkte, vor allem Autos, einfach hier abzuladen. Ich habe großen Respekt auch vor den Japanern, aber sie haben die USA total ausgenutzt. Die USA können das komplett umdrehen, wenn die mentale Kraft der Führung vorhanden ist. Ein anderes Thema, das aber auch mit den Kosten zu tun hat: Man muß sich auch den sogenannten Alliierten gegenüber standhafter zeigen. Wir zahlen uns verrückt, um andere zu schützen, und die tragen weit weniger Lasten für ihre Sicherheit.

Von Interessengruppen wurden Sie immer wieder als Präsidentschafts-Kandidat ins Gespräch gebracht. Spielen Sie für die weitere Zukunft ernsthaft mit dem Gedanken?

Trump: Ich denke oft darüber nach, aber ich weiß es noch nicht. Ich mag zu sehr, was ich zur Zeit tue. Außerdem weiß ich nicht, ob ich nicht zu umstritten bin, um Präsident zu werden. Das ist etwas, was mich an unserem System sehr stutzig macht: Wenn Sie nichts getan haben, keine Feinde haben, wenn Sie niemandem auf die Füße treten, haben Sie gute Chancen, Präsident zu werden. Wenn Sie dagegen unbeirrt losgegangen sind, um bestimmte Ziele zu erreichen, und dabei zwangsläufig einige Leute verprellen, haben Sie tiefgreifende Nachteile. Und das ist ein Problem. Aber das wandelt sich jetzt. Wenn wir weiter so ausgebeutet werden und unsere Handelsbilanz so schlecht bleibt, sagen die Leute in diesem Land mehr und mehr: Diese Typen, die immer nur freundlich lächeln, die wollen wir nicht mehr.

Sie haben einmal gesagt, das Weiße Haus wäre Ihnen als Domizil zu klein...

Trump: Ich würde es in Kauf nehmen.

Erfolgreiche Finanzexperten sind stets als Berater des Präsidenten gefragt. Wurden Sie angesprochen?

Trump: Dazu war ich zu jung. Ich denke, ich werde jetzt gefragt werden. Man fängt an, mich zu berücksichtigen.

Im Augenblick tun Sie Ihre politische Meinung noch in Zeitungsanzeigen kund. Was bezwecken Sie damit?

Trump: Ich möchte die Leute darüber informieren, daß die ganze Welt über unsere Politiker lacht, weil wir Schiffe beschützen, die uns nicht gehören, auf denen Öl transportiert wird, das wir nicht brauchen, und die zu Verbündeten fahren, die uns nicht helfen.

Wie bewerten Sie die Macht der Banken? Was geschieht, wenn das hochkomplizierte System der Weiterkreditierung und das Weiterschieben von Schulden nicht mehr funktioniert?

Trump: Im nationalen Bereich glaube ich, daß das System ein sauber ausgewogenes Gleichgewicht der Kräfte darstellt. International finde ich es ziemlich traurig, daß sich die USA nun schon Geld von Japan leihen müssen. Wir nehmen Mittel auf, um ihre Waren bezahlen zu können.

Die Memoiren erfolgreicher Business-Leute wurden häufig zu Verkaufsschlagern mit Auflagen in Millionenhöhe. Ich denke da beispielsweise an Iacocca. Sie haben die Biographie „Trump - The Art of The Deal" veröffentlicht. Was ist der Reiz solcher Bücher, sind es die Ratschläge der Erfolgreichen?

Trump: Ich glaube grundsätzlich nicht, daß Wirtschaftsbücher interessant sind, nur die sehr persönlichen Erfahrungen von Geschäftsleuten. Iacoccas und mein Buch verkaufen sich gut. Ich möchte den Mitmenschen Möglichkeiten aufzeigen, Hindernisse zu überwinden und Erfolg zu haben. Das ist für Millionen interessant.

Gibt es noch etwas, das Sie sich wünschen?

Trump: Ich wünsche mir, weiter Erfolg zu haben und gesund zu bleiben. Wenn Sie aber Dinge ansprechen, die man mit der Kaufkraft des Geldes erwerben kann, muß ich passen. Ich bin recht anspruchslos. Aufwendige Dinge wie die Boeing 727 oder meine Jacht Nabila (früher im Besitz von Adnan Khashoggi) habe ich günstig erstanden.

Können Sie zuhören?

Trump: Ja, ich kann zuhören, zum Glück. Menschen, die dazu keine Geduld haben, werden nie von anderen lernen.

In den deutschen Schlagzeilen werden Sie häufig als den schönen Frauen zugetan dargestellt. Hat sich Ihr Leben durch die Entdeckung des Aids-Virus verändert?

Trump: Ich glaube, die ganze Gesellschaft ist durch Aids verändert. Das ist eine traurige, schreckliche Geschichte. Man wird das Problem viele Jahre lang nicht in den Griff gekommen. Unendlich viele werden davon betroffen sein, jeder wird sich irgendwie ändern.

Genehmigen Sie sich auch mal Freizeit?

Trump: Ja, am Wochenende beschäftige ich mich mit meinen drei Kindern, spiele Tennis oder Golf. Daß das immer seltener der Fall ist, erkennen Sie an meinem Handicap. Ich hatte zwei erreicht und bin jetzt wieder bei acht.

Wovor haben Sie Angst?

Trump: Nichts versetzt mich in Angst. Beißende Sorgen mache ich mir lediglich um den Weltfrieden.

Haben Sie Freunde?
Trump: Wenige. Einsamkeit ist der Preis meines Business. Als Freunde bezeichne ich nur Menschen, die mich brutal, wenn es sein muß auch hinterhältig, verteidigen.

Das waren Aussagen (stark gekürzt) bei einem anderthalbstündigen Gespräch im Mai 88. Auf die Frage, ob er Freunde habe, wird es zwei Jahre später eine persönlichere Antwort geben. Erst einmal ging es weiter aufwärts. Nicht nur sein Geschäftsimperium, aufgeteilt in 40 Einzelfirmen, wuchs, auch seine privaten Besitztümer nahmen großfürstliche Ausmaße an. Manchmal war schwer zu differenzieren, ob Projekte nun zum Business oder zur zweiten Gruppe gerechnet werden mußten. Die wertvollsten Säulen und Anlagen neben Trump Tower, dem Grand Hyatt und dem Plaza waren jetzt die drei Spielcasinos in Atlantic City, Trumps Management-Apartments, das Grundstück Trump City, das Wochenendschloß bei Palm Beach (Florida) mit 110 Zimmern, ein Haus in Connecticut, das Luxus-Penthouse auf den Stockwerken 67, 68, 69 im Trump Tower, die Yacht „Trump Princess", 45 Autos, zehn Hubschrauber, eine umgebaute Boeing 727 mit Schlafzimmer und vergoldeten Wasserhähnen.

Selbst Flugzeug-Panne zur Werbung genutzt

Obwohl 1989 hier und da erste Schatten durch privates Gezeter und Scheidungsgerüchte auf den polierten Lack des Trump-Reichs fielen, überzeugte „the Donald" (Ivana) durch schnelle Entschlüsse und geschäftstüchtige Reaktionen. Dafür war die Szene nach der gerade noch einmal glimpflich verlaufenen Panne an einem seiner Flugzeuge ein glänzendes Beispiel:

Als die Kameras surrten, lief er zur Hochform auf. Der Milliardär hatte in New York drei Sitzungen abgesagt und war schnurstracks nach Boston geeilt, als er Informationen über die Notlandung einer seiner Maschinen vom Typ Boeing 727 bekommen hatte, die ohne ausgefahrenes Bugrad im Funkenhagel über die Rollbahn gerutscht war.

Trump handelte instinktiv, ließ TV-Teams bestellen und schob den Piloten des Fluges 1012, Capt. Bob Smith, ins rechte Licht der Spots. Als Trump auf Sendung war, applaudierte er dem Flugzeugführer und kommentierte: „Hier steht ein Hero, ein wahrer Held Amerikas!" Mit diesem PR-Gag münzte er die Negativstimmung eines Luftzwischenfalls in eine landesweite Informations- und Image-Kampagne um. Sieh her, Amerika, Donald Trump hat jetzt eine eigene Airline, war die erste Nachricht, und die zweite: Wenn wirklich mal ein Zwischenfall passiert, hat der Kerl auch das im Griff. Sein Schlußsatz, der in allen 50 US-Bundesstaaten ausgestrahlt wurde: „So sicher ist es, mit Trump zu fliegen", war die reinste unzensierte Werbung. Und das kostete ihn nicht einmal einen Dollar, wenn man von der goldenen Uhr absieht, die er dem Piloten schenkte.

Der umstrittene, bewunderte, gehaßte Mann mit dem „Ego eines Wolkenkratzers" (New York Times) agiert mit unglaublichem Geschick und Gespür, das Richtige im richtigen Moment zu tun. Diese Fähigkeit sprechen ihm auch seine Gegner nicht ab.

Die Airline mit 37 Boeing 727 hatte er bei der Zersplitterung von Eastern Airlines erstanden. Über die Kaufsumme wurde Stillschweigen vereinbart. Doch dann sickerte der Preis durch: 350 Millionen Dollar. In Windeseile wurde ein Trump-Terminal im New Yorker Flughafen La Guardia eingerichtet und in Riesenlettern mit dem Hinweis „Trump-Shuttle" versehen. Der Kauf der Airline gehört zu den Aktionen Jahrgang 89, der für den 42jährigen der erfolgreichste in der Unternehmensgeschichte wurde. Wie ein Sturmwind brauste er durch Amerikas Wirtschaft. Sein Milliarden-Dollar-Imperium wirkte unerschütterlich.

„Der Kerl macht aus allem Geld", kommentierten zu der Zeit Freund und Feind, die einen jubelnd, die anderen anklagend. Als Donald gefragt wurde, warum er bei seinem überragenden wirtschaftlichen Erfolg nun auch noch ausgerechnet Boxweltmeisterschaften ausrichten wolle, antwortete er listig: „Mit jedem Kampf, den die für mich machen, hole ich das zahlungskräftige Publikum nach Atlantic City, und weil die Kämpfe kurz sind, bleibt eine lange Nacht, um in den Casinos Geld auszugeben."

Selbst die Automobilindustrie zahlte für seinen Namen. So wurde bei Cadillac die Trump Golden Series aufgelegt und ein Modell „Trump Executive" präsentiert.

Unabhängig von allen Geschäften und Deals legte er plötzlich Wert darauf, Sympathiepunkte zu sammeln. Wo er für Sammlungen bisher nie einen Penny übrig hatte, bezahlte er die Konfettiparade auf der 5th Avenue für die Segelyacht „Stars and Stripes", kam er einer Familie aus Georgia zu Hilfe, deren Farm von einer Versteigerung bedroht war. Der Besitzer Leonard Hill hatte Selbstmord begangen. Donald rief den Auktionator an und hinterlegte 20 000 Dollar, damit Hills Witwe und die Familie den Besitz halten konnten. Und als er während des Gerichtsprozesses gegen die ungeliebte Hotelrivalin Leona Helmsley gefragt wurde, ob die Gelegenheit nicht günstig sei, das New Yorker Nobelhotel „Helmsley Palace" zu kaufen, kommentierte er, „nein, ich empfinde Mitleid mit Harry" (dem Ehemann). Darüber hinaus verspricht er, den sportbegeisterten Bürgern seiner Stadt ein gigantisches Tennisstadion zu bauen, über das sich bei Regen automatisch ein Glasdach schließt. US Open, made by Trump. Ganz fraglos, 1989 war das Reich noch in Ordnung, oder, besser gesagt, schien alles okay. Zumindest stimmte die Optik.

Doch innerhalb eines Jahres wandelte sich das Bild, da wurden riesige Elemente aus der edlen Fassade der uneinnehmbaren Festung herausgerissen. Recherchen des Wirtschaftsmagazins Forbes und später auch des Wall Street Journal brachten erstmals nicht mehr nur die bekannte Auflistung von Millionenwerten, sondern auch die nach oben weisende Fieberkurve kaum noch überblickbarer Bankschulden. Der Trump Tower, stolzes Markenzeichen, wurde für ein Wortspiel zum „Trump-Schulden-Tower" umfunktioniert. Man munkelte in New York, wußte aber zu dem Zeitpunkt noch nichts Genaues. Vorher hatte es dieses unrühmliche Zwischenspiel mit Ehefrau Ivana gegeben. Eheliche Auseinandersetzungen waren weitgehend unter der Decke geblieben, bis es zum Silvesterskandal 1989/90 kam. Während einer Party im Ski-Domizil Aspen (Colorado), bei der auch Filmstar Gregory Peck, Lee Iacocca und eine Filmschauspielerin namens Marla Maples mitfeierten, gab es die ersten lautstarken Szenen in der Öffentlichkeit. Im Feinschmeckerlokal Bonnie's ging's dann am nächsten Tag richtig rund. Miss Maples zu Ivana: „Bitte, geben Sie Donald frei, ich liebe ihn, Sie nicht!" Ivana brüllte Unverständliches, spuckte Miss Maples ins Gesicht, was auch nicht besonders fein ist, und ein Reporter der New York Post schrieb sich am Nebentisch die Finger wund. Donald Trump saß stumm dabei und starrte Löcher in die Tischdecke.

Sechs Wochen später zog Trump aus dem 2000 qm großen Penthouse aus. Das Zahlengeklingel von der teuersten Scheidung des Jahrhunderts machte die Runde. Trump gegen Trump, die betrogene Ehefrau verlangte 2,9 Milliarden Dollar.

Obwohl Donald nach wie vor zu seinem Lieblingsspruch steht, wonach es kein Hindernis gibt, das nicht überwunden werden kann, häufen sich manchmal derart die Probleme an verschiedenen Fronten, daß selbst ein Mann wie er in Bedrängnis geraten kann. Im Sommer 1990 war das der Fall. Massive Deckungslücken in Finanzierungsplänen und fehlende Mittel, Kredite zurückzuzahlen, belasteten ihn am stärksten.

Vorbeugend informierte Donald kurze Zeit nach der Einweihung des Taj Mahal in Atlantic City die Öffentlichkeit über sein angebliches Vorhaben, fortan riesige Buchwerte gegen größere Bestände Bargeld zu wechseln. „In zwei Jahren will ich Cash-König sein." Die folgenden Meldungen machten diese Aussage lächerlich. Nicht nur Bargeld fehlte, die angesprochenen Projekte waren finanziell stark belastet.

**Da bebten alle Säulen
des Trump-Imperiums**

In der Glitzerwelt von Glas, Chrom und Kupfer demonstriert ein Obdachloser. Er hinkt durch die Eingangshalle von New Yorks feinstem Shopping-Center des Trump-Towers, immer vorbei an den betont unauffälligen Wachposten mit den typischen Ausbuchtungen unter den Achselhöhlen. Die kaugummikauenden Herren, die die Fahrstühle zum Allerheiligsten, der Trump-Kommandozentrale, bewachen, versuchen, ihn zu vertreiben. Doch der unerwünschte Kunde hält sein Pappschild in die Luft mit der Aufschrift: „Obdachlos wegen 20 000 Dollar – und was ist mit Trump?"

Die vorbeihastenden Menschen registrieren es mit Schmunzeln. In der öffentlichen Meinung hat der Baulöwe „Mister Goldfinger" (Newsweek) durch seine Zahlungsschwierigkeiten, die täglich in Tageszeitungen und Magazinen abgehandelt wurden, kaum an Sympathien eingebüßt. Bei einer Befragung sagten zwei Drittel, trotz der aktuellen Probleme verkörpere Trump die positiven Seiten und Vorzüge des amerikanischen Selfmademan. Fotograf Bernd Kollmann versucht, den Obdachlosen aufs Bild zu bringen. Da posiert er, legt die rechte Hand keß in den Nacken, schiebt das Plakat in den Vordergrund und streckt blitzschnell den bewaffneten Wächtern die Zunge raus.

Der einsame Demonstrant ist der einzige Hinweis auf den härtesten Finanzpoker, der zur gleichen Zeit im 24. Stock des 5th-Avenue-Wolkenkratzers abläuft. Donald Trump und die Vertreter der beiden Banken, die der von der Chase Manhattan Bank konstruierten 65-Millionen-Dollar-Erhöhung seiner Kreditlinien nicht zustimmen wollen, sitzen seit Tagen zusammen. 58 der 60 betroffenen nationalen und internationalen Geldinstitute haben bereits zugestimmt, um die Trump-Organisation vor dem Untergang zu retten.

In der vergangenen Nacht um null Uhr war die letzte Frist abgelaufen, ausstehende 43 Millionen Dollar zurückzuzahlen. Bis dahin mußte der Baulöwe die Bankverträge endlich in der Tasche haben. Alles oder nichts, Sekt oder Selters. Vor der letzten Verhandlungsrunde gab sich Trump optimistisch: „Ich bin sicher, daß wir zu einem guten Schluß kommen. Es ist keine Aktion für mich allein, viel wichtiger sind die 25 000 Arbeitnehmer, die an den Projekten hängen, und Tausende von kleineren Firmen, die Zulieferer der Trump-Organisation. Diese schwierige Phase durchzustehen ist der härteste Job, den ich je gemacht habe." Ob er die Entwicklung vorausgeahnt habe, als er den Buchtitel „An der Spitze überleben" in Angriff nahm? Das gelte allgemein, sagte Trump: „Probleme sind dazu da, gelöst zu werden. Wenn mir diese Finanzierung gelingt und die Organisation kommt wieder in normales Fahrwasser, wird man mich als Genius feiern."

Trump hat im Augenblick Wichtigeres zu tun, als meine Fragen zu beantworten. Darum kurz und knapp: Wie ist eigentlich der drohende Niedergang seines Imperiums zu erklären? „Es wird nie eine Gleichmäßigkeit in Finanzabläufen geben", sagt Trump. „Beim letzten Börsencrash, wo unendlich viele auf der Strecke geblieben sind, haben wir gut abgeschnitten. Jetzt kommt viel Unbeeinflußbares zusammen. So gingen die Reingewinne der Casinos in Atlantic City um 20 Prozent zurück. Der Abschwung ist aber nicht so dramatisch, wie New

Yorks Presse es der Öffentlichkeit verkauft hat. Nach dem Sommer geht es aufwärts. Da bringt Atlantic City eine Menge Cash Flow."

Ob er verkaufen will, um solche Situationen nicht noch einmal zu erleben? „Vom ersten Tag an trage ich allein das Risiko. Wie ich schon vor Jahren sagte, bin ich keiner der reichen Erben der ‚Lucky Sperm Bank'. So werde ich auch alleine entscheiden, wann ich was verkaufe." „Donald, erkennen Sie keine persönlichen Fehler in dieser Geschichte?" „Go ahead, das ist schon eine Frage zuviel."

Einen Tag später meldeten die Agenturen, daß die Banken Trump eine Brücke gebaut hätten. Die Rettung zumindest fürs erste. Dennoch bleibt die Frage, wie diese atemberaubende Berg-und-Tal-Fahrt, diese Runden auf höllischer Achterbahn weitergehen. Die Probleme waren nur vorübergehend ausgesetzt. 59 der 60 Banken, die mit Trump zusammenarbeiten, trafen eine Darlehnsvereinbarung, die aus zwei Teilen besteht: Noch in jener Nacht bekam der Dreiundvierzigjährige kurzfristig einen 20-Millionen-Kredit, um vor der gesetzten Frist die Zahlung von Zinsen auf Trump-Castle-Bonds leisten zu können. Innerhalb eines Monats sollten die Bedingungen für ein ebenfalls akzeptiertes Kreditpaket von insgesamt 65 Millionen Dollar präzisiert werden. Wie aus gut informierten Kreisen verlautete, hat sich die Dresdner Bank nicht an der neuen Kreditlinie beteiligt. Sie hatte bis zuletzt Bedenken gegen die Stützungsaktion, weil ihrer Meinung nach die Absicherung der Finanzgeschäfte nicht gewährleistet war.

Solche Überlegungen sind tatsächlich nur schwer auszuräumen. So muß Trump neben der Befriedigung der Bonds für das Castle Hotel und das Casino in Atlantic City jährlich 40 Millionen Dollar an Zinsen, für das Plaza Hotel (das nur zehn bis zwölf Millionen Gewinn macht) noch einmal Zinsen in Höhe von 42 Millionen zahlen, 35 Millionen für Trump Shuttle, die Airline, die durch einen gestrafften Flugplan und ein Sparprogramm zukünftig geringere Verluste machen soll.

Die Rettungsaktionen sind mit gravierenden Eingriffen in die privaten Bereiche von Trump verbunden. Seine monatlichen Lebenshaltungskosten dürfen demnach 500 000 Dollar nicht überschreiten und werden im nächsten Jahr auf 350 000 Dollar reduziert. Damit wird Trump gezwungen, aufwandintensive Dinge wie Helikopter und Yacht abzustoßen. Arm ist er dennoch freilich nicht.

Angesichts der harten Schlacht um Überleben wurde ein Kriegsschauplatz erst einmal geräumt. Demonstrativ fuhren Ivana und Donald zum Dinner ins „Plaza". Für Scheidungspläne blieb kein Raum.

„Business ist keine Gefühlsduselei. Der Begriff Freund wird sowieso mißbraucht. Aber dennoch, die Leere und Kälte um mich herum ist wie ein Magenhaken im Ring, der dir die Luft nimmt", versucht Donald Trump eine Erklärung, zwei Jahre nach seiner Überlegung zu Freundschaften. „In diesen Tagen sind nur zwei Sorten Menschen um dich herum, die Mitarbeiter, die mit dir in einem Boot sitzen und darum zittern, und die verunsicherten Geldgeber, die sich zur freundlichen Geduld zwingen, um ihre Dollars zu retten. Aber in diesen Situationen hast du keinen Freund." Das scheint ihn zum ersten Mal zu treffen. Nach seinem Lieblingsbild befragt, pflegte er stets auf das Mannschaftsfoto vom Basketball-Team der New Yorker Military Academy zu zeigen, das im Mai 1963 aufgenommen wurde. Beim Spiel in einer Gemeinschaft fühlte er sich glücklich wie sonst nirgendwo. Mit dem Verzicht auf echte Teamarbeit hat der Mann, der zum Einzelgänger wurde, seine Karriere gezimmert. Der Preis war der Verzicht auf das gewünschte Erfolgserlebnis im Kreise anderer, beispielsweise in einem Sport-Team.

Trump, der in zwölf Jahren der Macht in seiner geschäftigen, ungeschönten und unangenehm direkten Art die Medien, Politiker und wen sonst noch in New York vor den Kopf gestoßen hat, bekommt in Zeiten der Schwäche alles zurückgezahlt. Zum ersten Mal ist er wirklich allein. In den guten Tagen sagten sie: „Wie unter den Händen des Königs Midas alles zu Gold wurde, geriet unter den Händen des Königs Donald alles zu Trump." Und heute haben sie einen anderen Spruch aus der Geschichte parat: „Dem lydischen König Krösus weissagte das Orakel in Delphi, wenn er den Hayls überschreite, werde er ein großes Reich zerstören. Wie sich herausstellte, war es sein eigenes." Ob Donald Trump das gleiche tat, als er den Hudson überschritt, wird die Zukunft zeigen. Wer allerdings den Ausgang schon zu kennen glaubt und Trump unter „L" wie Loser abgelegt hat, sollte bedenken, daß er ein typischer Sohn Amerikas ist. Im Augenblick der Krise und der Konfrontation prägte stets Überlebenswille und Kampfbereitschaft die Situation. Eine Garantie, an der Spitze zu überleben?

1993: Trump genießt das Leben, macht Geschäfte. Internationaler denn je handelt er. Nach dem Zusammenbruch des Ostens denkt er an Großbauten in Wien und Berlin. „Wer Geld hat, sollte in der deutschen Hauptstadt investieren."

Geld hat er wieder zur Verfügung, das abgespeckte Riverside-Projekt brachte 115 Millionen Dollar in die Kasse. Und auch sonst gab es Gelegenheit, Schulden in Milliardenhöhe abzutragen, seine privaten Verhältnisse in Ordnung zu bringen. In aller Welt wurde über seine Scheidung berichtet: „Nach der Schlacht des Jahrhunderts", wie die New York Post schrieb, hatte Trump klare Zahlenspiegel. Ehefrau Ivana „siegte", so gut sie konnte. Sie bekam das Sorgerecht für Donald Jr., Ivanka und Eric – und eine satte Abfindung: einen Scheck über zehn Millionen Dollar, noch mal vier Millionen, damit sie aus dem Trump-Tower auszog, 350 000 Dollar Unterhalt im Jahr, 300 000 Dollar für die Kinder. Und sie behielt die Villa. Macht nochmals 3,7 Millionen. Trotzdem sagt Donald Trump kein böses Wort über die Ehe.

Beim letzten Treffen erlebte ich einen neuen Trump, geläutert kritikfähig. „Es waren ja nicht nur die äußeren Umstände", bekennt er heute, „die mich in diese Bedrängnis manövriert hatten, ich selbst habe eine Menge Fehler gemacht. Ich fühlte mich zu sicher. Ich war reich und erfolgreich. Da kommt die Vorstellung, man sei unverwundbar. Die Rechnung wurde mir prompt präsentiert."

Trump hat es dennoch wieder einmal geschafft: „Nicht der Aufbau des Trump-Business, die Verhandlungen mit den Banken", sagt er, „waren der größte Sieg meines Lebens."

VI

FREDERICK W. SMITH

FREDERICK W. SMITH

Milliarden Dollar mit einer belächelten Idee

Reifen quietschen. Blaulicht zuckt. Ein weißer Chrysler mit gelbblauen Seitenstreifen und Polizeiwappen auf den vorderen Türen hat unseren Rent-a-Car-Chevy gestoppt. Energisch verlangt eine dunkelhäutige Beamtin, daß wir aussteigen. Auf der betulichen Jungferninsel St. Thomas im Herzen der Karibischen See ist es eine besonders schlimme Verfehlung, Ruhe und Straßenfrieden durch überhöhte Geschwindigkeit zu stören. Der Fotograf der Los Angeles Times neben mir auf dem Beifahrersitz hebt entschuldigend ein Paket mit Farbaufnahmen und Recherchenmaterial in die Höhe. „Die Sachen müssen bis zwölf Uhr bei Federal Express ein, dann liegen sie morgen früh zur Konferenz in meiner Redaktion."

Manchmal lohnt es sich, so zu tun, als offenbare man Halbvertrauliches. In unserem Fall wandelt sich sichtbarer Zorn in Verständnis, ja, Hilfsbereitschaft. Die Polizistin wechselt einige Worte mit dem Kollegen. Dann zu uns gewandt: „Come on, let's go." In geradezu höllischem Tempo lotst sie uns durch Charlotte Amalie – vorbei an den Kreuzfahrtschiffen im Hafen der 45 000-Einwohner-Stadt, den T-Shirt-Ständen und Souvenir-Shops am Kai und entlang dem Heliport zur flach gebauten Büropassage. „Federal Express hat es immer eilig", sagt die Virgin-Island-Polizistin. „Die Company ist genau wie die Staaten – immer Tempo, Tempo", schmunzelt der Officer in Uniformhemd und blau-gelber Biesenhose. „Sagst du Federal Express, denkst du an Business in den Vereinigten Staaten, an time is money and hurry, hurry."

Eine Company wie die USA, die den Arbeitsrhythmus der Geschäftszentren des Kontinents verkörpert und schneller ist, als normalerweise die Polizei erlaubt. Ein Kompliment, eine treffliche Charakterisierung, die allerdings auf einem Fleckchen Erde überrascht, wo Rum und Reggae das Leben prägen und nicht Rush-hour und Termingeschäfte. So gesehen ist es auch nicht mehr verwunderlich, daß der Firmenbegriff des internationalen Transportunternehmens in den USA nahezu so bekannt ist wie Coca Cola und Ford und in der Skala der geläufigen Firmen vor Volkswagen liegt.

Bei uns in der Bundesrepublik ist dagegen noch Nachhilfe nötig. Das Bild des Unternehmens in groben Zügen, wie es sich 1990 bietet: Violett und Orange sind die Hausfarben mit dem zweizeiligen Firmen-Schriftzug. Der weltweit größte Express-Versender befördert täglich Dokumente, Pakete, Frachtgüter von mehr als 1,5 Millionen Aufträgen in 126 Ländern auf allen Kontinenten. Mit 20 Transportflugzeugen vom Typ Boeing 747, 135 des Typs Boeing 727 und 29 McDonnell-Douglas DC-10 sowie sechs McDonnell-Douglas DC-8 fliegt FedEx, so das Kürzel, 303 Flughäfen an. Die Firma hat acht Flugzeuge vom Typ McDonnell-Douglas MD-11 bestellt und eine Kaufoption auf weitere elf. Zusätzlich besitzt das Unternehmen 203 Turbopropmaschinen, die kleinere Städte versorgen und beliefern. Rund um die Erde sind mehr als 29 000 Computer und mit Funk ausgestattete Fahrzeuge im Einsatz. Die Company verfügt über ein breites Netz von mehr als 1550 Einrichtungen und 25 000 Ablieferungsstellen. Wahrlich imponierende Zahlen, gewaltiger Aufwand.

So selbstverständlich der Name und die Optik der Transportfahrzeuge zum Straßenbild gehören, ist freilich weitgehend unbekannt, wer hinter diesem Unternehmen steht – Wirtschaftskreise natürlich ausgenommen –, das nach US-Sprachgebrauch jährlich Billionen-Dollar-Umsätze macht.

Frederick Wallace Smith ist der Mann, den die Branche „Transportweltmeister aller Gewichtsklassen" nennt, der aber der Öffentlichkeit trotz breitester TV-Aufklärung verborgen blieb, wie der Rezeptelieferant von Coca Cola Classic. Frederick Smith: Erfinder des Systems, Gründer der Company, heute deren Chairman, President und CEO in einer Person. Damit wird ausgewiesen, daß Smith neben den Konzepten und politischen Planungen auch die Tagesarbeit von morgens um acht bis in den Abend hinein dirigiert. Sich auf seinem geschätzten 800-Millionen-Dollar-Privatvermögen ausruhen? „Das wäre eine unverantwortliche Beleidigung für das Leistungsprinzip", sagte er mit einem Seitenblick auf die aktuelle Ausgabe von Amerikas größter Tageszeitung „USA Today", die an diesem Morgen darüber berichtete, daß ein Tennisstar 200 000 Dollar Antrittsgeld kassiert, nur dafür, daß er seinen Hintern aus dem Liegestuhl hebt und Monte Carlos fürstliche Spielwiese mit seinem „Arbeitsplatz" vertauscht. Sie dürfen spekulieren, wer gemeint ist.

Einer wie Smith, der seinen amerikanischen Traum verwirklichte, ruht nicht einmal nach der Zielankunft aus. Er ist ein „Workaholic", doch ebenso – und das ist kein Widerspruch – ein charmanter Mann, in Gesellschaften gerne gesehen, kumpelhaft im Umgangston, aber hart bei wichtigen Entscheidungen. Optisch ein Michael Douglas aus Wallstreet, auf das reale Wirtschaftsleben übertragen. Eine Mitarbeiterin nennt den Unternehmer mit den mittlerweile weißen Haaren „kultiviert, gutaussehend und bis zur Hemdsärmeligkeit leger".

Von den Voraussetzungen, was das familiäre und finanzielle Umfeld angeht, hätte „Fred" – wie ihn alle nennen, auch seine Mitarbeiter, was aber nie despektierlich klingt – in der Zusammenstellung besonderer Self-made-Millionäre nichts verloren. Auch ohne sein persönliches Engagement wäre er heute ein reicher Mann. Der wohlhabende Bürger aus Memphis gehört zu denjenigen, die, durch Erbe begnadet, in Ruhe und Freude übernommene Gelder verwalten und mehren könnten. Vater Fred Smith sen. war der Hauptanteilseigner des allen US-Touristen bekannten Greyhound-Busunternehmens.

Doch das bremste den jungen Smith nicht, phantastische Ideen zu entwickeln. Und eine solche Gedankenkonstruktion aus der Studentenzeit führte ohne väterliche Hilfe zum heutigen Imperium, das Ende Mai 90 einen Jahresumsatz von 5,2 Milliarden US-Dollar meldete. So gesehen ist der Manager, Jahrgang 44, nun geradezu die Idealbesetzung für die Darstellung des amerikanischen Traums.

Die Wurzeln werden bei einer Rückblende in die sechziger Jahre sichtbar. Smith studierte damals Wirtschaftswissenschaften an der Yale University in Branford, einem Ortsteil von New Haven, dieser typisch neuenglischen Stadt an der Mündung des Quinnipiac Rivers. Fred

Smith erinnert sich genau an die Produktion des entscheidenden Wirtschaftsthemas, das er frei wählen konnte:

Die Stadt ächzte damals wie die gesamte Ostküste unter den schlimmsten, den heftigsten Schneestürmen seit einem Dutzend Jahren. Bösartige Winde peitschten neue Verwehungen auf den Old Campus, während die Schneepflüge die alten noch nicht fortgeräumt hatten. In seinem Zimmer schuftete Smith 14 Stunden mit wenigen Pausen. Während sich seine Kommilitonen auf der altehrwürdigen, nach Elihu Yale, einem früheren Gönner benannten Uni, mit Greifbarem und leicht bewertbaren Abhandlungen beschäftigten, wie Aktienrecht und Firmenfinanzierungen, hatte der sportliche Außenseiter ein Thema gewählt, das die Professoren irritierte: „Gründung, Konstruktion und Durchführung eines privaten Eilzustelldienstes".

Als fleißiger Briefeschreiber störte sich Fred Smith in jungen Jahren schon daran, daß die Post in den USA langsamer war und heute noch ist, als vor gut hundert Jahren der „Pony Express". Ein Brief von New York nach San Francisco war manchmal vier Wochen unterwegs. Die Staffettenreiter des Pony-Express schafften es 1860 in etwas mehr als der halben Zeit. Der 21jährige Student erdachte sich daraufhin ein System, wie man Briefe und Päckchen von jeder beliebigen amerikanischen Stadt innerhalb von 24 Stunden zu jeder anderen befördern könne. Engagement und schneller Service, wo die Post zu träge und vor allem bürokratisch hantiert. Ein perfektes privates, pfiffig aufgezogenes Flugnetz mit Bodenservice anstelle der offiziellen, lahmen Luftfracht.

Mit peinlicher Sorgfalt und Detailgenauigkeit, so wie es seine Art ist, entwarf Smith ein Handbuch für eine neue Branche. Detailgenauigkeit bewahrte ihn vor seinem ersten Reinfall in der Verwirklichung der Idee. Nur aufgrund der Sonderleistung gab ihm sein Professor die Bewertung „noch genügend", was nach unserem Notensystem mit gerade „ausreichend" vergleichbar ist.

So greifbar und überzeugend es auch war, das Thema selbst erschien den Wirtschaftswissenschaftlern „zu weit hergeholt und nicht praxisnah genug". Darüber schmunzelt nicht nur der Absolvent von damals, darüber lachen ganze Yale-Jahrgänge von Wirtschaftsstudenten und führen den Federal Express als Beispiel an, wenn sie sich an der Uni unverstanden fühlen. Schließlich ging die Idee ihres Renommier-Vorgängers sogar in den Sprachgebrauch ein: „FedEx Letter". In den Managerkursen an der Numero-Eins-Universität der USA, Harvard, wird die Umsetzung des Konzeptes als flammendes Beispiel ausgearbeitet, gegen den Strom zu schwimmen und zu gewinnen.

Zurück in die Startphase: Die Firmengründung folgte nicht postwendend nach dem Uniabschluß, den Fred mit seinen Freunden ausgiebig feierte. Der junge Mann lebte erst einmal seine zweite Leidenschaft aus, das Steuern von Flugzeugen. Er ging in die US-Army. Die Tage des „Spaßfliegens" in den ständigen Schönwetter-Gebieten Arizonas waren gezählt. Der Transporter nach Fernost wartete. In Vietnam überstand Smith unversehrt 200 Einsätze als Marineflieger. Zurück in den Staaten, verdiente er sich seinen Lebensunterhalt zunächst als Händler für gebrauchte Privatmaschinen. Im Rückblick kommentierte er seinen Übergangs-Job: „Es gibt keine Tätigkeit, die zu gering oder unfein ist, um die nötige Basis für geplante Aufgaben, für die eigene Lebensvision, zu schaffen." Andersherum, der krumme Weg wird geheiligt, wenn er zum Ziel führt. Sollte man sich merken.

**Schwärme von Frachtflugzeugen
gingen über Memphis nieder**

1971 lief der Countdown zur Firmengründung. Zunächst brauchte der damals 27jährige Geld, viel Geld. Er nahm als Basis seinen vorzeitig ausgezahlten Erbanteil, seine Schwestern investierten weitere Millionen, aber das reichte bei weitem noch nicht. Ein Unternehmen, wie es Smith klar vor Augen hatte, brauchte eine breite Ausstattung mit Fluggerät, Transportern, Annahmestellen. Smith reiste herum, präsentierte sein Modell und wurde zugleich sein bester Verkäufer. Kapital in Größenordnungen von Zig-Millionen aufzutreiben, ist ein hartes Brot. Wenn es um solche Summen geht, ist nichts schwieriger, als an das Geld anderer Leute zu kommen. Er sprach bei Versicherungsgesellschaften, Banken und erfolgreichen Unternehmern vor. Schließlich waren genügend Interessierte von den Plänen so überzeugt, daß sie einstiegen. Mit insgesamt 90 Millionen geborgten Dollar gründete der „schnelle Fred" nun endgültig das sofort aktionsfähige Unternehmen „Federal Express".

Während bei anderen besprochenen „Traumkarrieren" die persönlichen Elemente oft im Vordergrund stehen – ich denke an Haan, von Bechtolsheim, Moroder, McCormack oder Elke Andrzejewski –, bei Fred Smith dreht sich alles um Konstruktion, Aufbauphase und das Funktionieren der Company. Das sind auch die eigenen Schwerpunkte, wenn er von den „wichtigen Dingen im Leben" spricht. Zunächst kaufte er eine Flotte von Business Jets. Als Operationsbasis wählte er Memphis. Die Stadt liegt im Territorium der USA zentral und ist – für den Flugbetrieb der jungen Gesellschaft strategisch wichtig – den Härten des amerikanischen Winters nicht allzusehr ausgesetzt, und schließlich, das war das Wichtigste, ist der Flughafen von Memphis ohne Einschränkungen für den Nachtflugverkehr zugelassen.

Im März 1973 riskierte FE, den ersten Übernachtdienst zu eröffnen. Von Memphis aus bediente man zunächst ein kleines Netz von 13 amerikanischen Städten. Das war freilich zu wenig, um rechnerischen Erfolg bringen zu können. Mit einer Idee allein ist es halt nicht getan. Der Dämpfer in der Euphorie kam schon am ersten Tag, oder besser gesagt, in der ersten Nacht. Da hatten die 13 Jets ganze 18 Päckchen zu transportieren. Die enttäuschenden Resultate entmutigten Smith nicht. Zwei Jahre lang manövrierte das Unternehmen am Rande des Bankrotts. Oft genug mußten die Piloten Spritrechnungen und Landegebühren an fremden Flughäfen mit der eigenen Kreditkarte bezahlen, um der Pfändung der Maschinen zuvorzukommen.

Abenteuer in der Aufbauphase, die sich so spannend erzählen lassen, verbinden, schweißen zusammen. Smith hat in der späteren Zeit der Milliardenumsätze keinen seiner Mitpioniere von damals vergessen. Auch das zeichnet einen erfolgreichen Unternehmensführer aus, hebt ihn aus der Masse heraus. Schon drei Jahre später sprang die FedEx-Zahlenampel von rot auf schwarz. Federal Express flog einen ersten Gewinn ein, genau 3,6 Millionen Dollar. Wie es seine Art ist, lebte der Firmengründer und Ideenlieferant weiter bescheiden, begnügte sich mit einem Sandwich in der Kantine und investierte jeden Dollar in neue Flugzeuge, um das Netz nach dem Ur-Konzept auszubauen.

Anfang der 80er Jahre sammelten bereits rund 10 000 Lieferwagen des Unternehmens zwischen 200 000 und 400 000 Briefe und Pakete in Tausenden amerikanischer Ortschaften ein. Die gebündelten Sendungen wurden von einer Flotte von schweren Sattelschleppern zu den 75 Flughäfen gebracht, die inzwischen zu festen Säulen geworden waren. Von dort starteten die Frachtjets mit den Sendungen nach Memphis.

Der lärmende Spuk beginnt nach Mitternacht, wenn die regulären Passagierjets der anderen Fluggesellschaften ausgerollt sind und im grell erleuchteten Hangar gewartet werden und sich die Dunkelheit längst über Tennessee gesenkt hat.

Ich habe erlebt, wie plötzlich Amerikas Baumwoll-Metropole erzittert, wie das Beben die Beales Street wackeln läßt, wo die Musikfans sich in der Wiege des Blues amüsieren. Mit einem Schlag werden alle Instrumente von dröhnenden Bässen in der Luft übertönt. Am Himmel ist die Hölle los. Giebelbalken am Lorraine Motel (wo 1968 Dr. Martin Luther King ermordet wurde) vibrieren und klappern. Landescheinwerfer fressen sich gierig in die Finsternis, tasten sich Richtung Memphis International Airport, 13 Kilometer südöstlich der Innenstadt.

Immer wieder muß man die bange Seele beruhigen: Friedlich ist die laute Aktion, gewiß! Alle 55 Sekunden landet ein Frachtflugzeug vom Typ Boeing 747 oder DC-10. Touristen, die ganz früher zu den filmbekannten Baumwollfeldern pilgerten und später die kitschige Villa Graceland, den Wohnpalast, in dem einst Elvis Presley lebte und starb, besuchten, haben neben den Attraktionen der Stadt am Mississippi nun dieses nächtliche Spektakel als „Muß" entdeckt. Wo erlebt man sonst, daß Flugzeuge wie ein Heuschreckenschwarm niedergehen?

Wer Ruhe sucht, wird sie nachts in der Südwestecke des amerikanischen Bundesstaates Tennessee kaum finden. Zwei Stunden später, wenn die aufgeschreckten Schläfer gerade wieder eingenickt sind, setzt das Inferno von Neuem ein. Ebenso unglaublich laut und minutiös gesteuert. Dann donnern die schwerbeladenen Luftfrachter noch einmal über Memphis, ziehen in weiten Kurven über den Kontinent. Erst zwischen vier und halb fünf kehrt Ruhe ein, versinkt die Stadt mit der FedEx-Zentrale in den Schlaf.

Der Nachtverkehr ist unvermeidlich, denn der Sternflug zwischen den Tagen ist die wichtigste logistische Phase im Geschäft des führenden Express-Dienstes. In der Zeit bis zum Start haben rund viertausend Sortierer die schwierige Aufgabe gelöst, die Sendungen über ein insgesamt 120 Kilometer langes Förderbandsystem in die richtige Maschine zu bringen. Smith machte klar: „Bleibt eine Sendung liegen und erreicht nicht am folgenden Morgen bis 10.30 Uhr den Adressaten, bekommt der Absender seine 14 Dollar zurück." Das setzte die eigenen Leute unter Druck und schuf Vertrauen bei den Kunden. Bereits 1984 machte Smith 1,7 Milliarden Dollar Umsatz, fünf Jahre später wurde die 4-Milliarden-Dollar-Grenze übersprungen, und das Ende der Fahnenstange ist immer noch nicht abzusehen.

„Das beste System hat immer noch Schwachstellen, die man ausmerzen muß", sagt der Millionär und meint damit den zentralen Transport über Memphis, selbst wenn die Entfernungen zwischen Absender und Adressat viel kürzer waren als die Verbindung über die Geburtsstadt des Blues. Inzwischen hat FE zwei weitere sogenannte Hubs eingerichtet, einen in Newark (New Jersey) und einen weiteren in Portland (Oregon) für die Westküste.

Federal Express war und ist ohne Frage teurer als die staatliche Post, aber auch als der Mitkonkurrent UPS (United Parcel Service). Der Wettbewerbsvorteil, der den Vorsprung am Overnight-Markt sichert, ist das einzigartige computergesteuerte Kommunikationssystem, das innerhalb von 30 Minuten feststellen kann, wo auf der Welt – ganz egal, ob in einem Flugzeug, in einem der Zubringerfahrzeuge oder in einem der 2000 Service-Center – sich gerade eine Lieferung befindet. Mit Hilfe von Bordcomputern melden die Fahrer Annahme bzw. Auslieferung auch der kleinsten Sendung.

Das System hatte funktioniert, die Firma lief, doch Smith setzt sich weiterhin selbst ständig unter Erfolgsdruck. Größerer Profit oder finanzielle Vorteile sind in dieser Größenordnung wohl kein Treibsatz mehr. Im Gegenteil, er riskiert, Erreichtes zu verspielen, beispielsweise als ihm plötzlich der Transport über Nacht nicht mehr schnell genug war. Da beförderte er, natürlich mit Zuschlag, Briefe und Pakete innerhalb von zwei Stunden. Auf Anruf holt ein motorisierter Bote wichtige Dokumente beim Kunden ab, die dann über ein eigenes Telekopiernetz an jeden beliebigen Bestimmungsort übertragen und dort als Faksimile – von weitaus besserer Qualität als die üblichen Fax-Kopien – an den Empfänger ausgeliefert werden. Zehn Dokumentseiten kosteten 25 Mark, und damit glaubte sich Fred gegen die elektronische Datenübermittlung durchsetzen zu können. Er hoffte auf Beständigkeit seiner Klientel. 99 Prozent sind Unternehmer, von den 20 größten Kunden waren zu dem Zeitpunkt (1984) 16 Computerfirmen.

Doch genau dieses „artfremde" Konzept führte zu einem empfindlichen Rückschlag. Die Kunden investierten in eigene Fax-Geräte, und Federal Express sah in diesem Teilbereich immer schlechter aus. Lange Abende grübelte Frederick Smith in seinem prächtig ausgestatteten Haus, nahe dem Ol-Man-River, dann traf er 1986 die Entscheidung, das kostenintensive System endgültig aufzugeben. Allein in diesem Geschäftsjahr mußte er durch den Fax-Abstecher einen Verlust von 230 Millionen Dollar schlucken.

In solchen kritischen Phasen zeigt sich die Härte eines Unternehmenslenkers. Smith hatte sich zwar die Finger verbrannt, reagierte fortan aber nicht verunsichert oder behutsam. Er bestimmte mutig, direkt und ohne Zögern den Ausbau des internationalen Geschäfts, das zu diesem Zeitpunkt 80 Länder weltweit umfaßte, nun auf 90 und mittelfristig auf 140 zu erweitern. Der Griff nach Europa (fünfmal flog eine Maschine wöchentlich über den Atlantik) beschert in den nächsten Jahren erst einmal weitere Verluste von 40 Millionen Dollar per anno.

Doch genau dieses Geschäft wird ein neues Standbein. Europas Transportgewerbe muß sich spätestens ab 1993 auf den neuen Konkurrenten einstellen, denn mit dem Binnenmarkt wird dieser Kontinent eine höchst interessante Geschäftswelt für den Giganten aus Amerika. Auch darum kaufte Smith im Februar 89 die zu einem erheblichen Teil mit Jumbos ausgerüstete Frachtgesellschaft „Flying Tigers", die führende Flotte in der Klasse der Schwergewichte. Das amerikanische Justizministerium erhob keine kartellrechtlichen Bedenken, und so durfte FedEx ungestört wieder die richtige Schachfigur ziehen. Ganz problemlos wird diese Wandlung vom Express-Briefträger zur schnellsten Fracht-Airline indessen nicht. Die Verschuldung des Konzerns durch die Übernahme ist beträchtlich. Doch Smith ließ wissen: „Alles kein Problem, wir haben 1,4 Milliarden Dollar Eigenkapital und 1,5 Milliarden Dollar ungenutzte Kreditlinien. Allein die Flotte von Flying Tigers hat einen Ersatzwert von 2,5 Milliarden Dollar, und die Tochter bringt 250 Millionen Dollar in bar mit in die Familie. Wozu also unken?"

Fast lustvoll erinnert er an die Beschaffung des Startkapitals. Das sei eine ähnliche Situation gewesen. Diesen Neubeginn sieht er für eine weit größere Operation an. Er glaubt fest daran. Das nimmt man ihm ab.

Obwohl sich die Konkurrenz, zum Teil mit Smith-Ausarbeitungen, etabliert hat und in Teilbereichen führend ist – DHL World-Wide-Express installierte das größte Kuriernetz, TNT spezialisierte sich auf schwere Frachten und United Parcel Service (UPS) mit 210 000 Beschäftigten konzentriert sich auf die Paketzustellung –, gehört Smith doch die Zukunft.

Dafür sorgen Verbesserungen, Erweiterungen sowie das frühzeitige Umstellen auf neue Märkte. So werden die ersten vor Jahren weitsichtig bestellten leisen Flugzeuge just dann verfügbar sein, wenn Europa seinen Binnenmarkt vollendet. Und ohne leise Maschinen gibt es auf dem alten Kontinent keine Nachtlanderechte. In Brüssel arbeitet bereits das erste europäische Air-Terminal von FedEx.

**Orden von Federal Express
für verdiente Mitarbeiter**

Über seine Aktivitäten in Europa kann der Firmenlenker stundenlang referieren. Die Ärmel seines weißen Hemdes hat er hochgekrempelt, die rot-schwarze Club-Krawatte gelockert, über dem Chefsessel hängt das blaue Sakko. Wie im Lehrsaal spult er sein Programm ab, druckreif ohne Versprecher: „FedEx startete seine Operationen in Europa 1984 mit der Übernahme von Gelco International, einem Kurierdienst, der in England, Belgien, Frankreich, den Niederlanden und Deutschland arbeitet. Seit diesem Zeitpunkt haben wir 18 Firmen auf internationaler Ebene erworben, um unserem Unternehmen zur weltweiten Expansion zu verhelfen. Unsere Firmen in Europa bedienen Belgien, Frankreich, Italien, Luxemburg, die Schweiz, Spanien, die Niederlande, die Türkei und die Bundesrepublik Deutschland. Zusätzlich haben wir 62 Vertriebszentren, sechs Zentralbüros und 30 vertraglich gebundene Vertriebsbüros in Großbritannien und Irland. FedEx hat mehr als 12 000 Angestellte in Kontinental-Europa und auf den britischen Inseln."

Mr. Smith ist in seinem Element, das Unternehmen bedeutet Lebensinhalt. Fundiert schildert er die nächsten Stationen, die ihm vom amerikanischen Wirtschaftsmagazin „Business Week" Kritik bescherten. Einen Emporkömmling nannten sie ihn, mit abenteuerlichen Expansionsgelüsten: „Mit der Übernahme von Flying Tigers beschleunigten wir die Entwicklung zum Ausbau eines hochleistungsfähigen internationalen Netzes. In diesem Frühjahr dehnten wir unseren Express-Service auf alle wichtigen europäischen Länder aus und richteten einen täglichen Versanddienst in der Tschechoslowakei, in der DDR, in Ungarn, Polen, Rumänien, Bulgarien, Jugoslawien und in der Sowjetunion ein.

Unsere jüngste Firmenübernahme auf dem europäischen Kontinent war der französische Transport- und Kurierdienst Transports Transvendeens Chronoservice. Die Übernahme von 400 Angestellten der Firma Chronoservice, 250 Lkws und Transportern sowie 14 Filialen ermöglichte es uns, in Frankreich ein flächendeckendes Netz sowohl für inländische als auch internationale Kurierdienste zu knüpfen. Es ist unsere Absicht, ein lückenloses Vertriebsnetz zwischen den einzelnen europäischen Ländern zu schaffen, das es uns ermöglicht, Märkte jeder Größenordnung zu bedienen."

Weitere Smith-Ideen: Die Einrichtung einer Abteilung für logistische Dienste, einer von FedEx unabhängigen Abteilung, die dem Kunden Organisationskonzepte anbietet. Buchführung und Vertrieb, Lagerhaltung, Kundendienst, Informationssysteme, Transport, Finanzbuchhaltung oder technische Hilfsdienste können dadurch komplett auf die Kundenwünsche zugeschnitten werden.

Der Einsatz von „Powership"-Systemen, das heißt von Computern vor Ort, macht derzeit etwa ein Drittel der Dienste aus. Dieses System erlaubt die automatisierte Rechnungslegung, gewährt den Kunden einen unmittelbaren Informationszugang und sichert dem internationalen Frachtunternehmen detaillierte Auskünfte, zugeschnitten auf ihre speziellen Bedürfnisse.

Mit einigen spezifischen Fragen zu den Geschäftsabläufen und Managerzielsetzungen für den Nachwuchs hat sich Frederick Smith sorgfältig auseinandergesetzt:

Wie machen Sie es eigentlich möglich, bis zu zehnmal schneller als die Post zu sein?

Smith: Das allerwichtigste ist die Motivation des Teams. Dazu unsere Strategie, da können wir, anders als die Post, Zeitgarantie übernehmen. FedEx hat eines der weltweit größten Computer- und Telekommunikationsnetze für den reibungslosen Ablauf bei der Verschikkung der verschiedenen Güter. Mit Zehntausenden Laptops, den sogenannten Supertrackers, zeichnen die Firmenangestellen den Transportablauf im FedEx-System auf. Diese Informationen werden unverzüglich in die Zentralcomputer übertragen, die mit den firmeneigenen „Powership"-Terminals in den Kundenbüros in direkter Verbindung stehen. Somit kann jeder FedEx-Kunde den Ablauf des Transportgeschehens rund um die Uhr und rund um die Welt verfolgen.

Womit wurde FedEx in seiner Anfangsphase so erfolgreich?

Smith: Die führende Marktposition, die FedEx unter den Expressdiensten innehat, ist kein Zufall. Seit 1973 steht die Firma für Dienstleistungen und Kundenfreundlichkeit. Schon immer legen wir unser Hauptaugenmerk darauf, daß die Arbeitsleistungen jedes unserer Angestellten von höchster Qualität sind. Nach Abschluß eines jeden Geschäftes ist es für uns von großer Bedeutung, einen hundertprozentig zufriedenen Kunden zu haben. Ebenso wichtig ist es uns, daß die Geschäftsabwicklung mit absoluter Genauigkeit vonstatten geht.

An der Spitze zu überleben ist oft schwieriger als dahinzugelangen. Wie planen Sie die Zukunft?

Smith: Der Anfangserfolg von FedEx ist auf die Einrichtung eines integrierten logistischen Netzwerkes zurückzuführen, das eine Nachtzustellung in nahezu jeden Winkel der Vereinigten Staaten möglich gemacht hat. Wir sind gerade dabei, ein weltweites analoges Netz zu errichten, um auf dem Weltmarkt der 90er Jahre konkurrenzfähig zu sein.

Welchen Rat zum Erfolg würden Sie heute einem Jungmanager geben?

Smith: Der Manager von heute muß mehrere Fähigkeiten gleichzeitig in den Job mit einbringen, zum Beispiel Anforderungen bei der Qualitätskontrolle erfüllen, fachliche Kenntnisse haben, die zur Verbesserung der Qualität und zur Verringerung der Kosten beitragen, und exzellente Führungsqualitäten, die es ermöglichen, einen Auftrag mit einer Gruppe motivierter Angestellter optimal zu erfüllen. Das oberste Gesetz für einen Manager ist es, erfolgreich führen zu können. Bei FedEx bedeutet das: Bei kooperativen Programmen und in der Firmenpolitik sollen die Ansichten der Angestellten berücksichtigt werden. Die Wünsche der Kunden, ganz gleich in welcher Branche auch immer, müssen auftragsgemäß erfüllt werden. Das ist erste Pflicht. Jeder Angestellte sollte als wertvolles Teammitglied an der Arbeit beteiligt werden. Bei Personalangelegenheiten muß genügend Zeit und Mühe investiert werden, insbesondere in der Ausbildung und im Training. Der Manager sollte spezielle innerbetriebliche Kommunikationsfähigkeiten besitzen, und er sollte zu jedem Thema einen klaren Standpunkt beziehen; außerdem ist es seine Aufgabe, den Angestellten jegliche Information zugänglich zu machen, es sei denn, sie sei persönlich, vertraulich oder gar von staatlichen Sicherheitsvorschriften eingeschränkt.

Die Pflege seiner Mitarbeiter als Element der Unternehmenskultur zelebriert Smith einzigartig. Der draufgängerische Vietnam-Veteran verleiht wie in der Army an Frauen und Männer im Team Leistungsabzeichen und Orden. Am Gürtel tragen die meisten Führungskräfte das Symbol für „Job well done". In den Großraumbüros drapieren Angestellte handgefertigte Transparente mit Tages-Slogans. Dank der allabendlichen Tagesschau, die der hauseigene Fernsehsender präsentiert, wissen die meisten der 86 000 Angestellten über das Unternehmen, über die Konkurrenz, aber auch über das Weltgeschehen bestens Bescheid. Der gesamte Konzern kommt mit fünf Hierarchie-Stufen aus, und Führungspositionen besetzt Smith stets aus den eigenen Reihen. Weil er seine Konzepte auch in der Praxis durchzieht, ist er mehrfach als „hervorragender Arbeitgeber" in den USA ausgezeichnet worden.

Die Vision des Frederick Smith, die ursprünglich nur ein Ziel hatte, ihm den Wirtschaftsabschluß auf der Uni zu garantieren, hat sich insgesamt zu einem weltumspannenden Netz entwickelt, mit feinsten Verästelungen. In den meisten Ländern ist der Schnelldienst so selbstverständlich wie Strom- und Wasserversorgung und damit auch nicht im Bewußtsein der breiten Bevölkerung. Nur wenn die schnellen Boten für einen namhaften Kunden unterwegs sind und die

Presse die gelungene Aktion veröffentlicht, wird das Rund-um-die-Welt-Netzwerk zum kurzzeitigen Gesprächsthema.

Boris Becker lieferte 1985 zu Beginn seiner Karriere ein solches Beispiel. Damals hatte er noch keinen Stab von Serviceleuten: Als beim Turnier in Melbourne die nagelneuen Schuhe drückten und die guten alten im heimischen Leimen im Regal standen, war guter Rat teuer. Doch 36 Stunden später trat Becker mit seinen alten Schuhen an. Daß er dennoch das Spiel verlor, macht die Story nicht schlechter. Sein Trainer erzählte den Ablauf Journalisten beim Abendessen. Mutter Becker hatte die Filiale des Transport-Dienstes verständigt, woraufhin ein Fahrer die Treter abholte, ein Kurier sie nach London brachte und ein Flugzeug sie mit nach Melbourne nahm.

Wenn überall so pünktlich geliefert würde...

VII

LIDO A. IACOCCA

LIDO A. IACOCCA

Mit einem Dollar Gehalt begann er sein Meisterwerk

Wilde Gesellen, vom Sturmwind umrauscht, marschieren eingehakt in breiter Front nach vorne. Nichts, so wird dem Betrachter der Szene deutlich, vermag den Trupp hinter dem flatternden Sternenbanner aufzuhalten.

Der Anführer mit dem grimmigen Blick und der Armee-Trommel vor der Lederrüstung ist Lee Iacocca, exakt Lido Anthony Iacocca, Chairman der Chrysler Corporation, Jahrgang 1924 und der personifizierte amerikanische Traum vom Erfolg. Er ist der Mittelpunkt eines Wandgemäldes in vielfacher Lebensgröße, von talentierten Mitarbeitern nach Feierabend im Detroiter Produktionsbetrieb des Automobilgiganten Chrysler gefertigt, das ein bißchen an Darstellungen von Jeanne d'Arc oder Bauernführer Florian Geyer erinnert.

So stellt man sich in Michigan Nationalhelden vor, kraftvolle Siegertypen. Und unter dem Bild steht in großen Lettern blau auf weiß Iacoccas Losung für den täglichen Wettbewerb: „The winning way is the only way to be the best." Ein Denkmal zur Würdigung einer großen Leistung.

Solche Kernsätze vor Augen und den Erfolg im Rücken genießt Iacocca 1987 den absoluten Höhepunkt seiner Karriere: 1986 wurden 2,2 Millionen Chrysler-Autos verkauft und bei 23,5 Milliarden Dollar Umsatz wurde ein Gewinn von 2,3 Milliarden erzielt. Und es sollte noch weiter aufwärts gehen. 1987 wies der Konzern 26,3 Milliarden Umsatz auf und 1988 sogar 35,5 Milliarden Dollar. Spitzenwerte, die keiner für möglich gehalten hat.

Das war der Zeitpunkt, an dem's den bulligen Unternehmenslenker über den Atlantik trieb, um Europa und speziell Deutschland mit seinen (fünfzackigen) Stern-Produkten zu beglücken. Der Sohn eines Pizzabäckers aus Italien erfüllte sich damit einen weiteren Lebenstraum, nämlich sein Automobil-Imperium auch auf den alten Kontinent auszuweiten. „Lee", so seine Mitarbeiter, „ist Chrysler und die Firma sein Fürstentum." 1983 bis 1988, das waren die Jahre des Monarchen von Detroit, des Kaisers von eigenen Gnaden.

Mit einem einzigen Dollar Jahresgehalt war er bei Chrysler angetreten, als das marode Unternehmen jährlich 170 Millionen US-Dollar und mehr Verluste machte und insgesamt mit 3,5 Milliarden Dollar in der Kreide stand. Das war im November 1978. Getrieben von der Lust, etwas aufzubauen, beseelt von unbändigem Ehrgeiz und aufgeputscht vom Rachegefühl gegenüber Ford, krempelte der neue Chef die Ärmel hoch, suchte sich Gleichgesinnte für das Top-Management und schuftete wie ein Berserker. Vor allem aber vermittelte er seinem Umfeld das Gefühl, daß es aufwärts ging. Dazu war kaum nachvollziehbarer Optimismus nötig. Es war an jenem naßkalten Novembertag, als Coleman A. Young, der farbige Oberbürgermeister der Motor-City, den Hungersnotstand ausrief, um das, wie er sagte, „soziale Gewissen Washingtons" wachzurütteln und gleichzeitig die privaten Hilfsorganisationen aufmerksam zu machen. 17,2 Prozent der Autowerker waren damals arbeitslos, viele bereits „ausgesteuert", Hunderttausend ohne ausreichendes Einkommen und damit auf Wohlfahrt, Care-Pakete und Suppenküchen angewiesen.

Das war die Zeit, als die Innenstadt zerfiel, Firmen, die nicht auf die Automultis angewiesen waren, fluchtartig die Stadt verließen. Sicherlich auch durch die Not bedingt, wurde Detroit zur Ganovenstadt Numero eins in den Vereinigten Staaten. Der Überlebenskampf und die härteste Rassenkonfrontation Nordamerikas verwandelten die 1,5-Millionen-City in eine „Murder Capital". Jeder, der konnte, mied einen Besuch des Fließband-Monsters, von dem ein Verkaufsleiter einst sagte: „Je genauer man Detroit ansieht, desto gewalttätiger blickt es zurück."

Signalisierte in jenen Tagen das Renaissance Center zumindest aus der Ferne noch trügerischen Glanz, so fiel bei den angrenzenden rechtwinklig kreuzenden Straßenzügen auf, daß nach und nach immer mehr Fenster verbarrikadiert wurden. Die einst schmucken, dann verlassenen Häuschen wurden zu häßlichen Obdachlosenasylen. Die Gesichtszüge der Stadt verzerrten sich zur Grimasse. Wohlsituierte Weiße, die längst in die eleganteren Vororte wie Dearborn gezogen waren, kamen nur noch auf direkten Schnellstraßen zu Kongressen und Besprechungen in den Glaspalast. Detroit als Stadt gab's für sie längst nicht mehr.

Für die Motor-City der USA und für Chrysler als Company setzte Lee mit voller Kraft das Startsignal zum Neubeginn und scheute sich nicht, dabei unpopuläre Maßnahmen anzuwenden. So wechselte er nahezu das komplette Top-Management aus, entließ 33 der 35 Vizepräsidenten und setzte ungeliebte Qualitätskontrolleure ein, die allen auf die Finger schauten.

„Für Erfolg gibt es keinen Ersatz, und jeder Weg dahin ist zu akzeptieren", kommentiert Iacocca. Bald schon konnte er bei Chrysler jubeln: Hurra, wir sind wieder wer!

Um finanziell überhaupt eine Chance zu sehen, hatte Lee damals eine Regierungsbürgschaft von rund einer Milliarde Dollar erwirkt. Amerikanische Kommentatoren, deren Credo in der absoluten Ablehnung jeglicher Staatsintervention besteht, erweckten seinerzeit den Eindruck, daß die Staatshilfe für die Autobauer im Musterland des Wirtschaftsliberalismus ein unerhörter Präzedenzfall sei.

War es das tatsächlich? Nein, Iacocca sah und sieht es heute aus der Distanz anders. Als er sein Gesuch eingereicht habe, wären insgesamt Darlehen und Darlehensgarantien in Höhe von 409 Milliarden Dollar vergeben worden. Unter denen, die staatliche Hilfe brauchten, hätten sich nicht nur Landwirtschaft und Eisenbahnen, sondern auch Fluggesellschaften, Chemiekonzerne und Werften befunden. Warum nicht auch ein Autowerk? Der Sanierungserfolg habe ihm doch recht gegeben.

Mit dem Aufschwung des totgeglaubten Unternehmens kletterten die persönlichen Bezüge des Retters. 1983 überstiegen sie bereits das Gehalt, das Lee bei Ford als Präsident bezogen hatte (rund eine Million Dollar).

1984 erhielt Lee einen Sockelbetrag von 570 000 Dollar plus 625 000 Dollar Tantieme und zusätzlich Einnahmen aus Aktienverkaufsrechten von 4,3 Millionen Dollar. Im nächsten Jahr verbesserte sich der Retter des Konzerns auf 11,4 Millionen Dollar. 1986 war er der bestbezahlte Manager der Welt mit 20,5 Millionen Dollar. Die Millionen flossen nur so, das Unternehmen florierte und das Ansehen wuchs ins Unermeßliche.

Iacocca erweiterte sein Reich, ließ die Sonne auch über Europa aufgehen. Er kaufte mit Maserati die italienische Marke, für die er als Junge geschwärmt hatte, und polierte mit den technisch hochklassigen Sportwagen das Image des Unternehmens. Dann leistete er sich für 26 Millionen Dollar auch noch den Kauf von Lamborghini. Außerhalb des Automobilbereiches kam die erstklassige Flugzeugfirma Gulfstream hinzu.

Daß der Wunsch, sich ebenso BMW einzuverleiben, unerfüllt blieb, ist der einzige Wermutstropfen im edelsüßen Cocktail jener Jahre. Die Übernahmeversuche sind offiziell nie bekanntgeworden. Iacocca verriet mir in vertraulichem Ton: „Ich war in München, habe mir das feine Unternehmen genau angesehen, Gespräche mit von Kuenheim und den Besitzern geführt, aber da war nichts zu machen. Nicht alles, was man gut findet, bekommt man."

Obwohl die Bayerischen Motorenwerke in jener Zeit ohne großen Erfolg und die Modellpalette nicht mit den Juwelen der späteren 80er Jahre wie 5er, 7er und 8er Coupé bestückt waren, ließen sie den Amerikaner mit dem lockeren Griff zum Scheckheft abblitzen. Der damals 62jährige „tröstete" sich persönlich mit dem Erwerb eines zweiten Weinguts nahe Siena in der Toskana. Und da das Glück so oft den Erfolgreichen sucht, passierte es auch noch, daß Iacoccas Rotwein bei der jährlichen amerikanischen Weinprobe mit Bewertung von 100 europäischen Lagen auf Platz drei kam. 40 000 Flaschen mit dem Namenszug des Top-Managers wurden von Italien in die Staaten exportiert und waren im Handumdrehen verkauft. „Jetzt wollen alle auch noch Iacocca-Pasta und -Pizza, doch das ist nicht mein Geschäft."

Geschichten, die Lee bei meinem zweiten Zusammentreffen mit ihm erzählte. In seinem Arbeitszimmer im Highland-Park von Detroit saßen wir uns gegenüber. Die Einrichtung ist eine Mischung aus Büro und Privatmuseum. Der Blick des Besuchers fällt als erstes auf eine Bronzebüste des Machers. An den Wänden Erinnerungsfotos, Karikaturen, Automobildarstellungen, auch Urkunden. Das größte Bild im

Raum ist ein Gemälde der Freiheitsstatue. Wir redeten eine Stunde miteinander. Lee blies graue, süßlich duftende Wolken einer Montecristo-Zigarre in den Raum.

„Heinz", fragte er, „denkst du, ich sollte Porsche kaufen? Die haben doch so große Probleme, und mir würde diese Firma schon gefallen." Manchmal fragt er ganz bewußt so naiv, gibt den Gesprächspartnern das Gefühl, vom großen Lee ins Vertrauen gezogen zu werden, mit ihm in einem Boot zu sitzen.

Seit der ersten Begegnung ein Jahr zuvor spricht er mich mit dem Vornamen an und forderte unkompliziert: „Sag Lee zu mir." Das war in dem Monat, als er zu Amerikas „Manager des Jahres" gekürt wurde. Beim Empfang in Detroits Glas- und Aluminium-Palast Renaissance Center gab es damals nur eine Frage, die alle US-Blätter hochspielten: „Wollen Sie Präsident der Vereinigten Staaten werden?" Kameragewandt, wie er schon immer war, verschränkte er die Arme vor der Brust – seine Lieblingspose – und wiederholte genüßlich die Frage: „Ob ich nach Reagan Präsident sein werde? Das ist ziemlich sicher der Fall, allerdings nicht der Vereinigten Staaten, sondern von Chrysler Corporation." Er spricht laut, lacht schallend und findet sofort eine günstige Richtung, Blick auf die Kamera mit Rotlicht. Er bewertete die Umfrageergebnisse, die ihn in hoher Gunst beim Volke sahen, und die allgemeine Euphorie als Kompliment für die Leistung seines Teams. Er hat nie verraten, ob er das auch wirklich meint.

Das Gerassel um die Präsidentschafts-Kandidatur war schnell verklungen, die Komitees lösten sich auf. Doch Iacoccas Popularität hatte nochmals zugenommen.

Bei der Zusammenkunft in seinem Büro gab es völlig andere Themen. Die Zukunftsentwicklung der Branche beispielsweise, das ständige Auf und Ab der Detroiter Paradeindustrie, das den Rhythmus der ganzen Stadt bestimmt. Iacocca hat Schwierigkeiten, sich zu konzentrieren. Er beginnt Sätze, bricht sie ab und setzt neue Gedanken an deren Stelle. Er blinzelt über die Gold-Brille mit eingeschliffenen Lesegläsern. „Um Höchstleistungen zu bringen, brauchen wir stets Herausforderungen. Wir haben das beste Management, und unsere Supertruppe baut die besten Autos Amerikas." Kein Unternehmen habe eine so ausgefeilte Turbo-Palette, und die Produktivität sei außergewöhnlich. Sagt er.

Es müssen immer Superlative sein! Nur einmal begnügt er sich mit dem zweiten Platz in der Wertung: „Noch ist Daimler-Benz in der Qualität und der Technologie auf dem Weltmarkt die Nummer eins", schränkt dann aber sofort ein: „Aber warten Sie mal ab. Sie werden ja die Entwicklung erleben, wenn wir auf dem deutschen Markt sind."

Ob er denn eine ehrliche Chance sehe, seine Limousinen mit den einfachen Fahrwerken und der zwar verbesserten, aber immer noch simplen Technik bei der anspruchsvollen europäischen Kundschaft abzusetzen, zumal doch die Unterstützung des besten Verkäufers in der Werbung fehlt, wollte ich von ihm wissen. In den USA macht Iacocca täglich auf den US-Bildschirmen selber Reklame für seine Produkte. Sie kaufen nicht Chrysler-Fahrzeuge, nein, das sind Iacocca-Autos!

**Ein Sandwich-Shop
war sein erstes Geschäft**

Wieder lachte er selbstsicher, faltete die Hände mit dem schweren Siegelring am Finger und der handgearbeiteten römischen Uhr am Gelenk über den schütteren Haaren und antwortet: „Dann muß eben Robert Lutz ran, der ist ein halber Deutscher. Der kann in Ihrem Fernsehen auch erklären, warum die Leute uns kaufen müssen."

Der angesprochene Bob Lutz war früher Vorstandsmitglied bei Opel und BMW, wurde dann Ford-Chef in Köln und London, bevor er aus Unzufriedenheit mit seinem Arbeitgeber zu Chrysler wechselte. Er wurde als Executive Vice President in der Chrysler-Hierarchie auf Anhieb die Nummer drei und 1989 dann Präsident und Chef der gesamten Autodivision. Später einmal soll er Lees Erbe antreten. Es ist schon ein ironischer Schlußpunkt der Ford-Iacocca-Fehde, daß der Top-Manager nach seinem Rausschmiß an der Startrampe zum neuen Erfolg wieder ein Team von Ford-Managern um sich sammelte, um die Probleme zu bewältigen.

Konkret, Lee, warum um alles in der Welt soll ein Käufer in Germany einem Le Baron oder Dodge den Vorzug vor Audi, Mercedes 190 oder BMW geben? „Weil unsere Preise so günstig sind", sagt der Konzern-Chef, „solange der Dollar so niedrig ist, können wir unsere

Fahrzeuge selbst Eskimos auf Eisinseln verkaufen." Ein Schluß-Gag. Er lacht am lautesten. Das Signal aufzubrechen.

Gemeinsam gehen wir zum Essen. Das Chrysler-Casino für das Top-Management ist nüchtern, aber stilvoll eingerichtet. Ein Italo-Amerikaner bedient, begrüßt Lee jovial: „Bon Giorno." Huldvoll grüßt der Einwanderer-Sohn zurück und kümmert sich sofort wieder um Erfolgsnachrichten: „Unser Voyager ist der meistverkaufe Mini-Van im Lande. Von allen Fahrzeugen ist er überhaupt das amerikanischste Auto..." Er liebte schon immer die satten, vollmundigen Aussagen. In der Studentenzeit ebenso wie in den Jahren des Aufbaus, bis er Präsident bei Ford wurde. Der Weg bis zum ersten Gipfel ist das Beispiel einer Musterkarriere mit Stationen, die exakt wie nach dem Fahrplan eines Schnellzuges erreicht wurden.

Die Fahrstrecke im Zeitraffer: Lee war ein mittelmäßiger Schüler. Als er elf wurde, sagte man ihm erstmals, daß er Italiener sei. „Ein wichtiges Datum", erinnert er sich, „andere Jungs riefen: ,Du Spaghetti-Fresser'." Es gab Prügel, Tränen und frühes, kindliches Durchsetzungsvermögen. Fortan war Ruhe. Lee gehörte zum Abiturjahrgang 42, von dem die meisten in den Krieg mußten. Er selber hatte Glück und begann sein Studium auf der Lehigh University in Bethlehem, Pennsylvania. Das bedeutete Abschied von Allentown, dem winzigen Nest, wo er aufgewachsen war. Ein US-Örtchen übrigens, das in allen US-Staaten bekannt ist, weil der Name stets verwendet wird, wenn ein Kaff am Ende der Welt charakterisiert werden soll, vergleichbar mit Begriffen wie Hintertupfingen oder Kleinkleckersdorf bei uns.

Während der vierjährigen Uni-Zeit und seiner Ausbildung zum Ingenieur versuchte Lee sein erstes Geschäft: ein kleiner Sandwich-Shop. Mit den bescheidenen Gewinnen beglich er seine Unkosten. Nach dem Hochschulabschluß verkaufte er seinen alten, verbeulten 60-PS-Ford für 450 Dollar mit 200 Dollar Gewinn. 1946 startete er seine Berufslaufbahn bei der Ford Motor Company als Praktikant: die Plattform für alle weiteren Schritte. Es folgten die ersten kleinen Erfolge und Rückschläge im Wechsel. Bis 1953 hatte er sich zum stellvertretenden Gebietsverkaufsleiter von Philadelphia hochgearbeitet.

In einer schwierigen Phase kam ihm eine glänzende Verkaufsidee. Jeder Kunde, der einen neuen 56er Ford kaufen wollte, sollte dazu die Chance erhalten, auch wenn er nicht über die finanziellen Mittel verfügte. Für eine bescheidene Anzahlung von 20 Prozent des Kaufpreises plus monatlicher Ratenzahlung von 56 Dollar konnte er sich das leisten. Lee erinnert sich: „Ich nannte meine Idee: 56 für 56." Das war eigentlich der Anlauf der Automobil-Kreditfinanzierung. Durch Lees Plan erhöhte sich der Absatz um sage und schreibe 75 000 Stück. Iacocca wurde erstmals gefeiert, stieg auf und wurde LKW-Marketing-Chef für die USA. Er wechselte nach Dearborn und traf den Ford-Präsidenten Robert McNamara (später US-Verteidigungsminister und Weltbank-Präsident). Lee war begeistert, er hält ihn noch heute für einen der intelligentesten Menschen der Erde. Und McNamara förderte aus Überzeugung den Jungmanager mit italienischem Stammbaum.

Aufgrund seines Engagements wurde Iacocca am selben Tag, als man John F. Kennedy zum Präsidenten der Vereinigten Staaten wählte, zum Vice President und General Manager der Ford Division ernannt. Erstmals traf er zu diesem Zeitpunkt mit Henry Ford II, dem letzten Autozaren, zusammen. Lee: „Wir schüttelten uns die Hände und führten ein richtiges Gespräch miteinander." Worüber sie sprachen, hat Lee vergessen. Die Jahre als Chef der Ford Division im Konzern bezeichnet der Manager als die glücklichsten seines Lebens. Maßgeblich war er am Erfolg des Mustang beteiligt. Allein die beiden ersten Produktionsjahre brachten durch das Konzept des komfortablen Sportwagens Nettogewinne in Höhe von 1,1 Milliarden Dollar. Und damals war die US-Währung noch dreimal so stark wie heute.

Die Rekorde purzelten, und Lee arbeitete sich in einen Rausch. Zwölf bis dreizehn Stunden war er in seinem Büro und in den Konferenzräumen. Damals prägte er den Spruch: „Das Tempo des Chefs diktiert das Tempo des Teams." Folgerichtig wurde Lee der Teamchef, der unermüdliche Antreiber, Präsident des Konzerns.

Am 10. Dezember 1970 bekam Lido Anthony Iacocca das Schreiben, mit dem die Berufung zum Präsidenten und damit zur Nummer zwei hinter Henry Ford offiziell wurde. „Weißt du, obwohl du es ja erwartet hast, zieht es dir vor Freude die Beine weg. Es war das tollste Weihnachtsgeschenk. Ich konnte ja nicht ahnen, wie sich die Dinge einmal entwickeln würden. Damals noch nicht." Er rief seine Frau an und seinen Vater in Allentown. Sie genossen den Augenblick ungetrübten Glücks.

Schon wenig später begann für die Motor-City eine schlimme Zeit. Die Folgen der Ölkrise ließen den Absatz bei GM (General Motors) um eineinhalb Millionen und bei Ford um 500 000 Fahrzeuge sinken. Die Japaner hatten Kleinwagen im Programm und verkauften diese „Benzinsparer" erstmals mit großem Erfolg. „Ich dachte mir als Instrument zum Gegensteuern das Programm ‚4 x 50' aus, um die Betriebskosten durch Eliminieren von vier Schwachstellen um je 50 Millionen Dollar zu senken: Designkosten, veraltete Fertigungsabläufe, mangelnde zeitliche Koordination, Produktkomplexität. In drei Jahren glichen wir schwächere Gewinne um 200 Millionen aus – ohne ein einziges Ford-Auto zusätzlich verkauft zu haben."

Vier Jahre später ziehen sich die ersten gravierenden Mißstimmungen im Top-Management wie ein Sommergewitter zusammen. Doch anders als in der Natur wird die Atmosphäre zwischen Lee und Firmenchef Henry II nach heftigem Donner nicht gereinigt. Die Verluste von 12 Millionen Dollar in einem Quartal, die zwangsläufige, peinliche Kürzung der Dividende und Meinungsverschiedenheiten über die Modellpolitik keimten zwischem dem König und seinem Kronprinzen. Henry Ford begann, alle Fehler in der Company öffentlich auf seinen Präsidenten abzuwälzen.

Schon 1975 – da ist Iacocca ganz sicher – „startete Ford eine ausgeheckte Vernichtungskampagne gegen mich." Lee kommentiert heute: „Da hätte ich kündigen sollen." Ein Fehler, aus dem Manager heute lernen können. Was selten vorkommt; Lee versinkt für einen Augenblick in Schweigen, grübelt.

Im Casino wurden die Spaghetti aufgetragen, in großen Schüsseln, wie bei Lee zu Hause. Dazu gab es Tomatensauce und kleine Kalbsschnitzel mit Käse und Basilikum. Der Kellner löffelte die Sauce über die Nudeln. Lee schenkte sich Wasser ein, ließ den Wein stehen. Er ißt, wie er spricht, schnell und mit großer Begeisterung. Da kleckerte Tomatensauce auf die Dunhill-Krawatte, er fluchte wie ein Landknecht. Laut und grollend. Eine Eigenart, über die sich Ford in der Zeit der engen Zusammenarbeit so häufig geärgert hatte. Sowohl diesen persönlichen Auseinandersetzungen als auch dem schmerzlichen Rauswurf im Juli 1978 widmete „Amerikas Zaubermeister", wie er gerne genannt wird, mehr als 100 Seiten in seinem Buch „Iacocca, eine amerikanische Karriere", von dem mehr als acht Millionen Exemplare in achtzehn Sprachen weltweit verkauft wurden. Sein zweites Buch, „Talking straight" („Mein amerikanischer Traum"), konnte daran bei weitem nicht anknüpfen. Vielleicht fehlte der besondere Zündstoff als Anreiz. Denn da war Lees Zorn über Ford schon weitgehend verraucht. Im ersten Band gipfelte die Wut in der Formulierung, daß die letzte Demütigung durch Henry Ford reichte, „um in mir Mordlust zu wecken".

Es ist erstaunlich zu sehen, wie der Karriere-Knick durch das Zerwürfnis, besser gesagt durch den totalen Einbruch, nach brillanten Jahren lupenreiner Aufwärtsentwicklung, zum eigentlichen Treibsatz für den letzten gewaltigen Höhenflug dieses außergewöhnlichen Menschen wurde. Über die entscheidenden Stunden und den spektakulärsten Rausschmiß in der Managergeschichte ist viel geschrieben und noch mehr erfunden worden. Unverfälscht im Originalton soll der Tag von Lee und Henry Ford geschildert werden. Lee tippte mir mit dem Zeigefinger auf die Brust. „Den exakten Ablauf des schlimmsten Augenblicks meines Lebens findest du in meinen Aufzeichnungen. Nimm das wörtlich, so war es wirklich." Hier also die Szene aus seiner Sicht: „Im Büro gab es an jenem Tag kein Anzeichen dafür, daß etwas nicht stimmte. Zu Mittag begann ich mich zu fragen, ob Keith Crain, Herausgeber der Automotive News, der mich vorgewarnt hatte, nicht falsch informiert worden sei. Aber kurz vor drei Uhr rief mich Henrys Sekretärin in sein Büro. ‚Jetzt ist es soweit', dachte ich.

Als ich in das Allerheiligste eintrat, saßen Henry und sein Bruder Bill an einem Konferenztisch aus Marmor mit einem ‚Ich rieche Scheiße'-Ausdruck auf ihren Gesichtern. Sie waren verkrampft und nervös. Ich fühlte mich seltsam entspannt. Ich hatte ja zum Glück einen Tip bekommen. Ich wußte, was geschehen würde. Dieses Treffen sollte es nur offiziell machen.

Ich hatte nicht erwartet, daß Bill bei der Entlassung dabei sein würde, aber es paßte ins Bild. Seine Anwesenheit sollte mir zeigen, daß dies nicht nur Henrys Entscheidung war, sondern eine der Familie. Bill war der größte Einzelaktionär des Konzerns, also hatte seine Anwesenheit auch eine politische Bedeutung. Wenn Bill mit der Entscheidung seines Bruders einverstanden war, blieb mir kein Ausweg offen.

Henry wollte außerdem einen Zeugen dabeihaben. Normalerweise delegierte er die Dreckarbeit, indem er andere Leute – am liebsten mich – seine Entlassungen für ihn vornehmen ließ. Aber dieses Mal war er auf sich gestellt. Mit Bill an seiner Seite war es für ihn wahrscheinlich leichter, mich hinauszubefördern.

Die Tatsache, daß Bill da war, verschaffte auch mir ein besseres Gefühl. Er war sowohl ein großer Fan von mir wie auch ein guter Freund. Er hatte mir bereits versprochen, sich für mich einzusetzen, falls es zum Schlimmsten kommen sollte, und wir beide wußten, daß das bevorstand. Ich wußte, daß ich nicht mit seiner uneingeschränkten Unterstützung rechnen konnte, weil Bill noch nie im Leben gegen Henry Ford aufgestanden war. Dennoch hatte ich einige Hoffnung, daß er eingreifen würde.

**Henry Ford sagte:
"Es ist etwas Persönliches"**

Als ich meinen Platz am Tisch einnahm, druckste Henry verlegen herum. Er hatte noch nie jemanden gefeuert, und er wußte nicht, wie er beginnen sollte. ‚Der Zeitpunkt ist gekommen, an dem ich die Dinge auf meine Weise regeln muß', sagte er schließlich. ‚Ich habe beschlossen, die Firma zu reorganisieren. So etwas tut man sehr ungern, aber man muß es trotzdem tun. Es war eine schöne Zusammenarbeit' – ich schaute ihn ungläubig an –, aber ich denke, du solltest gehen. Es ist das Beste für die Firma.'

Im Laufe unseres 45minütigen Gesprächs benutzte er kein einziges Mal das Wort ‚entlassen'. ‚Was soll das alles', fragte ich. Aber Henry konnte mir keinen Grund nennen. ‚Es ist etwas Persönliches', sagte er, ‚ich kann dir nicht mehr sagen. So ist das eben.' Aber ich blieb hartnäckig. Ich wollte ihn dazu zwingen, mir einen Grund zu nennen, weil ich wußte, daß er keinen guten Grund hatte. Schließlich zuckte er bloß die Achseln und sagte: ‚Nun, manchmal mag man jemanden einfach nicht.' Ich hatte nur noch eine Karte auszuspielen. ‚Und was ist mit Bill?' sagte ich. ‚Ich wüßte gerne, wie er darüber denkt.' ‚Ich habe mich bereits entschieden', sagte Henry. Ich war enttäuscht, aber nicht wirklich überrascht. Blut ist dicker als Wasser, und Bill war ein Teil der Dynastie.

‚Ich habe gewisse Rechte', sagte ich, ‚und ich hoffe, es wird keinen Streit darüber geben'. Ich war besorgt wegen meiner Pension und meiner fälligen Abfindung. ‚Darüber werden wir uns schon einigen', sagte Henry. Wir vereinbarten, daß ich offiziell mit Wirkung vom 15. Oktober 1978 aus dem Unternehmen ausscheiden würde, an meinem 54. Geburtstag. Wäre ich vor diesem Datum gegangen, hätte ich viele finanzielle Vorteile eingebüßt.

Bis zu diesem Punkt war unser Gespräch erstaunlich ruhig verlaufen. Jetzt legte ich los. Zu Henrys Nutz und Frommen zählte ich auf, was ich alles für die Ford Company erreicht hatte. Ich erinnerte Henry daran, daß wir gerade die zwei besten Jahre unserer Geschichte abgeschlossen hatten. Ich wollte, daß er genau wußte, was er da aufgab.

Als ich zum Ende kam, sagte ich: ‚Schau mich an.' Bis dahin war er nicht imstande gewesen, mir in die Augen zu schauen. Ich wurde nun lauter, weil ich begriff, daß dies unser letztes Gespräch sein würde.

‚Du hast den falschen Zeitpunkt gewählt', sagte ich. ‚Wir haben gerade zum zweitenmal hintereinander 1,8 Milliarden Dollar Gewinn gemacht. Das sind dreieinhalb Milliarden in den vergangenen zwei Jahren. (Wohlgemerkt, nach der geschilderten schwierigen Verlustphase.) Aber merk' dir meine Worte, Henry. Vielleicht erlebst du 1,8 Milliarden nie wieder. Und weißt du auch, warum? Weil du keine blasse Ahnung hast, wie wir das überhaupt geschafft haben!'

Das stimmte. Henry war ein echter Profi im Geldausgeben, aber er begriff nie, wo es herkam. Er saß einfach in seinem Elfenbeinturm und sagte: ‚Mein Gott, wir machen Geld!' Er war jeden Tag da, um herumzukommandieren, aber er hatte keine Idee, was die Maschinerie am Laufen hielt.

Gegen Ende des Treffens unternahm Bill eine ehrliche Anstrengung, seinen Bruder umzustimmen. Aber es war zu wenig, zu spät. Als wir Henrys Büro verließen, liefen Bill Tränen übers Gesicht. ‚Das hätte nicht geschehen dürfen', sagte er immer wieder. ‚Er ist skrupellos.'

Dann faßte er sich. ‚Du warst so cool da drin', sagte er. ‚Du warst 32 Jahre bei uns, und er nannte dir nicht einmal einen Grund. Du hast ihm wirklich eine Lektion erteilt. Sein Leben lang hat niemand so mit ihm geredet wie du eben jetzt. Ich wundere mich, daß er sich das überhaupt angehört hat.' ‚Danke, Bill', sagte ich. ‚Aber ich bin ein toter Mann, und ihr beide seid noch am Leben!' Bill ist ein guter Mensch, aber es galt immer: die Fords gegen den Rest der Welt. Dennoch blieben wir beide Freunde. Ich weiß, daß er wirklich wünschte, daß ich Präsident blieb – genauso wie er davon überzeugt war, nichts ändern zu können.

Als ich in mein Büro zurückkehrte, bekam ich Anrufe von Freunden und Kollegen, die sich erkundigen wollten. Anscheinend war meine Entlassung bereits bekannt geworden. Noch am gleichen Tag ließ Henry ein lakonisches Memo unter den leitenden Angestellten zirkulieren, das lediglich besagte: ‚Ab sofort sind Sie Philip Caldwell unterstellt.'"

Weil dieses Managerstück aus dem Tollhaus so außergewöhnlich ist, habe ich Henry Ford besucht und auch ihn nach seinen Erinnerungen befragt. Es wurde das letzte ausführliche Interview vor seinem Tod.

Der kleine, helle Raum im vierten Stock des Ford-Gästehauses, Grafton-Street, mitten in der teuersten Shopping-Ecke Londons, war wohnlich, aber bescheiden eingerichtet; ein Schreibtisch mit extragroßer Arbeitsplatte, eine Bücherwand mit einigen älteren Bildbänden und ein Stapel Fotoalben, verwelkte Blumen auf der Fensterbank. Das Arbeitszimmer von Henry Ford II im letzten Lebensabschnitt, wann immer er in Europa war.

Der Mann, der mehr als die Hälfte der 100jährigen Automobilgeschichte entscheidend mitgeprägt und Ford zum Weltbegriff gemacht hatte, empfing mich allein. Keiner der zahlreichen Vizepräsidenten war dabei, keiner der PR-Manager oder Referenten, die früher so dienstbeflissen um ihn herumgewieselt waren.

Henry Ford zog sein seidenes Einstecktuch aus der Brusttasche, um sich beim Einschütten nicht die Finger an der heißen Teekanne zu verbrennen. „Wir können gern über die Automobilgeschichte reden", sagte er. Wie eine Entschuldigung für mangelnde Kompetenz fügte der damals 70jährige hinzu: „Allerdings bin ich nicht mehr der Firmenlenker, nur noch Aktionär. Die Amerikaner haben keinerlei Bedarf an pensionierten Menschen, weder auf privater noch auf offizieller Ebene. Sicher ist das ein Fehler. Doch wenn sie sich einmal zur Ruhe setzen, haben sie tatsächlich jeden Einfluß verloren. Was sie vorher gemacht haben, ist unbedeutend. Es ist nicht zu verstehen, aber sie gelten nicht mal als weise, sondern werden als ein bißchen verrückt abgetan. Ich weiß nicht, warum es so ist, aber es ist wahr."

Der Enkel des Firmengründers stand auf, verschränkte die Hände auf dem Rücken und sah aus dem Fenster. Das Problem beschäftigte ihn. Nicht mehr gefragt zu werden, war so bitter für den König der Motor-City, dessen Name an allen Werken des zweitgrößten amerikanischen Automobilkonzerns leuchtet.

Ich ließ ihm die Ruhe, seinen Gedanken nachzuhängen, und erst, als er sich wieder gefangen hatte, tastete ich mich behutsam heran. „Mr. Ford, wie beurteilen Sie heute aus der heilenden Distanz der Zeit das Thema Iacocca?" Er schaute unfreundlich. „Warum, wieso soll ich an ihn denken?" Der Schreibtisch war zwischen uns. „Haben Sie sich damals gedemütigt gefühlt und vor aller Welt blamiert, oder waren Sie eher empört und wütend, als Sie von Iacoccas Memoiren hörten?" Allein schon die zweite Namensnennung „Iacocca" reizte bei Ford die Galle. Mit Widerwillen rang er sich ein knappes „Kein Kommentar" ab. Und durch die Frage, ob denn sein damaliger Präsident tatsächlich, wie er, Ford, behauptet hatte, mit der Mafia im Bunde war, fror jede Lust an diesem Thema ein: „Ich habe ihn gefeuert. Das ist lange her." Stunden später, nachdem wir über hundert andere Dinge gesprochen und seine Privatalben angeschaut hatten, als wir gemeinsam gelacht und er mit Heftklammern „geschossen" hatte, da fanden seine Gedanken ungesteuert zurück. Da sagte er plötzlich: „Ja, Mafia. Ich mochte ihn nicht. Jetzt kein Wort mehr über diesen Mann!"

Als die Essenszeit nahte, griff Ford zum Telefon, um herauszufinden, wo für ihn ein Platz zum Mittagessen reserviert sei. Ihm wurde beschieden, daß in dem ganzen Vier-Etagen-Bauwerk, das er vor 29 Jahren gekauft hatte, nirgendwo ein Zimmer zum Lunch frei sei: Meetings und Konferenzen. Schmerzlich für einen Mann, dem vor ein paar Jahren nur von livrierten Kellnern mit weißen Handschuhen die im Privatjet eingeflogene Seezunge aus Dover oder der Hamburger aus Ochsenfilet serviert wurde. Da half ihm auch Walter Hayes, zuletzt Vice-Chairman of Ford of Europe, nicht mehr, der später eines der vielen Henry-Ford-Bücher veröffentlichte und stets als sein Freund galt.

„Der Tod löscht jedes Zerwürfnis", sagte Lee, als er die Nachricht bekam, daß Henry Ford II im Cottage Hospital in Grosse Pointe

(Filiale des Henry Ford Hospital, Detroit) gestorben sei. „Unabhängig davon hatte ich meinen Frieden mit ihm längst gefunden. Ich hegte schon lange keinen Groll mehr. Die alten Wunden sind verheilt. Vielleicht glaubte er damals, für das Unternehmen das einzig Richtige zu tun, als er mich feuerte."

Der Vorgang vom 13. Juli 78 ist und bleibt die Schlüsselszene in der Karriere von Lee Iacocca, der Motivations-Treibsatz für außergewöhnliches Engagement. Sie macht ebenso deutlich, wie der Mann aus Allentown Rückschläge wegsteckt und sie überwindet. Mehr noch, er kann sie verdrängen und völlig tilgen. Auch in den weniger erfolgreichen späten achtziger Jahren und zu Beginn der neunziger war diese besondere Härte wiederholt gefordert. Privat traf es ihn hart. Seine Frau Mary starb 1983 an Diabetes, was ihn dazu veranlaßte, eine Stiftung zu gründen, die sich der Finanzierung von Heilungsmöglichkeiten verschrieb. Bei späteren Versuchen, mit nachfolgenden Partnerinnen ähnliche Harmonie wie mit Mary zu finden, war er weniger erfolgreich.

Fürchterlich geärgert hat ihn die undankbare Reaktion des Komitees zur Rettung der Freiheitsstatue. Wie alles, was er annahm, war das die wichtigste Sache der Stunde. Runde 300 Millionen Dollar sammelte „Mister America" für die Restaurierung der Miss Liberty. Sein Einsatzwille wurde als Musterbeispiel amerikanischen Engagements gewürdigt, dann setzte man ihm den Stuhl vor die Tür. Der Vorwurf, er habe zu viel vom Glanz dieses Symbols der Freiheit auf sich, das Symbol des Businesserfolgs, ableiten wollen, war ganz sicher völlig unsinnig, offiziell sprach man von einem „Konflikt". „Da kannst du so stark sein, wie du willst, es gibt Dinge, die lassen sich nicht beeinflussen, die bringst du nicht unter Kontrolle oder in die richtige Richtung."

Das gilt wohl auch für den Abschwung nach der automobilen Rekordphase, der aber im Gesamtrahmen der wirtschaftlichen Branchen-Situation zu sehen ist. Chrysler traf es noch härter als die beiden anderen der großen Drei, GM und Ford. Die Einbrüche bei den Verkaufszahlen wurden vom bröckelnden Profit noch in den Schatten gestellt. Der kräftige Ertragsrückgang hatte seine Ursache vor allem in außerordentlichen Aufwendungen für Marketing-Maßnahmen, die erforderlich waren, um die Kunden zu den Händlern zu locken. Bis zu mehreren tausend Dollar, je nach Modell, wurden im Wettbewerb um Marktanteile ausgeschüttet. Diese kostspielige Verkaufsmethode war durch keine Sparmaßnahme auszugleichen.

Mit dem Erwerb von American Motors hat überdies die Effizienz des Unternehmens, auf die Iacocca immer besonders stolz war, erheblich nachgelassen. Der break even point, das heißt die Zahl der Wagen, die Chrysler verkaufen muß, um die Kosten zu decken, erhöhte sich Finanzchef Zuckermann zufolge von 1,5 auf 1,9 Millionen Fahrzeuge.

Mit diesen Problemen schlug sich Lee herum und dachte sich außerdem Programme aus, um die Mitarbeiter zu noch stärkeren Anstrengungen zu bringen. Es sind nicht die feinsten Methoden, die in Detroit als „Manager-Roulette" bezeichnet werden. Iacocca verlangt von Führungskräften und Männern der zweiten Ebene, daß sie freiwillig auf zehn Prozent ihres Gehalts verzichten. Wenn die Firma das angestrebte Sparziel von einer Milliarde erreicht, bekommen die Leute für ihren Geldeinsatz oder, wie Iacocca es nennt, „fiktive Aktien", 200 Prozent der einbehaltenen Summe plus dem gestiegenen Aktienwert durch das verbesserte Gesamtergebnis zurück.

**Manager-Roulette für
die Sanierung der Firma**

Für die Frage nach dem Risiko, viel Geld zu verlieren, hat der Konzernchef nur ein Schmunzeln. Das sei der Sinn der Sache. Damit sollen sie zu größeren Anstrengungen angeregt werden: „Wir wollen einen neuen Geist in die Firma eingehen lassen und die Beamtenmentalität herausbringen. Die Idee ist doch, die Belegschaft psychologisch von Angestellten zu Mitbesitzern umzufunktionieren. Da sind sie mit einemmal bereit, die täglichen Verschwendungen abzubauen. Die Leute fahren nicht mehr zu allen möglichen Kongressen, die nur Spesen kosten und dem Unternehmen nichts bringen. Wer sein eigenes Geld einsetzt, kämpft in seinem Arbeitsbereich automatisch um jeden Dollar, damit es hinterher eine kräftige Auszahlung gibt."

System und Gedankenkonzept werden wohl etliche Nachahmer finden. Daß es alles andere als fair ist, danach fragt keiner. Lee sieht das ebenso als eine Sondermaßnahme in der Not wie die praktizierte Notwendigkeit, sein neues Feindbild, die Japaner, zu überwinden. Er beschließt, mit Honda eine Vertriebsgemeinschaft in Japan zu gründen, die den Verkauf von 5000 bis 6000 Jeeps verspricht, obwohl er die Konkurrenz aus Fernost im Grunde seines Herzens haßt wie der Teufel das Weihwasser.

Zum Schluß seiner Karriere macht der farbigste und populärste Automobilmanager noch einmal deutlich, daß ihm der Erfolg der Company tatsächlich über persönliche Vorteile geht. Eben das war von Kritikern häufig bezweifelt worden. Doch vor dem Hintergrund trister Zukunftsprognosen und der Tatsache, daß mit einem Schlag drei oder fünf Top-Manager die Company verließen und nur Robert Lutz fest zu ihm hielt, gab Lee Iacocca die so gerne laut geträumten Pläne vom geruhsamen Rentnerdasein im trauten Familienkreis auf.

Aus solchem Holz sind wohl nur Ausnahmepersönlichkeiten geschnitzt. Die Kommentare waren natürlich mal wieder typisch. Lee: „Der Kapitän steht ganz fest auf der Kommandobrücke und befiehlt alle Mann an Bord. Als ich bei Chrysler anfing, war das nicht auf eine bestimmte Zeit, sondern auf Dauer. Und mit 65 zählt man nicht zum alten Eisen." Und im Fernsehen gab er zum Besten: „Auf dem Automobilmarkt ist eine Vernichtungsschlacht entbrannt. Ich werde meine Truppen in einer solchen Phase doch nicht im Stich lassen." Auf die interessantesten Aussagen im Wortlaut zu verzichten wäre unverzeihlich. Fragen und Antworten sind aus mehreren Gesprächen zusammengestellt:

Den richtigen Zeitpunkt für einen Schnitt verpassen viele auf der Karriereleiter. Warum haben Sie damals bei Ford nicht gekündigt, als die Anzeichen Ihrer Demontage deutlich erkennbar waren?

Iacocca: Eine Frage, die ich mir hundertmal gestellt habe. Wenn ich ganz ehrlich sein soll, habe ich es zu sehr genossen, Präsident zu sein. Ich war glücklich über die Privilegien des Präsidenten, das Jahresgehalt, die Kellner in Weiß und was alles dazugehört. Das hat mich blind gemacht und die Realität verdrängen lassen. Von den sieben Todsünden, davon bin ich heute überzeugt, ist auch im Managerleben Habgier die schlimmste.

Sie werden gerne als der Mann „mit dem goldenen Arm" bezeichnet. Wie sehen Sie sich selber, als genialer Ingenieur, Manager oder Verkäufer?

Iacocca: Ich hoffe, daß man nach meinem Tod sagen wird, er war ein Führer. Jemand, der Menschen motivieren konnte. Denn nur darauf kommt's an. Professionelle Manager sind Dutzendware. Verkäufer gibt's millionenfach. Wenn einem eine Arbeit wirklich Spaß macht, besteht die Chance, automatisch erstklassig zu werden. Man muß dazu nicht ein Genie sein, sondern leidenschaftlich engagiert.

Sie sind in der Vergangenheit überaus kritisch gegenüber japanischen Auto-Importen in die USA gewesen und haben eine Importsteuer für japanische Autos gefordert. Auch heute noch?

Iacocca: Mich interessiert zunächst nur, was meine Regierung tut, und nicht, was andere tun. Japan und Deutschland handeln, wie jede gute Nation, zunächst in eigenem Interesse. Amerika ist vom Wege abgekommen. Die Hälfte unserer Schulden ist wahrscheinlich in fremden Händen. Ich denke, daß es Zeit ist, zur Vernunft zu kommen und zu sagen: Wir müssen, unabhängig von Wechselkurs-Fluktuationen auf dem Auf und Ab der Zinsraten, unsere Handelsbilanz ausgleichen, sonst wird es unfair.

Und der Grund, warum ich mich auf die Japaner konzentriere: Sie haben keinen offenen Markt. Sie sind eine geschlossene Gesellschaft. Und wenn sie sagen, sie akzeptieren zukünftig Importe anderer Automarken, dann werden sie mit versteckten Auflagen und Ärgernissen tricksen.

Das hindert Sie aber nicht, mit ihnen zusammenzuarbeiten...

Iacocca: Nur wenn es Chrysler hilft. Wir haben beispielsweise einen Aktienanteil an Mitsubishi, planen auch mit Honda. Kooperationen helfen, die gewaltigen Kosten zu reduzieren.

Was haben die Amerikaner für Fehler gemacht, daß ihre Produkte außerhalb der USA belächelt wurden?

Iacocca: Nein, ich würde nicht Fehler sagen. Das ist eine typisch europäische Bewertung. Die amerikanischen Marktbedingungen waren so spezifisch, daß ein Auto aus Detroit einfach nirgendwo sonst in der Welt gepaßt hätte. Es war zu groß, zu schwer und auf niedrige Geschwindigkeiten ausgelegt. Jeder kann sich aber davon überzeugen, daß das heute überhaupt nicht mehr gilt.

Angesichts des gewaltigen Haushaltsdefizits haben Sie einen „Marshallplan" vorgeschlagen, um die USA in gleicher Weise fit zu machen, wie es mit Europa Ende der 40er Jahre geschah. Sieht es so schlimm aus?

Iacocca: Um einige Industriezweige und um die Landwirtschaft steht es wirklich schlecht. Mit Stahl geht es abwärts, Öl ist in Gefahr, Werkzeugmaschinen sind ohne Markt, die Auto-Industrie ist schweren Attacken ausgesetzt. Man fragt sich, wer ist der Nächste? Ich glaube, Regierung, Industrie und Gewerkschaften müssen sich zusammensetzen. Mir ist das Ergebnis solcher Gespräche klar: Wir müssen versuchen, wettbewerbsfähig zu sein und effektiver zu werden.

Wie bewerten Sie die Situation, daß viele US-Unternehmen Konkurs anmelden oder in solchen Schwierigkeiten sind, daß sie nur durch finanzielle Kunstgriffe über Wasser gehalten werden?

Iacocca: Erfahrungsgemäß versteigern Banken das Vermögen kleiner Schuldner ohne sonderliche Umstände, wenn diese mit der Zahlung der Hypothek in Rückstand geraten. Wer dagegen mit einigen Milliarden in der Kreide steht, darf immer mit voller Unterstützung rechnen, weil eine Pleite auch für die Banken mit enormem Verlust verbunden wäre. So sind die Dinge nun einmal.

Wie sehen Sie das mit der allgemeinen Altersgrenze? Müssen Top-Leute tatsächlich mit 65 ausrangiert werden?

Iacocca: Die meisten US-Firmen stehen auf diesem Standpunkt. Für mich eine unmögliche Vorstellung. Als wenn Alter etwas Böses, Unheildrohendes wäre. Im Orient denkt man, je länger einer lebt, desto klüger wird er. Ich spreche jetzt nur von den Firmen, nicht von den Problemen der Älteren, von ihrer Einsamkeit und wie sie das wegstecken, plötzlich nicht mehr gefragt zu sein. Für mich sind nur die geistige Fitness und die Gesundheit ausschlaggebend.

Bevorzugen Sie bei Ihren Führungskräften eigentlich Praktiker oder extrem kluge Köpfe, die eher für theoretische Philosophien gut sind?

Iacocca: Führungskräfte mit zu viel akademischer Bildung bremsen sich bei ihrer Entscheidungsfindung durch zu viel Nachdenken selber ab. Sie wollen erst handeln, wenn alle erdenkbaren Fakten vorliegen. Praktiker dagegen entscheiden sofort, wenn sie 95 Prozent Überblick haben und die restlichen fünf Prozent erst in einem halben Jahr bekommen. Das ist ein Grund, warum ich Praktiker bevorzuge. Sie haben mehr Gefühl für das Geheimnis des Lebens – Timing.

Wie wichtig ist Ihnen Teamarbeit?

Iacocca: Zu viele in den Führungsetagen haben einfach nicht die Fähigkeit, mit Menschen umzugehen. Das aber ist für mich entscheidend. Sie hantieren nicht mit Hunden, nicht mit Affen, sondern mit Menschen. Nur im Team läßt sich auf Dauer erfolgreich arbeiten. Ein Hauptgrund, warum fähige Leute nicht vorankommen, ist, daß sie mit ihren Kollegen nicht vernünftig zusammenarbeiten können.

Sie haben einmal gesagt: Laßt uns dafür sorgen, daß Amerika wieder etwas bedeutet. Was sollte Amerika bedeuten?

Iacocca: Amerikaner sollten sich wieder an die Arbeit machen. Wir können uns nicht damit begnügen, Papier hin- und herzuschieben und eine Dienstleistungsgesellschaft zu werden wie England. Das würde uns zu einer zweitrangigen Nation machen. Wir müssen uns auf Dinge konzentrieren, die Jobs schaffen. Wir brauchen eine industrielle Basis und nicht eine finanzielle, die fremde Industrien unterstützt. Die letzte Nation, die gegenüber dem Rest der Welt ein Handelsübergewicht hatte, wie es heute Japan besitzt, war die USA. Doch das ist verdammt lange her. 43 Jahre.

Empfinden Sie Bezüge in der Höhe, wie Sie sie bekommen haben, als angemessen, als gerade noch vertretbar oder unverantwortlich hoch?

Iacocca: Ist ein Dollar zu viel? Das ist die Summe, die ich in den Jahren der Sanierung beansprucht habe. Heute werde ich angemessen bezahlt, in der Größenordnung anderer Vorstandsvorsitzender in der Industrie. Die tatsächliche Höhe ist kein Geheimnis, die kann man nachlesen.

Wenn Sie Ihre Traumkarriere im Rückblick sehen, was war der berauschendste Augenblick mit der Erkenntnis, jetzt hast du es geschafft.

Iacocca: Davon gab es einige. Wenn ich eine angestrebte Stufe erreicht hatte, konnte ich mich richtig freuen. Über den vorläufigen Erfolg habe ich allerdings nie den großen aus den Augen verloren. Zwei Beispiele möchte ich nennen, die über allen anderen stehen: Als ich Ford-Präsident wurde und Henry mich mit der Ernennungsurkunde allein ließ. Die zweite außergewöhnliche Genugtuung empfand ich, als wir den ersten Gewinn bei Chrysler errechnet hatten.

Lee Iacoccas Managerweisheiten und Gedanken über Führungsstil sind klar, einfach, unkompliziert und darum so leicht nachvollziehbar. Machbare Hilfen im Alltag anstelle von überhöhten, wenig praxisbezogenen Philosophien. Ein paar Beispiele zum Schluß:

„Ein Spitzenmanager hat zwei Aufgaben. Die erste besteht in der Fähigkeit, gute Leute aufzutreiben, die ihm bei der Organisation des Unternehmens helfen. Die zweite besteht darin, Gewinn zu machen. Um Gewinn machen zu können, braucht ein Spitzenmanager eine Orientierungshilfe, deshalb sorgt er für einen Etat und richtet sich danach."

„Wollen Sie jemanden in Ihrem Team loben, dann tun Sie es schriftlich. Wollen Sie ihn zusammenscheißen, tun Sie es am Telefon."

„Wenn Ihre Mitarbeiter ein Ziel erreicht haben, sollten sie mit freundlichen Worten belohnt werden. Geld oder Beförderung sind konkrete Mittel, mit denen ein Unternehmen jemandem bescheinigen kann, daß er/sie der/die wertvollste Mitarbeiter/in ist."

„Für junge Leute auf dem Weg nach oben sollte die Aufgabe und die Herausforderung im Zentrum des Strebens stehen. Zu häufig sind heute die Bezüge und materiellen Vorteile die einzige Motivation."

Sätze wie aus der Manager-Fibel, geschrieben vom „Superstar der Bosse". Die haben über seine aktive Zeit hinaus Bestand. In seiner direkten Art hat er keinen Hehl daraus gemacht, daß er gerne noch ein paar Jahre im Amt geblieben wäre, aber der Verwaltungsrat der Chrysler Corporation hatte 1992 beschlossen, den Vertrag des damals 68jährigen nicht mehr zu verlängern. So wechselte Lee in den Verwaltungsrat, der mit unserem Aufsichtsrat vergleichbar ist. Doch aus dem sogenannten Ruhestand wird eher ein „Unruhe-Stand". So bleibt er Chef des Executivkomitees und hat eine Vielzahl von Angeboten, seine Talente andernorts zu entfalten: als Honorarprofessor, Berater, Manager. Es wurde ihm angeboten, Chef der traditionsreichen, aber flügellahmen Airline TWA zu werden. Das allerdings lehnte er ab.

Zum Abschied von Chrysler hatte er nochmal einen großen Zahltag: Er kassierte 14,6 Millionen Dollar an Vergütungen. Der größte Anteil davon – 250 000 Aktien, die etwa 8,5 Millionen Dollar wert sind – waren Teil eines Abkommens zwischen Iacocca und den Mitgliedern des Vorstandes. Eine kräftige Summe. Doch Geld, so what, Iacocca hat genügend eingenommen. Wichtiger ist ihm, daß er mit seiner Prognose wieder einmal Recht behalten hat, mit seiner Prophezeiung des programmierten Aufschwungs: Im ersten Halbjahr '93 machte Chrysler erstmals nach der Durststrecke Gewinne. Lee registrierte es mit Schmunzeln und Zufriedenheit.

VIII

ELKE ANDRZEJEWSKI

ELKE ANDRZEJEWSKI

Mit Schulden gestartet – Millionen erarbeitet

Ein sanfter Wind vom Pazifik kräuselt die Wellen, zieht Abendkühle über den von der Tagesglut aufgeheizten Malibu-Strand. Elke Andrzejewski liebt diese Stunde. Sie hat einen Pullover mit bunten Sternen und Sonnen auf schwarzem Untergrund über den einteiligen Badeanzug gestreift. Eigenes Design. Die ungebändigten langen blonden Haare bieten farblich einen appetitlichen Kontrast. Gut gelaunt steigt die sportliche Frau zur Straße hoch. Auf den Stufen führt ein Pantomime mit schwarz und weiß geschminktem Gesicht einem kleinen Publikum seine Kunststücke vor. Als Elke vorbeigeht, hört sie Gelächter, und als sie sich umdreht, imitiert der Pantomime ihren Gang. Sie bleibt schmunzelnd stehen, da verbeugt sich der Darsteller und schwenkt den Hut. Elke verneigt sich ebenfalls und wirft ihm lachend einen Quarter zu.

Im Kopf der gebürtigen Deutschen formt sich in diesem Augenblick eine Idee, die Linie eines Kostüms. Die Schwalbenschwanzschöße des Fracks, die weiße Hemdbrust haben Elke in Sekundenschnelle inspiriert. Sie spielt mit diesem Gedanken, setzt Gesehenes in machbaren Damenschick um, hält die Varianten fest, die ihr dazu einfallen, ohne sie auf Papier skizzieren zu müssen.

Junge Leute eilen auf Rollschuhen vorbei, winken ihr zu, während sie zum Auto schlendert. Elke Andrzejewski ist Modeschöpferin in Los Angeles. Anregungen für Entwürfe findet sie überall und zu jeder Zeit. Von der swingenden Westküste trat ihre Damenkollektion mit dem Markenzeichen „ZOE" den Siegeszug über den Kontinent an.

Sie öffnet die Wagentür des weinroten MG Roadsters, schlägt das Stoffverdeck zurück, schaltet das Radio ein und startet den Motor. Eine mechanische Folge von Handgriffen. Vergnügt summt sie die Melodie mit: „Hand in Hand". Sie liebt das rauhe Dröhnen des englischen Triebwerkes, wenn es auf Touren kommt. Obwohl er schon etliche Jahre alt ist, hängt der britische Klassiker gut am Gas. Elke Andrzejewski beschleunigt, biegt auf den Pacific Coast Highway ein, fährt Richtung Santa Monica.

Während sie im Vier-Fahrspuren-Verkehrsfluß dahingleitet, fällt ihr spontan die Geschichte ein, wie sie zu diesem männlich harten Sportwagen gekommen ist. Es war purer Zufall: Persis Khambatta, eine junge Hollywood-Schauspielerin mit bescheidenem Erfolg, bevor ihr als glatzköpfige Prinzessin in „Star Track" der Durchbruch gelang, hatte Elke auf einer Party kennengelernt. Als die Darstellerin hörte, daß ihre Gesprächspartnerin Mode entwirft, klatschte sie begeistert in die Hände: „Dann mach mir doch mein Hochzeitskleid. Ich heirate in einem Monat." Ausgefallen sollte es sein, wertvoll und teuer aussehen – nur Bargeld, um es bezahlen zu können, hatte Persis nicht. Zum Ausgleich schlug die Kalifornierin einen Tausch vor: Ihr Cabrio, das sie nun nicht mehr brauche, weil sie doch den Mercedes ihres Zukünftigen zur Verfügung habe, als Gegenleistung für den Entwurf und Materialkosten.

Elke schlug lachend ein. Aus weißer und violetter Seide zauberte sie ein zweiteiliges Kostüm und einen Mantel, der von eingewebten Goldfäden glänzte. Glückliche, schöne Braut, zufriedene Modeschöpferin. Es wurde ein Erfolg für beide. Die Los Angeles Times druckte ein Foto als „Hochzeitskleid des Jahres". Vom Auftrag und von der sonderbaren Bezahlung wurde nicht berichtet, weil keiner davon wußte. Aber das wäre die wirklich ungewöhnliche Story gewesen.

Ungewöhnlich ist fast alles an Elke Andrzejewski und ihrer Geschichte. Das meiste, was sie anpackt, sprengt herkömmliche Denkmuster. Sie hebt sich in jeder Beziehung deutlich von der harten Ellenbogen-Gesellschaft der männlichen Senkrechtstarter ab. Mehr als einmal hat sie bewiesen, daß man auch mit Sanftheit und Charme einen steinharten Weg zu pflastern vermag, wenn man nur unbeirrt seine klar umrissenen Ziele verfolgt. Obwohl ihre Firma mit dem Markennamen „ZOE" floriert, Elkes Kreativität überall in den USA bewundert wird, hält sie ihr Unternehmen und alle Geschäfte ganz bewußt im überschaubaren Rahmen.

Von Partnern in der Geschäftsleitung, auch von Teilhabern, hat sie die Nase voll, zu sprunghafte Wachstumsraten, von anderen als wichtigstes Ziel angestrebt, sind ihr eher unheimlich. Daraus macht sie keinen Hehl. Jährlich „nur" zwei Millionen Dollar Profit, die sie aus dem Nichts geschaffen hat, reihen sie in die Garde der Selfmade-Millionäre ein. Dabei ist sie eine durch und durch zufriedene Frau geblieben, weil sie ihr Leben nicht dem Gigantismus von Millionensprüngen auslieferte.

Der Wert ihres Unternehmens richtet sich heute danach, ob sie selber als wichtigster Bestandteil, als Ideen-Lieferant mit eingebunden ist oder nicht, dementsprechend schwankt die Taxierung zwischen zehn und 20 Millionen Dollar. Über Werte und Zahlen redet sie nicht gerne. Natürlich, Geld muß man haben, aber es bedeutet für sie nicht die entscheidende Motivation zur Arbeit. Elke Andrzejewski legt mehr Wert auf Anerkennung ihrer künstlerischen Fähigkeiten, ihrer Kreativität als auf Gewinnmaximierung. Wenn sie ausschließlich das Geldverdienen forcieren würde, könnte sie vielleicht die Umsatzmilliarden von Ralph Laurens „Polo" erreichen. „You're kidding", sagt sie, als ich sie darauf anspreche, und winkt ab. „Wozu das Ganze, wo ist der plausible Unterschied zwischen fünf und fünfzehn Millionen Dollar?"

Außergewöhnliche Karrieren zu machen, ist für Frauen in den USA heute nicht mehr ungewöhnlich; zumindest in Europa aber haftet ihrem Streben nach Erfolg und Macht jedoch immer noch der männliche Gedanke von etwas „Ungehörigem, Unerwünschtem" an. Aus dem Denkrahmen fallen weibliche Höhenflüge allemal. Das wird auch daran deutlich, daß bei uns nur rund drei Prozent aller Spitzenpositionen in Wirtschaft und Wissenschaft mit Frauen besetzt sind.

Die Wahl-Kalifornierin aus Köln glaubt unverrückbare männliche Vorurteile als Ursache zu erkennen: „Siehst du als Frau zu gut aus oder bist du in deiner ganzen Art betont fraulich", überlegt sie, „folgert man in Deutschland sofort, du hast zu wenig Hirn. Mit dem Urteil ‚dummes Blondchen' ist man schnell bei der Hand. Sind Frauen resolut, werden sie als zu männlich und verhärmt abqualifiziert."

Elke hat ihren Typ nie aufgegeben, obwohl sie prächtig in die erste Schablone passen würde: volle blonde Haare, grüne Augen, schöner, sinnlicher Mund. Wer sich allerdings durch diese Optik, das allzeit freundliche Lächeln und ihre gewinnende Art fehlleiten läßt und die Modeschöpferin unterschätzt, kann sein blaues Wunder erleben. Sie drückt ihre Vorstellungen, wie gesagt, nie mit grimmiger Härte, aber mit stets gleichbleibender Konsequenz durch. Und dieser unverrückbaren Entschlossenheit sind nur ganz wenige männliche Geschäftspartner gewachsen.

Sicherlich wurde Mrs. ZOE dadurch geprägt, daß sie eigentlich immer auf sich allein gestellt war, daß sie die Starke sein mußte, der Partner, an den sich andere anlehnen wollten. Aber die Art und Weise, wie sie reagiert, hat auch damit zu tun, daß Team-Denken und Delegieren, wie sie selber sagt, die absoluten Schwachstellen in ihrem Charakterbild sind. Und das vom Anfang ihrer Karriere an.

Leicht hatte es die heute Vierzigjährige nie, nicht in der Aufbauphase der Firma mit der Drei-Buchstaben-Konstruktion und auch nicht während der Schulzeit. Geboren und aufgewachsen ist sie im Kölner Stadtteil Riehl, der nicht zu den noblen Vierteln der Domstadt gehört. Ihr Vater, ein Zuchtvieh-Auktionator, hatte sich nach der ersten Tochter unbedingt einen Sohn gewünscht. Statt dessen kam mit Elke die Enttäuschung. Die Folgen hat sie so in Erinnerung: „Ich wurde wie ein Junge erzogen, und ich sollte unbedingt ‚etwas Richtiges studieren‘, Physik oder Mathematik. Maskuline Sicherheit war angesagt. Ich war aber in der Schule äußerst schwach, ausgerechnet mein Englisch war schauderhaft, und in Deutsch hagelte es Fünfer. Mein Vater war ganz schön sauer, ja, unversöhnlich, als ich mit 16 im Gymnasium endgültig aufgab, weil ich das Abitur nie geschafft hätte."

In dieser Phase „danach" beschäftigte sich die Kölnerin mit zwei Dingen, die sie heute in ihrem Leben für wichtig ansieht: mit dem Kreieren von Damenkollektionen und dem Erstellen von Kochrezepten. „Mode", sagt sie, „das war für meinen Vater nichts Richtiges, ausschließlich versponnene Jungmädchenträume, die man nicht unterstützen sollte." Doch Herr Weber aus Köln-Riehl war schließlich der erste Mann, der vor Elkes sanfter Beharrlichkeit die Waffen strecken mußte.

Nach dem obligatorischen Praktikumsjahr in der Kölner Kleiderfabrik Herbert Lech erreichte man im Familienrat Übereinstimmung, daß die Tochter in die nahe gelegene deutsche Mode-Metropole Düsseldorf umsiedeln durfte. Nur 45 Minuten Fahrzeit von zu Hause, da blieb sie, wenn nötig, immer noch im Zugriff der Familie.

Sie studierte drei Jahre an der Fachschule, heiratete einen Modefotografen und richtete sich in der Wohnung ein Studio ein, in dem sie schon während der Lehrjahre Kleider entwarf und selber fertigte. In dieser Zeit wurde auch der Markenname „ZOE" geboren, der heute in den Kaufhausketten zwischen der Ost- und Westküste Amerikas, in Mexico und Kanada ein Begriff ist.

**Nach dem Praktikum
begann bereits der Aufbau**

Sie hatte mal wieder für Freundinnen gekocht, man hockte zusammen und blätterte französische Modejournale durch. Aus Spaß begannen die durch Fotos und Skizzen angeregten jungen Damen dann, an den Buchstabenfolgen für ein Markenzeichen zu basteln. Während Elke die letzte Reserveflasche Bourgogne Blanc entkorkte, kam man über langweilige Fehlversuche wie CHIC und ZAC zu ZOE, was eine gewisse Ähnlichkeit mit den Vokalen in „Lorenzo" hat. Wie elektrisiert sprang sie hoch: „Das ist genau, was ich meine, ZOE ist riesig. Weil es so geheimnisvoll und auch ein bißchen französisch klingt." Noch heute, Jahre später, ist sie davon gleichermaßen überzeugt.

So klar und unbeirrbar Elkes Vorstellungen waren und sind, wenn es ums Geschäft geht, so unsicher und stets zweifelnd packte sie die Dinge in ihrem Privatleben an. Mit Ehemann eins gab es damals eigentlich keine Probleme, doch sie fühlte sich verstärkt zu einer neuen Liebe, einem amerikanischen Sunnyboy, hingezogen. Drew Lesso hieß der Knabe und war Student an der Kölner Musikhochschule bei Prof. Stockhausen. Die Designerin pendelte hin und her, ohne sich entscheiden zu können. Schließlich suchte sie massive Orientierungshilfe von außen, was ihre Verwirrung mehr als deutlich macht. Sie fuhr nach Bonn zur Wahrsagerin Buchela. Für ein Honorar von 200 Mark sollte die ihr mit dem entscheidenden Blick in die Zukunft die Qual der Wahl nehmen. Für die „Seherin von Bonn" lagen die Dinge eindeutig: „Bleiben Sie bei dem Deutschen, der liebt Sie wirklich. Der Amerikaner amüsiert sich nur mit Ihnen." Und dann fügte die alte Dame noch einen Satz zur Verstärkung hinzu, der aber entscheidende Folgen in die umgekehrte Richtung haben sollte: „Der Herausforderung einer Übersiedlung nach Amerika und der damit verbundenen Umstellung wären Sie nicht gewachsen." „Nicht gewachsen", das blieb haften und arbeitete und wurmte ohne Unterlaß. Im Prinzip war damit die Entscheidung zugunsten des Amerikaners gefallen, Ehemann Nr. 1 wurde abgekoppelt.

„Als Drew ein Schallplattenvertrag in den USA angeboten wurde, mußten wir uns von heute auf morgen entscheiden. Unmittelbar nach meiner Scheidung – mein erster Mann bekam alles bis auf meine Kleider und die Namensetiketten – brannte ich mit ihm durch. Meinen Eltern sagte ich nur, ich wollte Urlaub in den USA machen."

**Frauen müssen zuerst
Vorurteile überwinden**

Die Hoffnung, an der Seite eines aufstrebenden und bald schon großen Künstlers zu leben, zerschlug sich allerdings schnell. Aus dem Platten-Vertrag wurde nichts, und irgendwie mußte man nun Geld verdienen, um satt zu werden. Das Paar lebte durch Gelegenheitsarbeit von der Hand in den Mund.

Nach sechs Monaten war das Besuchervisum abgelaufen, und Elke Rummler, geborene Weber, heiratete, schon mehr aus Kalkül, Herrn Lesso. Während er zu Hause saß, lief sie sich die Hacken ab, um einen Designer-Job zu finden. Nach ein paar Monaten hatte sie die Nase voll und beschloß, sich selbständig zu machen. „Mein ganzes Kapital waren die 5000 Etiketten mit dem ZOE-Aufdruck, die ich in selbstentworfene Kleider nähte und in einem kleinen Ladenlokal in L.A. verkaufte." Der zweite Schritt: „Für 5000 Dollar, die ich als Bankkredit ohne viel Fragen bekommen hatte, kaufte ich Stoffe." Das ist noch so ein Punkt, den sie heraushebt, wenn sie ihren Erinnerungen nachhängt: „Ich war heilfroh, daß man mir überhaupt dieses notwendige Startkapital gab. In Deutschland wäre das für einen Neuankömmling ohne jede Sicherheit niemals möglich."

Ihre Erfahrung wird durch das Beispiel unterstrichen, das eine Export-Kauffrau für Audiogeräte im selben Jahr in London machte. Sie hieß Gisela Burg und hat inzwischen ebenfalls die höchste Sprosse auf der Karriereleiter erreicht. Als sie damals in der britischen Metropole eine Firma gründen wollte, fehlte wie bei der Modeschöpferin das nötige Startkapital. Mit einem genauen „Geschäftsplan" im Täschchen marschierte Gisela Burg zu Barclay's, Großbritanniens größter Bank, und bat um einen Kredit in Höhe von 500 Pfund. Der ergraute Filialleiter sah ihr nicht nur in die Augen, sondern auch in ihr Präsentationspapier. Sein Vorschlag: „Suchen Sie sich einen netten Mann und heiraten Sie ihn. Geben Sie das Vorhaben auf, das Aufgabengebiet ist für eine Frau zu hart." In dieser Aussage wird der Unterschied zwischen den USA und dem europäischen Denken, wenn es ums liebe Geld geht, ganz besonders deutlich. Gisela Burgs Firma, heute ein Unternehmen von internationalem Rang, beliefert die halbe Welt und „beschallte" unter anderem das Olympische Stadion in Seoul. Verträge mit China über die Ausrüstung von Sportanlagen in Kanton und Shanghai sind unterschrieben; verhandelt wird über eine Großanlage in Indonesien. Möglich wurde alles, weil Freunde ein Darlehen gaben.

Zurück zu Elke Andrzejewski, vormals Lesso und Rummler, geborene Weber. Sie verpflichtete mit den neuen finanziellen Möglichkeiten erst einmal eine Näherei, die Auftragsproduktionen durchführte, dann eine zweite. Sie eröffnete zur gleichen Zeit auch einen weiteren Laden in Los Angeles, wo die Modelle verkauft wurden. Nach und nach stellte sie 20 Schneider und Hilfskräfte ein – Mexikaner, Chinesen, Koreaner und Philippinos – und entwarf an die 60 Modelle. Zuerst quer durch alle Altersklassen, dann konzentrierte sie sich auf die Sparte „Contemporary Junior" (zeitgenössisch jugendlich). Ihre liebste Farbe in den „Gründerjahren": Schwarz – die einzige, die sie für die eigene Garderobe akzeptierte. Heute schmunzelt sie darüber.

Sie schuftete rund um die Uhr, ließ sich abends bei Einladungen oder in Lokalen inspirieren, genierte sich aber, Notizen oder Skizzen zu machen. Das hat sich bis heute nicht geändert: „Es würde mir einfach zu wichtigtuerisch aussehen, wenn ich mir da ein paar Scribbles oder Gedanken notieren würde. So mühte und so mühe ich mich, Ideen und Vorstellungen im Gedächtnis zu behalten. Zu Hause werden diese Anregungen sofort zu Papier gebracht."

In der Mode hat das Jahr fünf Jahreszeiten. Zwischen Sommer und Herbst gibt es noch eine sogenannte Cruise Line. Das bedeutet in der

Praxis, fünf mal 60 fertige Modelle müssen angeboten werden. Die gesamte Kollektion ist dreimal so umfassend. Für 180 Teile braucht sie mindestens dreimal so viele gute Ideen, nahezu in gleicher Zahl werden Studien geschneidert. Das verlangt oft Tag- und Nachtarbeit. Mit zunehmendem Absatz baute die Modeschöpferin ein durchdachtes Netz von sogenannten „Zwischenmeistern" auf, die in Auftragsproduktionen Kleider, Röcke, Blusen, T-Shirts, Hosen und Badeanzüge nach strengen Vorgaben exakt fertigten.

Noch so sorgfältige und ordentliche Arbeit, preußisch genaues Einhalten von Lieferzeiten und steigende Akzeptanz beim Kunden hätten allerdings allein nicht bewirken können, daß die sympathische Frau aus dem Mittelmaß einer Hundertschaft vergleichbarer Boutiquebetriebe herausgekommen wäre. Zum Glück hatte sie schnell erkannt, worauf es in Amerika mindestens ebenso ankommt. Sie beauftragte eine PR-Agentur, ihren Namen in Umlauf zu bringen. Für ein Honorar, das sie anfangs schockte, kamen ihre Modelle ins Fernsehen, hatte sie die Chance, ihre Philosophie in Talk-Shows zu präsentieren. Für Modezeitschriften war sie ein dankbares Objekt.

Die entscheidenden Tage waren jeweils ein Samstag im März in zwei aufeinanderfolgenden Jahren. „Vogue macht in Los Angeles die Super-Designer-Modenschau, die in der Branche mehr Aufmerksamkeit findet als irgendeine andere Veranstaltung." Als sie das erzählt, sitzen wir beim Lunch im Regent Hotel, Beverly Wilshire. Elke unterbricht sich, trinkt von ihrem Mondavi-Chardonnay, der im modernen Café mit den großen Fensterfronten serviert wird, lächelt. „Ich habe das noch nie erzählt." Das dritte Glas löst die Zunge. Sie wartet, bis der Kellner außer Hörweite ist, und plaudert: „Als damals unbekannte Modemacherin hatte ich null Chance, zu einer solchen Show eingeladen zu werden, nicht mal als Zuschauerin konnte ich dabei sein. Die Eintrittskarten wurden unter der Hand vertrieben. Da habe ich mir in einer Schnelldruckerei einen deutschen Presseausweis machen lassen und mich als Korrespondentin des Deutschen Modekuriers akkreditieren lassen. Der Aufwand hat sich gelohnt. Ich war total begeistert von den gertenschlanken, umwerfend eleganten Modellen, von der Atmosphäre, den Leuten, kurz, es war ein Traum für neue Träume." Der Gag der Story ist wiederum nur in den USA denkbar. Ein Jahr später bei der gleichen Veranstaltung mit all dem Glanz war Elke mit ihrer ZOE-Kollektion bereits der Superstar. Beifallumrauscht nahm sie den Blütenstrauß mit weißen Orchideen und Lilien entgegen. Wie ein Blitzschlag traf es sie in dieser Sekunde da oben auf der Bühne: „Das ist der Durchbruch, du hast es geschafft."

Das Presse-Echo am nächsten Tag nährte das Glücksgefühl auf ein Neues. Als sie kurz darauf ihre sogenannten „Jump Suites" in poppigen Farben herausbrachte, veröffentlichten insgesamt 60 Zeitungen und Modehefte in den USA Fotos und Beschreibungen. Auch das wäre in der Bundesrepublik schwerlich möglich, weil es die Modeschöpferin als „nicht notwendig" ansieht, wie die Pariser Edelhäuser Einzelstücke zu entwerfen. Die Wahlamerikanerin aber sieht mehr Befriedigung durch Akzeptanz in der Breite: „Für mich zählte nicht nur der fabelhafte Einfall, sondern ebenso die nackten Zahlen. Das hat mich Amerika gelehrt. Wenn ich von einem Modell 20 000 Stück für 100 Dollar verkaufen kann, gibt mir das in jeder Beziehung mehr Befriedigung, als wenn ich 5000 Dollar für ein Einzelkostüm bekomme."

Quer durch die USA über die alte Road 66 von Chicago nach L.A., von Alaska bis nach Key West sind heute die Transporter mit ZOE-Mode unterwegs. Inzwischen wird auch exportiert, nach Kanada, nach Südamerika, Mexiko, in die Karibik. Vor dem gewiß reizvollen Unternehmen, Europa mit ZOE-Kollektionen zu beliefern, stand Elke lange Zeit abwartend. Die neue politische Situation im Osten und die dadurch entstandenen Märkte ließen sie aktiv werden. Wenn alles gut geht, soll 1991 ihre Mode auf dem alten Kontinent so selbstverständlich sein wie das Polo-Pferd als Ralph Laurens Markenzeichen. Sorgen macht allerdings die Preiskalkulation. Sie will in keinem Fall den Rahmen für Gutsituiertes von der Stange sprengen. Ein Problem, weil die Transportkosten die Produkte verteuern.

In der Selbstbewertung ihrer Arbeit ist sie bescheiden geblieben: „Um Himmels Willen", wehrt sie ab, „mit einem Lagerfeld oder Saint Laurent mag ich mich nicht vergleichen". Sie glaubt auch nicht, eine amerikanische Moderichtung prägen zu können. Es bleibt in der Tat wenig Raum für tägliche Spielereien, für sensationelle Ideen. Die Warenhauskonzerne lassen sich wöchentlich von den Computern auswerfen, welche Modelle die höchsten Verkaufszahlen erreichen. Dann gehen sie zu ihrem Designer und verlangen Variationen von dieser Vorgabe, und zwar so lange, bis der Kunde genug hat.

Manchmal sitzt sie da und macht sich über das Diktat des Datenrechners in der Marketing-Bestimmung so ihre Gedanken. Ebenso setzt sie sich mit der Mode ganz allgemein auseinander und entwickelt ihre eigenen Philosophien, wie jetzt beim Wein. Draußen strömt das elegante Beverly Hills-Publikum vorbei. In der Halle flanieren Gäste, die sich zu den Feinsten in Los Angeles rechnen. Aus einem Rolls-Royce steigt der Ordens- und Titelhändler Weyer, den sie „Konsul" nennen. Elke kennt ihn nicht.

Der Chardonnay hat das Herz geöffnet. „Die Macht der Mode beruht meiner Meinung nach auf einer Fiktion. Es wird eine mustergültige Gesellschaft angenommen, die in ihren Bedürfnissen besonders verfeinert und deren Ausdruck besonders vollkommen ist. Die täglich von neuem die Formel findet für das Gleichgewicht zwischen Überlieferung und den Forderungen einer neuorientierten Zeit. Sie ist bis zu einem gewissen Grade konservativ, doch skeptisch gegen alles Veralternde, bis zu einer vertretbaren Größenordnung futuristisch, doch andererseits viel zu sehr Erbe, um zu radikalen Reformen allgemeiner Weltverbesserung zu neigen." Gar nicht so schlecht.

**Erfolg der Mode
wichtiger als Geld**

Die Mode interessiere selbstverständlich zuallererst die Frauen, und darum hält Elke Andrzejewski es für sinnvoll, ausschließlich für sie zu entwerfen. „Die Einkäufer machen es uns leicht, indem sie uns, wie geschildert, kommerziell untrüglich korrigieren", sagt sie. Sie hat das akzeptiert, weil es in der ganzen Firmengeschichte noch keine Einbrüche gab. Das hat sie ermutigt, zu Beginn des neuen Jahrzehnts eine zweite Linie aufzubauen, „Division, oder wie heißt das auf Deutsch?" Unter ihrem zweiten Vornamen „Magdalena" verkauft Elke mit gutem Starterfolg Mode für Schwangere, die weiterhin im Business stehen. Eine Ladenkette mit 600 Shops hat die ersten Entwürfe sofort glänzend vertrieben.

Wer mit der Herkunft seinen Frieden gemacht hat, setzt sich fortan locker mit der eigenen Vergangenheit auseinander. Da liegt das Problem bei der sonst so sicheren Karriere-Frau. In der Bewertung der alten Heimat ist sie zerrissen. Die Deutschen seien so steif, klagt sie, so verkrampft, so neidisch, und was sonst noch. Dennoch sei sie stolz darauf, Deutsche zu sein, sagt sie bei anderer Gelegenheit. Sie freut sich auf die Besuche bei ihren Eltern in Köln, findet es wichtig, daß Sohn Karsten Deutsch lernt, merkt andererseits „kleinkariertes Denken" überkritisch an.

Nachdem die zweite Ehe geschieden ist, eine weitere feste Bindung ohne Trauschein zerbrach und sie wieder geheiratet hat, habe ihre Mutter die Warnung parat: „Kind, daß du mir nicht so häufig heiratest wie die Liz Taylor!" In Kalifornien sei das kein Thema, da dominiere die Lockerheit, das durch und durch fröhliche Leben. Auch etwas, das sie als Lohn ihrer Leistung genieße.

Das alles läßt den Gedanken, irgendwann nach Deutschland zurückzukehren, erst gar nicht keimen. In Köln oder Düsseldorf leben und arbeiten? Ganz sicher nicht. „Ich habe festgestellt, daß ich mit meinem Geschäftssinn dort ganz schön anecke." Wo sie nicht ganz unrecht hat, ist die Bewertung der unterschiedlichen Akzeptanz des Geldverdienens: „Die Deutschen haben noch immer ein Schuldgefühl, wenn sie viel Geld machen. Da spricht man verschämt über seine Geschäfte, als müsse man sich entschuldigen." (Das stellen auch die Show-Stars Siegfried & Roy nachdrücklich heraus.) „In Amerika stinkt Geld nicht. Hier ist das der Sinn der Arbeit und des Erfolges: Man will viel Geld verdienen und ist stolz, wenn die Leute sagen, ‚she made it'." Das erzählt sie mit der freundlichen Distanz einer neutralen Betrachterin.

Und sie schmunzelt, wenn man sie fragt, ob durch den beruflichen Erfolg das Privatleben zu kurz gekommen sei. Mit dem neuen Partner erhofft sie sich dauerhafteres Glück. Für Freizeit und Privatleben bleiben heute genügend Zeit. Dreimal die Woche spielt sie in ihrem Club Tennis, verwendet viel Zeit darauf, ihr palastähnliches Haus im spanischen Stil an einer historischen Straße einzurichten. Ein zweites Haus besitzt sie auf dem Hollywood-Hügel. Größten Wert legt sie auf eine perfekt eingerichtete Küche mit den Geräten, wie sie Profis verlangen: Gaskocher, Fleischerblock, Salamander.

Durchschnittlich zweimal wöchentlich lädt sie Freunde und Geschäftspartner zu sich nach Hause ein und pflegt damit gleichzeitig ihr Hobby. Dann kocht sie selbst für die ganze Gesellschaft, lediglich von einer Küchenhilfe unterstützt. Mal gibt sie einen spanischen Abend, dann wieder eine italienische Nacht. Dementsprechend sind die Dekoration und die Hintergrundmusik. Zum Geburtstag ließ sie das Dinner für die acht engsten Freunde nur mit Vogelzwitschern vom Band untermalen. Ihre Bekannten aber verlangen am häufigsten ein deutsches Menü. Enttäuschung macht sich breit, wenn dann nicht Sauerbraten auf dem Speiseplan steht. Mariniertes Rindfleisch geschmort, nach rheinischer Art mit Rosinen, Klößen, Rotkohl und einer dicken braunen Sauce. Elke freut sich darüber und versucht erst gar keine Erklärungen, daß sich auch in Old Germany längst eine leichte, elegante Regionalküche durchgesetzt hat. „Vorurteile sind schwerer spaltbar als ein Atom. Viele Amerikaner denken sogar noch, die meisten Deutschen trügen Hüte mit Gamsbart."

Die deutsche Staatsangehörigkeit gab sie bisher nicht ab. Sie hat die sogenannte „Grüne Karte", die ihr alle Rechte in den USA garantiert, nur zur Wahl gehen darf sie nicht. Wenn Sohn Karsten 18 ist, darf er selbst entscheiden, ob er lieber Amerikaner oder Deutscher sein will. Nach diesem Datum will auch Elke die Staatsangehörigkeit neu überdenken.

In dritter Ehe lebt sie mit einem polnischen Hollywood-Schauspieler zusammen, der ihr den Zungenbrecher-Namen Andrzejewski verpaßte. Damit ist sie nicht sehr glücklich, benutzt im Geschäftsleben häufig den griffigen Namen „Lesso". Ansonsten ist das Glück komplett. Auch ihr Sohn bekam bereits einige Rollen als Kinderstar. Sie achtet aber sorgfältig darauf, daß seine Entwicklung normal verläuft.

Das Geld, das sie angelegt hat, kann sie bis zum Lebensende nicht mehr ausgeben, nicht im normalen Rahmen. Sie ist dabei nach dem Prinzip breiter Streuung vorgegangen: Immobilien, Bonds, Finanzierungsbeteiligungen. „Es vergeht keine Woche, daß mir nicht ein Immobilienhändler das, wie er glaubt, Nonplusultra-Angebot auf den Tisch legt." Mehr als das große Geld ist es immerfort der Erfolg, der ihr über alles geht, das Bewältigen der persönlichen Herausforderung. „Eine Zeitlang habe ich gedacht, man müsse so lange arbeiten, bis man den Markennamen verkaufen und von den Zinsen leben könne. Diesen Gedanken habe ich längst abgehakt. Ohne Modemachen wäre das Leben leer."

Wie muß Mode sein, die sich gut verkauft?
Andrzejewski: Ein bißchen anders als das übliche, aber nicht zu gewagt. Auffallen möchte die Käuferin schon, aber nur ein bißchen.
Was wünschen Sie sich für die Zukunft?
Andrzejewski: Persönlich, daß ich meine Spontanität nicht verliere, geschäftlich einen guten Start in ein großes geeintes Europa ohne politische Blöcke. Ich habe gerade Gespräche mit der polnischen Regierung geführt, die Partner in meiner Branche sucht.
Welche Charakterzüge sind Ihrer Meinung nach die wichtigsten, um Erfolg zu haben?
Andrzejewski: Ausdauer und Disziplin, Stehvermögen über eine lange Zeit. Wer mit dem Gedanken spielt, aufzugeben, hat eigentlich keine Chance. Schwierigkeiten lassen sich stets überwinden. Mein Gott, wie oft habe ich erlebt, daß die Liefertermine zu kurz waren. Ich habe nie Zeit damit vertan, das zu beklagen. Es hat immer noch gereicht.
Bleibt die Weiblichkeit auf dem Weg nach oben auf der Strecke?
Andrzejewski: Nicht bei jemandem, der die eigenen Vorzüge kultiviert. Das, was man so banal als die Waffen der Frau bezeichnet. Nur wer versucht, Männer zu kopieren, verliert sehr schnell weibliche Tugenden.
Welche Vorurteile stellten sich Ihnen in den Weg?
Andrzejewski: „Wie soll die als Frau in dem harten Geschäft zurechtkommen?" Tatsächlich habe ich mich auch schwergetan. Als ich einen unfähigen Manager entlassen mußte, habe ich meinen Partner gebeten, „mach du das für mich. Ich kann das nicht!" Heute gehören diese Personaldinge ebenfalls zu meinem Alltag.
Ist es richtig, sich herdenmäßig dem Zwang der Mode zu unterwerfen?
Andrzejewski: Den persönlichen Typ und den eigenen Stil sollte man stets im Auge behalten. Ansonsten sich inspirieren lassen, auch bereit sein zu wechseln. Über meine Phase, nur Schwarz als Farbe zu akzeptieren, kann ich heute lachen.
Wie oft ziehen Sie dasselbe Kleid an? (Eine Frage, die sich Frauen oft stellen.)
Andrzejewski: Kleider für Abendveranstaltungen im selben Menschenkreis nur einmal, sonst macht es mir nichts aus, bei Freunden mehrmals in derselben Garderobe zu erscheinen. Entscheidend ist

immer der Anlaß. Auf eins achte ich: Niemals ziehe ich Entwürfe von anderen Modemachern an.

Es gibt genügend Vorbilder, die zeigen, daß zu einer kompletten Kollektion auch Kosmetika und Parfums gehören. Haben Sie darüber nachgedacht?

Andrzejewski: Nicht nur nachgedacht, ich habe das Markenzeichen bereits für solche Produkte schützen lassen.

Wie halten Sie sich in Form, um Ihre eigene Mode wirksam präsentieren zu können?

Andrzejewski: Mit Bodybuilding, Jogging, Tennis. Außerdem lerne ich gerade Golf. Einen von sieben Tagen erkläre ich gnadenlos zum Obsttag. Ansonsten lebe ich nach dem Prinzip: Esse ich mittags, gibt es abends nichts, oder umgekehrt.

Wie sichern Sie die finanzielle Seite Ihres Unternehmens?

Andrzejewski: Indem ich nichts unternehme, womit ich mich überheben könnte.

Was raten Sie denn den talentierten Nachwuchs-Modeschöpfern, die versuchen, Karriere zu machen?

Andrzejewski: Raus aus ihrer engen vertrauten Umgebung. Internationale Zentren suchen. Und vor allem nicht traumtänzerisch die Welt bekehren wollen, sondern kommerziell denken. Es ist leichter, eine wundervolle, versponnene Linie zu entwerfen, als Mode zu machen, die Hunderttausende anspricht. Das ist die Herausforderung.

IX

JACK NICKLAUS

JACK NICKLAUS

Eine Milliarde Mark mit Golf verdient

Wenn man die Reichen, die wirklich Reichen, fragt, wieviel Millionen sie gemacht haben und in welch einsame Höhen ihr Vermögen geklettert sei, drucksen sie zumeist herum. Auch die sonst Redseligen werden dann schweigsam. Sie behaupten mit Schulterzucken, sie wüßten es wirklich nicht. Manchmal setzen sie noch treuherzig ein „Ehrlich!" hinter ihre Aussage. Jay Pritzker antwortete auf die Frage, welche veröffentlichte Geldrangliste denn mit der Besitzsumme richtig liege, 8 bis 12 oder 20 Milliarden: „Wie wollen die es wissen, wenn ich es definitiv selber nicht weiß." Vielleicht ist das ja nicht einmal geflunkert.

Auch Jack Nicklaus, der Rechner, der Computerkopf, der abrufbar im Gedächtnis hat, aus wieviel Metern er am 24. Mai 87 ins Siebte einlochte, legte auf meine Frage die Stirn noch ein wenig mehr in Falten, blies die Wangen auf und schüttelte den Kopf. Weder der größte Golfer aller Zeiten noch die anderen Gesprächspartner blieben allerdings eine Antwort schuldig, wenn man das Startkapital oder die erste selbstverdiente Summe anspricht. Koketterie, Zufall? Bei Nicklaus gewiß nicht. Er hat den Auszahlungsbeleg von damals aufgehoben. Besser gesagt, wie eine Ehrenurkunde verwahrt. Und die Geschichte dazu, die hat er wohl schon hundertmal erzählt: Exakt 33,33 Dollar bekam er für das Erreichen des Cuts (das Finale der 50 Besten nach zwei Runden) beim Turnier in seiner Heimatstadt Columbus (Ohio).

Man schrieb das Jahr 1962. Im Sport verdiente ein anderer mit Schlägen das große Geld. Der Boxer Muhammad Ali wurde zum einsamen Dollar-Millionär. Summen wie heute üblich waren allerdings undenkbar. Die Golf-Szene beherrschte der legendäre Arnold Palmer, Vorbild für Millionen. Ob nun er oder der Star der 20er Jahre, Bobby Jones, bis zu Nicklaus der größte Champion aller Zeiten sei, wurde damals in amerikanischen Clubhäusern heiß diskutiert. In Deutschland beschäftigte sich die kleine Golfgemeinde mit sich selber. Man zählte gerade 7800 Spieler und 50 Anlagen.

Wäre Nicklaus im Heimatland seiner Vorfahren, Deutschland nämlich, aufgewachsen, hätte der Student der Pharmazie und Wirtschaft, der seinen Lebensunterhalt als Versicherungsvertreter verdiente, diesen hierzulande elitären Sport nicht ausüben können. Er wäre finanziell unerschwinglich gewesen. In den Staaten war das Ende der fünfziger und zu Beginn der sechziger Jahre schon anders. Vor allem für einen so begabten Clubspieler wie den jungen Jack, den sie wegen seiner Körperfülle und flachsblonden Mähne den „Goldenen Bär" nannten. Ihm schauten die Vorstände und Einflußreichen des Golf- und Country-Clubs schon gerne zu, als er noch ein Junge war, und „vergaßen" auch in späteren Jahren, eine Beitragsrechnung zu schicken, weil man so stolz auf ihn als Club-Mitglied war.

Ein Unfall seines Vaters Charles wurde für Nicklaus im frühen Alter zum Glücksfall. Beim Volleyball war Charles falsch aufgesprungen und hatte sich den Knöchel verstaucht. Er beschloß, mit dem weniger verletzungsgefährlichen Golfspielen anzufangen und nahm Söhnchen Jack William mit. Da war der Steppke gerade zehn und benötigte nach drei Wochen Üben auf der Driving Ranch für die erste Neun-Loch-Runde seines Lebens gerade 51 Schläge. „Als Jack zwölf wurde, konnte ich ihm nichts mehr vormachen", erzählt der Vater. „Ich erinnere mich, daß ich einmal einen Schlag so weit trieb wie es nur ging, es wurden – glaube ich – knapp 240 Meter. Ich versprach Jack: ‚Wenn Du das übertriffst, kaufe ich Dir einen Cadillac.' Er schlug den Ball 20,3 Yards weiter, und ich habe ihn nie wieder herausgefordert." Die Wettschuld hat der Sohn dem Vater erlassen.

Ein halbes Jahr später spielte er bei den US-Junioren-Meisterschaften bis 18 mit, angefeuert von einem Trupp begeisterter Schlachtenbummler seines Heimatclubs. Er kam unter die besten Zehn. Im September 61 stellte er sich erstmals ernsthaft die Frage, Profi zu werden. Gewissenhaft, wie er nun mal ist, grübelte und kalkulierte er drei Monate. Dann stand sein Entschluß fest: „Als Profi kann ich über einen längeren Zeitraum hunderttausend Dollar im Jahr verdienen. Damit baue ich dann später das geplante Versicherungsgeschäft aus." Die Freunde mit einem seltenen Hang zur Sentimentalität, die Nicklaus dem Amateursport erhalten wollten, damit er einmal den Grand Slam erringen könne, hatten damit verloren. Jack schloß sich der PGA an. Diese Professional Golfers Association, die auf den US-Plätzen ein scharfes Regiment führt, stellt eine merkwürdige und durchaus amerikanische Statistik auf. Sie registriert die Erfolge ihrer Mitglieder nicht nach Siegen und Plätzen, sondern schlicht nach den eingespielten Preisgeldern. Schon nach sechs Monaten hatte Nicklaus – die Amerikaner sagen „Nicklus" – mehr Geld zusammengespielt als irgendein Golfer vor ihm in seinem ersten Profijahr. Er war nach einem dramatischen Kampf mit Palmer auch bereits „Offener Meister der USA" geworden. Das war übrigens sein erster Profi-Sieg. Danach arrangierten tüchtige Manager schnell ein Fernseh-Match zwischen Nicklaus, Palmer und dem unterhaltsamen Jerry Player. Nicklaus gewann, und er erhielt einen Scheck über damals unvorstellbare 50 000 Dollar. Am Ende des Jahres hatte er auf offiziellen Turnieren 61 868,65 Dollar gewonnen, was ihn als Nummer drei der besagten Rangliste qualifizierte. Ein Profi-Einstieg nach Maß.

Eine aktuelle Bilanz nach fast drei Jahrzehnten kann beim „Golden Bear" dennoch nur vorläufig sein, eine Zwischensumme sozusagen. Er tritt heute, nachdem er die 50 überschritten hat, zwar kürzer, aber ans Aufhören denkt er nicht. Experten errrechneten, daß er gut und gerne 500 Millionen Dollar zusammengebracht hat, bei günstigem Kurs knapp eine Milliarde DM. Die Summe setzt sich wie folgt zusammen: Preisgeld für 71 Siege, ungezählte Plazierungen, Antrittsgeld, das bei amerikanischen Turnieren zwar verboten ist, ihm aber in Asien, Australien und Europa schon mal 100 000 Dollar garantiert, bevor er zum Driver greift. Aber erst bei Werbeverträgen fließt das ganz große Geld. Wenn Sie jemals eine Golfübertragung im US-Fernsehen erlebt haben, ahnen Sie, was ich meine. Nicklaus wirbt für die Schuhe, die seinen Namen tragen, für Hemden, Schläger, Mützen, für alles und jedes. Und natürlich in eigener Sache.

Alleine der Vertrag mit der Bekleidungsfirma Hart, Schaffner und Marx brachte und bringt ihm 2,6 Millionen jährlich, die Werbespots für die Produkte ein Vielfaches zusätzlich. Golf wurde zu Gold. 20 Bücher hat er unter seinem Namen schreiben lassen, lauter Bestseller, Plaudereien, Golfgeschichten und Lehrfibeln wie „Golf, my way", oder „Das Buch der 1000 Tips".

Geschäftstüchtig wie „der Mann ohne Skandale" stets war, gründete er frühzeitig mehrere Unternehmen im Randbereich seines Sports. Am erfolgreichsten läuft sicherlich „Jack Nicklaus' Golf Services", eine Firma, die Architektur und Planung von Golfplätzen in aller Welt verkauft. Mehr als 50 hat der Meister inzwischen komponiert und dabei nach eigenen Erfahrungen Grün, Wasser, Bunker und Fairways zu Harmonien verbunden. Für jeden Nicklaus-Platz wird eine runde Million Dollar Gage überwiesen. Angesichts solcher Summen verblassen sogar jene 240 000 Dollar, die er einmal mit einem einzigen Put über gut sieben Meter aufs Habenkonto gebracht hat. Gemessen am Zeitaufwand, war es dennoch die wohl höchste Gage bei einem Sportwettbewerb.

Die Veranstaltung lief in Scottsdale, Arizona. Der damals 44jährige trat ganze 19 Tage nach einer Knieoperation und ohne vorher trainiert zu haben, an. Er erinnert sich: „Zwei Stunden vor dem ersten Abschlag machte ich einige Probeschläge, sanft und rhythmisch mit zwei Eisen im Griff, spielte dann jeden Schläger aus der Tasche durch. Bei dieser Übung überspringe ich immer eine Nummer, wähle erst die ungeraden, dann die geraden. Danach fühlte ich mich fit und halbwegs sicher." Die Sonne Arizonas heizte den Platz gnadenlos auf 40 Grad. Doch unbeirrt spielte Nicklaus mit der Ruhe eines Bären und nahm Maß. Der Ball umrundete mit Rückwärtsdrall den oberen Rand des Loches und rollte hinein. Die Zuschauer waren aus dem Häuschen, klatschten und schrieen.

Ein bißchen viel Golfspezifisches. Die Freunde dieser Sportart wird's freuen, doch kommen wir wieder zum Thema „Geldverdienen". Nicklaus profitierte vom besonderen Modus dieses Einladungsturniers für nur vier Spieler. Ein Erfolg an einem der ersten sechs Löcher brachte 10 000, bei den nächsten sechs je 20 000 und bei den restlichen sechs je 30 000 Dollar. Nachdem Tom Watson am ersten Tag allein 120 000 Dollar gewonnen hatte, setzte sich zunächst kein

Spieler an einem Loch durch, so daß sich die Prämien ansammelten und am 18. Grün plötzlich 240 000 Dollar ausgesetzt waren. Vor dem letzten Schlag hatten alle vier Spieler die gleiche Chance. Doch allein Nicklaus war, wie gesagt, nervenstark, um erfolgreich einzulochen.

Wie sieht Nicklaus selber seine Entwicklung aus der Distanz der Jahre? Was sind für ihn die entscheidenden Tugenden auf dem Weg zum Sport-Millionär? „Talent", sagt er, „haben unendlich viele. Tennisspieler, Fußballer, Golfer. Ihre Begabung ist groß genug, um den kleinen persönlichen Kreis, Eltern, Freunde, Clubmitglieder, begeistern zu können. Für den Durchbruch aber sind Fleiß und unbremsbare Begeisterung nötig. Für die internationale Spitze muß der Einsatzwille ins Extreme wachsen, wirklich in unermeßliche Bereiche, so hochtrabend das auch klingen mag."

**Talent ist im Sport
nichts als eine Bedingung**

Sein eigenes Beispiel: Mit elf Jahren schlug er pro Tag 300 Übungsbälle, spielte mindestens 18 Löcher. Drei Jahre später waren es 800 bis 1000 Trainingsschläge, und dazu kamen Konditionsübungen mit Trainer Jack Grout und zwei Hunden. Kaum zu glauben, daß dabei die Lust am Spiel nie verlorenging. Auch in den folgenden Turnierjahren nicht. „Die Freude am Golf blieb ohne Frage größer als die Tatsache, eine Menge Geld zu verdienen", formulierte er mit Überzeugung.

Als zweites Element für jedes Karrieregerüst nennt er die „natürliche und die antrainierte Konzentrationsfähigkeit".

„Das totale Aussperren der Welt ist für den Erfolg in allen Bereichen, nicht nur im Sport, ganz entscheidend. Ich habe zwar das Talent geerbt, mich auf die Sache konzentrieren zu können, aber auch dieses persönliche Plus wurde erst durch gezieltes Training zum wirklichen Vorteil. In der Sekunde, die über Sieg und Niederlage bestimmt, hilft dieses Mental Movie, der Stärkere zu sein."

In der Anfangsphase, als sie den damals zwei Zentner schweren Dickbauch „Fat Jack" und „Ohio Fats" verspotteten, manchmal sogar mit Zwischenrufen und Gelächter sein Spiel störten, reagierte der Blonde mit Eiseskälte: „Ich wollte nichts hören und sehen, und ich habe nichts gehört, und nur der Ball und der Platz lagen im Blickfeld."

Nummer drei in der Rangliste der wichtigsten Voraussetzungen sind Ehrgeiz und die Motivation. Noch einmal Originalton Nicklaus: „Es kommt stets darauf an, was du willst", sinnierte er. „Wenn dir ein gutes Einkommen genügt, um Lebensqualität genießen zu können, sagen wir 250 000 Dollar im Jahr, und dir der Sieg letztlich egal ist, bitteschön. Mir hat das nie gereicht. Für mich gibt es keinen Ersatz für den Sieg. Das ist meine Motivation, egal, ob ich mit meinen Kindern spiele, oder die Schlußrunde beim Masters Turnier."

Auch die weiteren Punkte sind ohne Verrenkungen vom Sport auf Karrieren in Unternehmen zu übertragen. „Versuche nie, nach den Regeln anderer Dein Persönlichkeitsbild zu korrigieren. Spiele nicht den Witzbold, weil man glaubt, das verkaufe sich gut, wenn du ganz anders empfindest. Um beim Beispiel zu bleiben: Natürlichkeit ohne Talent für die Show kann ebenso zur Popularität führen."

Er hat das mehr als einmal erfahren. So eroberte der 71fache PGA-Sieger die Herzen auch der letzten Amerikaner, als er im April 1986 mit 46 Jahren zum sechsten Mal in seiner Karriere das US-Masters in Augusta gewann. Sein ältester Sohn Jack Junior hatte für ihn die Tasche getragen, ihn manchmal auch beraten. Am letzten Grün fiel er ihm vor 40 000 Zuschauern auf dem Platz und vor 40 Millionen an den TV-Geräten mit Tränen in den Augen um den Hals.

Dieser außergewöhnliche Sieg war ihr gemeinsames Erlebnis. Der wichtigste Titel der USA war wieder im Lande dank Nicklaus. Alle liebten ihn dafür. Für die Amerikaner war es darum so unendlich wichtig, weil im Jahr zuvor der Sieger Bernhard Langer geheißen hatte, ein Blonder aus Deutschland. Eine solche herzliche Vater-Sohn-Szene hätte Nicklaus niemals mit Blick auf Fernsehkameras und Publikum gestellt.

Nicht unumstritten und in jedem Fall schwerlich auf die Allgemeinheit übertragbar ist die Einstellung des Spitzensportlers, mit großer Härte gegen sich selber vorzugehen, wenn Verletzungen zu Plagen werden. Ein Problem, das alle Leistungssportler, deren Knochen ständigen Belastungen im Grenzbereich ausgesetzt sind, natürlich kennen. Denken Sie nur einmal, wie oft Boris Becker verletzt ist und wie viele Jahre Bernhard Langer sich mit Rückenproblemen herumquält.

1983 konnte Nicklaus vor Schmerzen kaum den Schläger halten. Zwei verschobene Bandscheiben im Lendenwirbelbereich waren die Ursache. „Wenn es so weh tut, mag man nicht mehr tranieren, auch nicht arbeiten. Eine Operation schien unvermeidbar. Doch dann habe ich es mit brutaler Gewalt und einem Marterprogramm von Gymnastik-Drill probiert, das mir der Bewegungsspezialist Pete Egoscue zusammengestellt hat. Man muß die Zähne zusammenbeißen", kommentiert er. Der eiserne Champ hatte auch damit Erfolg. Die Kraft kam zurück, und die Schmerzen verschwanden. Vielleicht nur ein Einzelfall.

Durchaus vermittelbar ist dagegen Jacks Rat, sich bei starker Belastung, gleich welcher Art, zum Abschalten zu zwingen. Seiner Frau Barbara hatte er hoch und heilig versprochen, nie länger als jeweils 14 Tage zum Golfen unterwegs zu sein. Und er hielt sich daran. Es war ihm wichtig, nach Hause zurückzukehren, ganz bewußt aufzutanken, im Lost Tree Village von North Palm Beach. Nichtstun und Spaßhaben mit der Frau und den fünf Kindern, deren Geburt er auf sonderbare Weise erlebte. Stets wollte er im Krankenhaus dabei sein. Wenn es soweit war, fiel er regelmäßig in Ohnmacht.

Dünnhäutig zeigt sich der sonst so Robuste noch in einem anderen Bereich: wenn er über das Altwerden nachdenkt. „40 zu werden, war am schlimmsten. Da denkst du an den Abschied vom aktiven Leben. Aber dann habe ich die Kurve noch einmal bekommen", meinte er. „Obwohl mir das Alter von 50 heute nicht mehr ganz so bitter vorkommt, wie noch ein paar Jahre zuvor, ist Altwerden für mich immer noch wie ein riesiger Berg, den ich nur schwer bezwingen kann. Ein beklemmendes Gefühl stellt sich stets ein, wenn man mich fragt, ob ich jetzt die Senioren-Tour spiele." Nach einer Denkpause war er dabei. Eine neue Herausforderung begann damit allemal. Aber auch ganz sicher mehr Kommunikation und Fröhlichkeit, als das in der Leistungsklasse der Fall war. Jetzt sieht man Nicklaus auf dem Fairway auch schon mal lachen, und wen er mag, dem erzählt er am 19. Loch, dem Platz, wo Siege gefeiert und Niederlagen vergessen werden, seine Lieblingsstory. Die unglaubliche Geschichte des golfenden Försters von Tucson, dessen abgerichteter Hund verunglückte Bälle im Gebüsch und hohem Gras auftut und sie mit der Schnauze stets glänzend plaziert. Ein Mensch-Tier-Team-Erfolg, der erst aufflog – so Nicklaus mit ernster Miene –, als Teckel Waldi es mit der Fürsorge übertrieb und einen Ball direkt aufs Grün schleppte, 50 Zentimeter neben der Stange.

Dennoch, mit Feierabend-Golf hat das alles immer noch nichts zu tun. Obwohl der Ehrendoktor der University of St. Andrews in Schottland und Enkel eines Kesselflickers 73 PGA-Turniere gewonnen hat, davon 20 Grand Slam Tournaments, (sechs US-Masters, vier US-Open und drei British-Open), hat er noch längst nicht die Nase voll. Beim Masters 90 war er bis zur letzten Runde im Spitzenquartett, das sich einen packenden Kampf lieferte. Eine unglaubliche Leistung.

Auch sind weitere 17 Golfplätze bei ihm in Auftrag gegeben, Arbeit genug. Für ruhigere Tage hat der erfolgreichste Golfer aller Zeiten noch keinen Termin frei.

X

WILLIAM B. JOHNSON

WILLIAM B. JOHNSON

Das erste Darlehen für Vaters Beerdigung

Sprudelwasser und Diät-Coke werden in bunt bedruckten Pappbechern serviert. Geklebtes Wachspapier auf einem Konferenztisch aus poliertem Wurzelholz. So edel und vornehm auch die Umgebung gestaltet ist, der Hausherr liebt, oder besser gesagt, er präsentiert das einfache Leben. Bescheidenheit hat er zum Stil erhoben. Seine persönlichen Ansprüche stehen im totalen Gegensatz zu den immerwährenden Bemühungen, das Allerbeste und denkbar Feinste einzubringen, wenn es ums Geschäft geht. Der Milliardär, der selber noch nie mit Champagner auf einen Erfolg angestoßen hat, doch im Markenzeichen Lifestyle und Luxus führt, heißt William B. Johnson und seine Company Ritz-Carlton, die Hotelkette, die in den USA in punkto Ausstattung und Service die Branche krönt.

Der goldene Löwenkopf, das Markenzeichen des Unternehmens, und der klangvolle Name sind zumindest in der angepeilten Zielgruppe ein Begriff, eine feste Größe, doch der Mann, der dahintersteht, ist auch den Gutinformierten in der Branche unbekannt. Dem stillen, zurückgezogen lebenden Besitzer eines Firmenkonglomerats, der aus ärmlichen Verhältnissen ganz nach oben kam, wären Beifall und Bewunderung der Öffentlichkeit geradezu unangenehm. Vom oft zitierten „Fegefeuer der Eitelkeiten" (Wolfe) bewegt er sich Lichtjahre entfernt.

Ein interessanter Mann, dieser Mister Johnson aus Atlanta mit der Selfmade-Karriere. Einer, bei dem nichts klischeehaft nach vorgezeichnetem Schnittbogen zu beschreiben ist. Zufällig zeichnet schon das Erscheinungsbild Gegensätzliches: Er hat die Figur eines Quarterbacks und die Hände eines Rachmaninow-Pianisten.

Treffpunkt ist das Hauptquartier in Atlanta, präziser, in Buckhead, einer Vorstadt am Rand der Boom-City und Südstaaten-Metropole. Gleich neben dem Hotel in der Peachtree Road befindet sich das Gebäude mit der Kommandozentrale. Gegenüber weckt ein weißes Kirchlein Erinnerungen an den alten Süden. Rechts davon, wo der Waldrand immer weiter zurückgedrängt wurde, ist Georgias größtes Shopping-Center entstanden. Im wuchtigen Verwaltungshaus hinter flatternden Flaggen läuft der Betrieb wie in den Managerräumen eines Großhotels, dezente Hektik mit niedrigem Geräuschpegel. Mahagoni und Marmor empfangen den Gast auf der Chefetage, doch kein Wachposten mit 38er Revolver an der Hüfte, wie in anderen US-Unternehmen im Empfangsbereich üblich, kontrolliert, sondern ein freundliches blondes Südstaaten-Mädchen sagt sein Welcome-Sprüchlein auf. Die junge Dame trägt einen weißen Gabardin-Rock, topaktuell kurz, zehn Zentimeter über dem Knie, dazu eine helle Seidenbluse. Das Licht in der Halle hebt ihre Formen sehr plastisch hervor.

Johnson begrüßt mich im kleinen Konferenzraum. Er ist freundlich, ohne zu lächeln. Er spricht leise. Kluge Augen, volles, dunkles Haar, das an den Schläfen zu ergrauen beginnt. Auffällig ist sein männliches Kinn, stark und rund wie es Yale-Absolventen auf den Zeichnungen von Leyendecker haben, aristokratisch. Er ist in Atlanta geboren, ging hier zur Schule und besuchte das Georgia Institute of Technology. Erfahrungen mit Journalisten und Autoren hat er nie sammeln mögen. Bei Fragen ist er stets auf der Hut. Nur nicht zuviel sagen. Wenn's zu persönlich wird, zieht er die Falltür hoch. Stopp, kein Zutritt.

Weil imponierende Zahlen allgemein attraktive Aushängeschilder für geschäftlichen Erfolg sind, werden sie von Unternehmern und Managern so gerne in der Öffentlchkeit ausgebreitet, manchmal auch geschönt. Bilanzen, Profit? Johnson legt die Stirn in Falten, schüttelt den Kopf. Er mag darüber nicht reden. „Sorry", sagt er auf die Frage, auf wieviel Milliarden er sein Imperium beziffere, „das ist eine private Company, ich bin Privatmann, keine Zahlen." Die Formulierung gebraucht er noch öfter. Um die Größenordnung dennoch aufzuzeigen:

Ritz-Carlton hat im Geschäftsjahr 89/90 mehr als 400 Millionen Dollar Umsatz gemacht, 90/91 werden es nach Hochrechnungen 700 Millionen sein. Allein der Name wird mit 200 Millionen Dollar gehandelt.

Wir sprechen über die Japaner, die ein Angebot präsentiert haben. Nur für die Ritz-Carlton-Kette wollen sie drei Milliarden Dollar zahlen. Keine interessante Summe, Mister Johnson? „Nein, wir können einen weitaus besseren Preis erzielen. Doch der Verkauf würde keinen Sinn machen. Was sollte ich mit dem zusätzlichen Geld anfangen?"

Eine solche Frage habe ich noch nie gehört.

Wenn er Null sagt, meint er 1965. „Bei Null habe ich angefangen. Mein erster Kredit, den ich aufnehmen mußte, belief sich auf 500 Dollar, um meinen Vater zu beerdigen." Seine Vorfahren kamen aus Schottland, anständige Leute, aber keiner war wohlhabend geworden. „Die anfänglichen Bemühungen betrafen das Finanz- und Immobiliengeschäft. Kleinere Aktionen, nichts Aufregendes. Meine Motivation war, durch Geld Möglichkeiten für bessere Geschäfte zu bekommen. Aus materiellen Dingen machte ich mir damals wenig. Das blieb bis heute so", beschreibt er seine ersten kaufmännischen Versuche.

Für den Zeitgeist hat er nur ein Kopfschütteln. Der Denkweise und Arbeits-Motivation der jungen Löwen von Harvard, Yale und Stanford versagt er sein Verständnis. Die Söhne der großen Universitäten wiederum hätten die Nase gerümpft, als er seine ersten überschaubaren Aktionen „Finanzgeschäfte" nannte. Auf jedem Campus kursieren die Geschichten über die Voraussetzungen der Akzeptanz in diesem Business. Zwei Jahre nach der Uni muß die Minimalsumme jährlich 250 000 Dollar betragen. Weniger steht für „dämlich oder ungeheuer faul". 500 000 Dollar mit 30 liegt im Bereich der Mittelmäßigkeit. Mit 40 macht man zumindest 1 000 000 Dollar pro Jahr oder gilt als Versager.

**Der Erfolg kam
mit den Waffel-Häusern**

Fraglos überflog Johnson ohne Wirbel schon nach kurzer Anlaufphase diese konstruierten „Grenzwerte". Doch er machte kein Aufhebens davon. Seine Zielsetzung blieb völlig anders. Die smarten Jungs an der Wallstreet kaufen sich zur Selbstbelohnung drei und fünf Millionen

Dollar teure Wohnungen, Hosen von Katharine Hamnet, Jacketts von C&G und Paul-Smith-Hemden, das Stück für 700 Dollar. Der Mann in Atlanta steckt jeden Cent in neue Geschäfte. Während bei Krisen im Handumdrehen Märkte aller Art zu tanzenden Spielbällen wurden – Gold, Silber, Devisen, Aktien und Anleihen –, investierte Johnson in Immobilien fast schon mit Bestandsgarantie. 1969 gründete er William B. Johnson Properties. Nach dem Aufschwung mit Grund und Boden bezog er ein menschliches Grundbedürfnis in seine Anlagen-Überlegungen ein, das seiner Meinung nach ebenfalls krisensicher ist und wenig anfällig, weil Hunger halt immer wiederkommt. Mit Mac-Hamburgern in laschem Backwerk werden Milliardenumsätze gemacht, und auch Hähnchenbratereien aus Kentucky halten höchsten Kurs. Der vorsichtige Anleger erdachte eine süße Alternative und eröffnete ein Waffelhaus für Nahrhaftes zum Naschen, Waffeln mit Sirup oder Früchten. Es folgte ein zweites Geschäft und weitere im Franchise-System. „Northlake Foods" heißt die Company. Heute dirigiert sie über 100 der Waffle House Restaurants, quer über die Staaten verteilt. Mittlerweile bieten sie neben dem Grundprodukt auch Frühstück rund um die Uhr.

Die 70er Jahre waren sprung- und wechselhaft, doch das Johnson-Imperium wuchs kontinuierlich. Als sich die Hotelbranche noch als bettlägeriger Riese zeigte und nur für Insider erste versteckte Anzeichen von Konjunkturknospen zu erkennen waren, stieg der Mann aus Atlanta bereits im großen Stil ein, weil er sich auf seine Nase verließ. Er konzentrierte Mittel, plante, baute und organisierte. Nach drei Jahren gehörten zu JP Hotel Division, einer Tochter von W. B. Johnson Properties, bereits zehn Holiday Inn Hotels und drei Mariotts. Bei zwei weiteren Häusern verpachtete er die Bauwerke an die Hotelgesellschaft. Dann sah er in Boston den altehrwürdigen Palast Ritz-Carlton, der zum Verkauf stand. Der Milliardär erkannte leicht überrascht, daß bei einem Geschäft manchmal auch das Herz mitschwingen kann. Er kaufte das 1927 eröffnete Traditionshaus und die klangvollen Namensrechte für die Vereinigten Staaten hinzu. Das war im August 1983.

Darüber spricht Johnson gerne, Ritz-Carlton liebt er. Einen Augenblick denkt er nach, schaut nach oben und drückt die Hände zusammen. Es sieht aus, als wolle er ein stilles Dankesgebet sprechen. Vielleicht kam es tatsächlich einer himmlischen Eingebung gleich, als er beschloß, das von Cabot, Cabot und Forbes betriebene Hotel in eigener Regie zu führen und zum Flaggschiff einer neuen Edelgruppe zu machen. Dazu konzipierte er die Philosophie einer neuen Generation im alten Geist.

„The Ritz-Hotel Limited" war eines der renommierten Unternehmen der Familie Fayed, der über ihre Gesellschaft „House of Fraser" auch das Londoner Kaufhaus Harrods gehört. Das erste Ritz-Carlton Hotel, natürlich nicht vergleichbar mit dem heutigen Konzept, war 1910 in New York von einer Investorengruppe unter Leitung von Cesar Ritz eröffnet worden. Der Name „Ritz" wurde mit Einwilligung von Marie Ritz übertragen, der Begriff „Carlton" kam vom Londoner Carlton Hotel, das die Familie Ritz ebenfalls gebaut hatte.

Die Zentrale der neuen Ritz-Carlton-Gesellschaft wurde umgehend in Atlanta eingerichtet, und nur ein Jahr später konnten die Stadthotels in Buckhead und Atlanta eröffnet werden sowie mit dem Laguna Niguel das erste Ferienressort der Extraklasse. Dieses von der Lage und der Ausstattung her schlichtweg traumhafte Hotel war von Anfang an zusammen mit dem für 23 Millionen Dollar renovierten Bostoner Haus der Stolz des Besitzers.

Wer Kalifornien nicht kennt, tut sich schwer, Laguna zu finden. Wenn man von der Westküsten-Metropole Los Angeles hinunterfährt, erlebt man eine der schönsten Landschaften Südkaliforniens. Hinter Long Beach und Newport Beach lichtet sich die ockerfarbene Dunstglocke, die ständig über der Millionenstadt hängt. Die Luft wird klar, der Strand puderweich und weiß. Kleine Orte mit pastellfarbenen Häuschen in grünen Gärten, die nach Magnolien, Oleander und Hibiskus duften, ziehen sich bis nach San Diego, der farbigen Stadt, in der Kalifornien einst begann. 1542 landete hier der portugiesische Eroberer Cabrillo.

Eine Autostunde hinter der Stadtgrenze dieser wie ein Pfannkuchenteig zerlaufenen City erreicht man das Laguna Niguel Hotel. Ein weitläufiger Komplex, drei Stockwerke hoch, im Gesamteindruck eine Mischung aus Hacienda und Schloß. Wuchtige Gemäuer, ja, aber dennoch behutsam in die Landschaft eingepaßt. Die Gäste haben einen freien unverbauten Blick auf den Pazifik. Um das Hotel herum subtropische Parks, Golfwiesen und hundert Meter tiefer die meilenlangen Strände. Die Anlage selbst bietet repräsentative Terrassen für Festlichkeiten, aber auch lauschige gemütliche Ecken, um in Ruhe einen Drink zu genießen. Vier Tennisplätze, zwei Swimmingpools, Fitness-Center und Joggingbahn sind in diesem Rahmen selbstverständlich.

Geschickt werden Amerikas erste Manager-Garnitur und Persönlichkeiten, die zur Nobelgesellschaft gerechnet werden, in das Hotel eingebunden und sorgen mit ihrer Präsenz bei Einladungen für dezente Werbung. Im Tennis-Camp der Superlative beispielsweise, das Johnsons Company gemeinsam mit Coca Cola ausführt.

Eine Szene aus dem Drei-Tage-Programm: „Ready?" fragt der Tennis-Pro Tom Gorman, immerhin auch Kapitän des US-Davis-Cup-Teams, „Let's go!" Die Wirtschaftsführer, Show-Stars und Football-Götter rennen los, werden mit Lehrübungen gedrillt und haben Spaß dabei wie eine Internatsklasse am Wandertag. Die Öffentlichkeit bleibt draußen, bis auf ein paar Autogrammjäger, die sich in die Halle geschmuggelt haben. Robert Wagner („Pink-Panther", „Der längste Tag") benutzt Arm und Hand nur zum Grüßen und Wetten. Die Sehnenscheide schmerzt unter zartrosa Angora. Trini Lopez („Lemon Tree") haut dem höchstbezahlten TV-Star unserer Zeit, Bill Cosby („Familienbande"), die Bälle um die Ohren. Bob Chandler, einst der Star der Buffalo Bills (Football Team), drückt sich beim Doppel ab und springt seinem Partner „Kojak" Telly Savallas auf den Rücken, um den Lob der Gegner aus höchster Höhe zu angeln. Der dunkelhäutige Wally Amos flitzt mit seinen handbemalten Leinenschuhen zum Schiedsrichterstuhl, um Protest einzulegen. Amos hat mit revolutionären Methoden die Cookie-Industrie vorangetrieben (5000 Plätzchen-Bäckereien in den USA). Das ließ ihm wenig Zeit, Tennis zu lernen. So quält er sich verzweifelt mit Sänger Frankie Avalon (Musical „Grease"). Nach unvorstellbar kurzer Anlaufzeit kürten Amerikas Vielreisende das Hotel bereits zum schönsten Ferien-Ressort der Staaten. Auch die anderen Häuser kamen, kaum eingeweiht, im Eiltempo in die so beliebten Ranglisten: Naples, Rancho Mirage, Phoenix, Dearborn bei Detroit. Der Terminplan der Neueröffnungen ist fast so dicht gedrängt wie der Baseball-Kalender während der Saison.

„Ein solches Tempo wäre ohne hervorragende Leute schlichtweg unmöglich gewesen", sagt der Besitzer würdevoll. Recht hat er. Mit dem Deutschen Horst Schulze tat er einen Glücksgriff. Der Hotelfachmann aus Winningen an der Mosel arbeitete zu dem Zeitpunkt als Vice President im Hyatt-Konzern. Schulze wagte den Sprung ins kalte Wasser und erreichte längst das Ufer, auf dem das berühmte Schild steht: „He made it". Obwohl der Temperamentsbolzen und „Hans Dampf in allen Gassen" überhaupt nichts mit Johnson gemein hat, kamen die beiden dennoch auf Anhieb zurecht. Gegenseitiger Respekt ist die Basis. Einen „einmaligen Visionär" sieht die Nummer eins der internationalen Hotelmanager in Johnson, der wiederum nennt Schulze „einen unnachahmlichen Macher".

Als President und Chief Operating Officer prägt er das Erscheinungsbild und die Serviceleistung, die sonst nur in asiatischen Top-Häusern denkbar sind. „Ladies and gentlemen serving ladies and gentlemen" ist das simple, aber gerade wegen der einfachen Aussage geniale Motto, mit dem die Mitarbeiter zu engagierten Serviceleistungen motiviert werden. Höchste Ansprüche werden zu höchsten Preisen befriedigt. In Laguna bewegt sich die Preisliste zwischen 400 und 4000 Dollar die Nacht. Die Gäste sind augenscheinlich bereit, besondere Leistungen derart fürstlich zu honorieren. Johnson gefällt das, weil er ungeteilte Zufriedenheit erkennt: „Unsere Kunden bekommen, was sie erwarten. Punkt eins. Der zweite ist, daß die Gesellschaft Gewinn macht, der dritte, daß die Mitarbeiter sich wohlfühlen. Wenn diese grundsätzlichen Elemente nicht mehr funktionierten, wäre es ein Grund auszusteigen."

Die Geschwindigkeit, mit der die Company wächst, läßt sich kaum noch verfolgen. Nach der Eroberung Amerikas wird der erfolgreiche Finanzier sein Markenzeichen auf europäischen Boden, in Asien und Australien setzen. In Deutschland standen die Verhandlungen mit Frau Grundig im Frühsommer 90 vor dem Abschluß. Deutschlands schönste Nobelherberge, das Schloßhotel Bühlerhöhe, sollte ein Ritz-Carlton werden. William Johnson hatte nicht vor, das prächtige Domizil mit Kurklinik, Sport- und Schönheitsfarm zu kaufen, sondern Adenauers einstiges Lieblingshotel sollte im Management-Verhältnis geführt werden. Eine Voraussetzung mußte vorher erfüllt werden: zusätzliche Tagungsräume, die bisher fehlten. Mit der Bühlerhöhe war ebenfalls Schloß Fuschl bei Salzburg im Gespräch. Doch dann entschloß sich Chantal Grundig anders. Sie versuchte es erst einmal mit eigenem Management. Später will man sich wieder zusammensetzen. Jetzt hat Johnson ein Berliner Hotel im Visier, am liebsten wäre ihm wohl das Ostberliner Grand Hotel. Eigene Häuser sind in Barcelona und in London fast fertig. In München wird nach einem geeigneten Standort gesucht.

In Asien und Australien wachsen die Hotels wie Pilze aus der Erde: Hongkong, Tokio, Bangkok, Singapur, dazu Sydney und Double Bay. Die Frage drängt sich auf, ob das nicht alles viel zu schnell geht. Johnson nickt bedächtig: „Jeder erzählt mir, das wäre ein Problem. Ich sehe das nicht so. Sollten die Kritiker recht behalten, würde ich sofort die Expansion stoppen. Ungleich mehr Schwierigkeiten macht die richtige Auswahl der Standorte. Wir können nur allerbeste Lagen akzeptieren, und die bekommen Sie nicht immer angeboten."

Die Sekretärin unterbricht. Ein dringendes Telefongespräch. Wir wechseln den Standort, gehen hinüber ins Chefzimmer. Die Pappbecher nehmen wir mit. Johnson setzt sich an seinen Schreibtisch vor das Landschaftsbild in Übergröße. Dorfidylle am Fluß, vorne watscheln Enten. Auf einem Sideboard steht ein Modell seines Düsenflugzeugs, es ist ein Gulfstream-Jet. Wie ein Sonnenkönig thront Johnson in der Schaltzentrale seines Konzerns und trägt dennoch die Bescheidenheit wie einen Hermelin.

„Hotelkönig" nannte ihn kürzlich ein Fachblatt. Das ist eine Formulierung, die er schrecklich findet, ja peinlich. Vielleicht, weil der Schöpfer der Geschäftsleute-Domizile für mittleres Management, Conrad Hilton, der weit mehr Hotels als Johnson zu einer Kette zusammengefügt hatte, unter dieser Bezeichnung bekannt wurde. Der Mann, der hinter Ritz-Carlton steht, kann aber mit einer Philosophie, die in Ausstattung und Stil auf preiswerte Breite setzt und guten Durchschnitt pflegt, nichts anfangen, schon gar nicht, wenn er berücksichtigt, daß Hilton stets gerne vorführte, was er zusammengetragen hatte und regelrecht Hof hielt. Johnsons persönliche Begehrlichkeit erschöpft sich in Zahlen. Seine Lebensvorstellung zeigt ähnliche Züge wie die des reichsten Deutschen, den auch bei uns die wenigsten kennen, Erivan Haub: Sparsamkeit über alles, Zusammenhalten um jeden Preis. Es ist noch nicht lange her, da fuhr er einen rostigen Mitsubishi, und den Prominentenschneider Dietl kennt er nur vom Namen. Er trägt Anzüge von der Stange, die um den Bauch spannen. Aber auch in der Großzügigkeit sind sie ähnlich. Johnson stiftet ständig für seine Kirchengemeinde, zuletzt einen Scheck über 500 000 Dollar. Auch Haub schrieb unlängst eine Anweisung über 500 000 Mark und steckte sie Joseph Neckermann zur Unterstützung des deutschen Sports zu.

Beide haben eine vergleichbare Arbeitswut. „Ich wünsche mir, der Tag wäre ein bißchen länger", klagt Johnson, „dann hätte ich Zeit, um noch Arbeiten zu tun, die nicht gewinnbringend ausgerichtet sein müssen, beispielsweise eine Gemeinnützige Stiftung aufzubauen." Würden Sie auch in der Politik helfen? „Nein, da verspüre ich keine Ambitionen. Ich verstehe diese ganze Defizitgeschichte nicht, habe die unmöglichen Haushaltsprinzipien in unserem Land nie verstanden. Das kann einfach nicht korrekt sein. Amerika zuliebe muß etwas passieren, daran gibt es keinen Zweifel." Johnson glaubt, daß da allein die Leute in der Politik gefordert sind, die für politische Konzepte und Ausarbeitungen viel Geld bekommen.

Auch wenn Business das Zentrum ist, um das alle Gedanken kreisen, die Frage nach Freizeit und Urlaub ist angebracht. Wie entspannen Sie sich, Mr. Johnson? „Auf dem Schiff. Ich bin leidenschaftlicher Segler und hatte bis vor kurzem eine prächtige Hochsee-Yacht, mit der ich zweimal um die Welt gesegelt bin. Ein unglaubliches Boot, phantastisch." Die Stimmung steigt. Das ist das Thema, das aus dem introvertierten Manager einen glücklichen, sprudelnden Sportsfreund macht. „73 Fuß (zirka 25 Meter) war die Yacht groß. In einem Sommer waren wir bei König Olaf in Norwegen eingeladen, zusammen segelten wir bis zur Costa Smeralda. Ein anderes Mal war ich mit meiner Crew im Pazifik. Ich mag die ruhigeren und nicht so überlaufenen Inseln im Norden des Hawaii-Archipels."

Der Gedanke an straffe Segel im Wind, an Wasser, Wellen und weiten Horizont läßt Johnson doch einen Zipfel des Vorhangs lupfen. Ungefragt sagt er tatsächlich: „Hat ein paar Millionen gekostet, das Schiff. Schweren Herzens habe ich es verkauft und mir ein kleineres zugelegt, das ich alleine manövrieren kann." Er erzählt, daß er eine Bahamas-Insel gekauft habe, wo dieses Boot jetzt vor Anker liege. Da fliegt er an freien Wochenenden mit seinem Privatjet hin. Ausflüge aus der Bescheidenheit.

Natürlich hat sich das Leben verändert im Vergleich zu den Anfangszeiten. Das mag er nicht bestreiten. „Wir haben ein Heim in

Atlanta und ein sehr schönes Haus in den Bergen von North Carolina. Haben Sie schon von Bobby Jones, dem Golfer gehört? Der war nie Profi und gewann doch den Grand Slam. Dieser Superspieler baute einen prächtigen Golfplatz um unser Anwesen. Zum Erholen eine herrliche Alternative, wenn es auf den Bahamas zu heiß ist."

Leben und leben lassen. Auch die leitenden Manager in der Konzernspitze kommen nicht zu kurz: „Wir bieten unseren Mitarbeitern in Schlüsselpositionen Beteiligungen am Unternehmen. Sie profitieren dann direkt von den Erfolgen und ihrer Arbeit. Ich glaube, damit haben wir die Chance, Top-Kräfte zu bekommen und zu halten."

Noch einmal ziehen wir um. Der Kaffee wird auf dem kleinen Tisch serviert, in Tassen. Auf der Platte steht ein Foto seiner Frau im Silberrahmen. Sie ist hübsch. Reden Sie mit ihr auch übers Geschäft? „Ein Glück, daß ich das kann. Meine Frau ist eine große Kritikerin, sie gibt aber auch die sichersten Ratschläge. In allen Jahren war sie meine beste Partnerin in schwierigen Business-Situationen, die überall vorkommen, die ideale Unterstützung."

Welchen Rat würden Sie jungen Menschen geben, damit sie aus dem Durchschnitt herauskommen? „Das Wichtigste zuerst: Immer ganz unten anfangen, niemals versuchen, irgendwo in der Mitte aufzuspringen. Das gilt für alle Branchen, in sämtlichen Bereichen. Das habe ich selber beherzigt. In meinem ersten Job verdiente ich 270 Dollar im Monat. Nicht leicht, davon zu leben. Zweitens ist es zwingend, von einer Idee beseelt zu sein. Mir war das wichtiger als das Geld, das ich für meine Leistung bekam."

Themenwechsel. Sagen Sie, Mr. Johnson, kontrollieren Sie schon mal als unangemeldeter Gast persönlich die Güte Ihrer Häuser? „Wie bei meinen anderen Besitztümern besuche ich auch häufig die Hotels. Ohne mein Kommen anzukündigen, wäre das nicht anständig, geradezu stillos. Ich melde meinen Besuch an und mache einen Rundgang mit dem General Manager am Ort."

Reisen, Planen und Entscheiden werden auch in Zukunft die Schwerpunkte in Johnsons Leben sein. Ans Aufhören, an einen verdienten Ruhestand, denkt er nie. Millionen und Milliarden akzeptiert er nicht als Argument, um Kürzertreten zu rechtfertigen. „Solange ich lebe und die Gesundheit mitmacht, freue ich mich, arbeiten zu dürfen."

Ein paarmal ist er in den letzten Tagen vor meinem Besuch auf ein Thema angesprochen worden, das er überhaupt nicht mag. Was er denn anders machen würde als dieser Trump, und ob es keine Herausforderung sei, die Rettung jener Organisation durchzuspielen? Als ich das auch gerne wissen möchte, scheint eine Laus über seine Leber zu joggen. Mürrisch winkt er ab. „Um mich mit Trump auseinanderzusetzen, fehlt mir die Zeit." Weil insgesamt die Stimmung aber gut und außerdem sein Gespür für ein außergewöhnliches Geschäft scheinbar nie abzuschalten ist, liefert er noch einen konkreten Gedanken nach. „Das Trump Plaza würde ich gerne besitzen, aber auch unter heutigen Umständen ist es nicht erschwinglich." Er korrigiert seine Aussage: „Nicht erschwinglich nach vernünftigen Gesichtspunkten." Etwas Unvernünftiges, etwas Falsches zu tun, davor hat er immer noch Angst. In einer scheinbar endlosen Phase großen Erfolgs Sorgen um einen Einbruch, ist das nicht übertrieben? „Nein, diese Befürchtung ist angebracht, Vorsicht zwingend. Man darf sich einfach nicht übernehmen. Sonst kommt man sofort ins Schwimmen."

Es war ein Gespräch, das überraschende Einblicke in die persönliche Welt eines ungewöhnlichen Mannes möglich machte. Wie außerordentlich die Entwicklung seiner Hotelcompany voraneilt, mag ein letztes Beispiel deutlich machen: Für den Weltwirtschaftsgipfel im Juli 90 setzte US-Präsident Bush den Houstoner Hoteliers die Pistole auf die Brust. Er forderte Tiefstpreise für alle Delegationen der reichen Industrienationen und drohte im Falle der Ablehnung mit einem Umzug in die Konkurrenzstadt San Antonio. Der Gipfel des Gipfels: 75 Dollar Einheitspreis sollten pro Zimmer angesetzt werden. Eine bittere Pille, die alle schlucken wollten, bis auf Ritz-Carlton. Johnsons Statthalter Phillip Graf Hardenberg offerierte selbstbewußt zehn Prozent Rabatt, aber keinen Cent mehr. Bush und das Gästekomitee mußten einlenken. Die Delegationen hatten ausdrücklich das Ritz-Carlton als Domizil verlangt. Und Italiens Ministerpräsident Andreotti machte beim US-Präsidenten unverblümte Direktwerbung: „Das beste Hotel und die feinste Pasta in Texas." Der verlangte Preis wurde gezahlt. Da soll Johnson tatsächlich gelächelt haben.

In den schwierigen neunziger Jahren soll das keiner seiner engsten Vertrauten mehr erlebt haben. In dieser Zeit der Rezession und Unternehmenszusammenbrüche mußte auch ein Johnson Federn lassen.

Einige Immobilien wurden verkauft, so auch die Anteile am Ritz-Carlton Boston. Das wichtigste in dieser Phase war, daß er sein Top-Management bei der Stange hielt. Sein Ritz-Carlton-Präsident Horst Schulze erreichte eine Auszeichnung, die noch nie zuvor eine Hotelkette bekommen hatte: den Baldridge Award. Das wiederum brachte dem Johnson-Imperium Glanz und machte es kreditwürdiger denn je.

Der erneute Aufstieg aus dem tiefen Tal, in dem die US-Wirtschaft festsaß, hinauf in fruchtbare Gewinnzonen, darin erkennt er die zweite, noch größere Chance seines Lebens.

XI

GIORGIO MORODER

GIORGIO MORODER

Drei Oscars und Millionen für den Bergbauern-Bub

Turmhohe Palmen wechseln mit schlanken, scherenschnittähnlichen Zypressen und wild wuchernden Bananenstauden. Hibiskussträucher voller Blüten in protziger Farbenintensität zieren neben Orchideen und Hochgräsern ganze Landschaften von botanischen Vorgärten. Die Reichen in Trousdale, dem teuersten Viertel von Los Angeles, haben mit Gartenetats in Millionen-Dollar-Höhe unter kalifornischer Sonne der Schöpfungsgeschichte nachgeholfen und ihre Wunschvorstellungen von paradiesischer Natur verwirklicht: Südsee-Farbenspiel, Romantik der Toskana, deutscher Eichenwald.

Je steiler es bergauf geht, desto prunkvoller, bombastischer werden die Villen und Lustschlösser im Westküstenbarock, die in Weiß und Pink hinter verschwenderischer Vegetation leuchten. Von Foot Hill zweigt die Straße Carla Ridge ab. Die Hausnummer 1720 ist ein Hinweis auf den Besitzer dieser einbruchsicheren Festung ohne Namensschild. Ein scheeweißer, flunderflacher Sportwagen, den es zum Zeitpunkt meines Besuches noch bei keinem Händler zu kaufen gibt, der zweite. Unter dem Kofferraumdeckel steht der Schriftzug Cizeta-Moroder V 16 T, darüber das Markenzeichen: drei grimmige Wolfsköpfe.

Diesen Traum auf Rädern will die Jungfirma Cizeta-Moroder (Cizeta steht für die Initialen CZ von Partner Claudio Zampolli) 1991 auch anderen zugänglich machen, die bereit sind, 600 000 Dollar dafür auszugeben. 40 Exemplare sollen jährlich handgearbeitet werden. Die Produktion ist in der oberitalienischen Region Emilia-Romagna, der Heimat von Ferrari, Lamborghini und Maserati, angesiedelt. Daß nicht längst einige Exemplare über die Parade-Straßen der Welt rollen, liegt an der Gutgläubigkeit des Hausherrn und Fünfzig-Prozent-Partners Giorgio Moroder. Alles hat der Hitmacher aus dem Grödnertal in seinem Metier erreicht: drei Film-Oscars, etliche Golden Globes und mehr als 150 Schallplatten in Gold und Platin als Auszeichnungen für seine Kompositionen.

Doch ein Automobilunternehmen zu gründen ist etwas völlig anderes und erweist sich für Moroder als teurer Seitensprung, der seinen beschwingten Alltag trübt und falsche Töne in die sonst so harmonische Erfolgsmelodie mischt. Ein Japaner hatte ihm jährlich zehn Millionen Dollar Produktionskosten garantiert, und Moroder ließ blauäugig Fertigungsstraßen einrichten. Da zog der Finanzier aus Tokio von heute auf morgen seine Zusage zurück. Der weltberühmte Komponist mußte neue Investoren suchen.

Mehr als eine Million Dollar hat er aus eigener Tasche in das Projekt gebuttert und damit das selbstgesetzte Limit bereits überzogen: „Wenn's mit der Produktion nichts wird, dann war es ein teures Hobby", kommentiert er jovial und ohne jede Spur von Koketterie. Dabei pflegt er mit den Schultern zu zucken. Moroder meint, was er sagt, wenn er über die Dollar-Million plaudert, als wäre die Milch zwei Pfennige teurer geworden. So locker beurteilt das Risiko-Geschäft ein Mann, dem die Tiroler Variante des American Dream perfekt gelang und der mit seiner Musik so viel Geld gemacht hat, daß er guten Gewissens immer wieder behaupten kann, er habe keine Ahnung, wieviel er tatsächlich besitze.

Als ich läute, öffnet seine samtäugige mexikanische Ehefrau Francesca. „Gestern war Hochzeit, heute ist Alltag. Giorgio ist auf einen Sprung im Studio eines Freundes. Er wird gleich hier sein." Rund um den weißen Yamaha-Flügel mit der Palette zuschaltbarer elektronischer Instrumente, die nach Wunsch des Hausherrn Tonfolgen produzieren, die aus den Deckenlautsprechern perlen oder im Discosound hämmern, sitzen die treuesten Fans, lebensgroße Figuren. Eine reizende Großmutter, die lächelt, daneben auf der Marmorbank ein Rock-Pärchen in Jeans. Dahinter eine Lady, die elegant mit gespreizten Fingern eine Zigarette zum Mund führt. An der Tür hält der Puppen-Butler im Frack, die Pelzmütze eines

Sowjetsoldaten auf dem Kopf, das Tablett mit Gläsern für den Willkommenstrunk.

Draußen auf der Terrasse zur Hangseite, wo der Pool im leuchtenden Blau des südkalifornischen Himmels zum Erfrischen einlädt, verglüht in Rot und Orange die Sonne. Sunset über L.A. Die Sicht ist phantastisch. Downtown im Mittelpunkt bis hinüber nach Long Beach, wo der ehemalige Luxusliner „Queen Mary", am Kai verankert, als Hotelschiff zur Rente liegt.

Giorgio kommt. Locker, leger, freundlich. Wieso hatte ich erwartet, daß er am Tag nach der Hochzeitsnacht keine Zeit für ein Gespräch haben würde? Seine Schilderung ist einleuchtend: „Die Wedding-Party war gestern um vier vorbei. Wir hatten ein Schiff gechartert, das genau fünf Stunden auf dem Wasser kreuzte. Als es wieder anlegte, bedeutete das für alle: ab nach Hause. Das Fest ist vorbei."

Er entkorkt eine Flasche Chardonnay eines italienischen Edelerzeugers mit der Lagenbezeichnung wie Musik: „Piano della Capella, 1988". Reminiszenz an die Heimat. Besser gesagt an die ehemalige. Denn: „Hier in Kalifornien bin ich jetzt zu Hause, einen schöneren Platz als in den Bergen von Beverly Hills gibt es nirgendwo auf der Welt."

Das Haus nebenan hat er vor ein paar Tagen gekauft. Mit dem Zeigefinger zeichnet er seinen Besitz nach: „Jetzt habe ich endlich viel Platz und ein Gästehaus dazu. Der Garten läßt sich prächtig bis zu den Zypressen vergrößern." Zufrieden schlägt er die Handflächen zusammen: „Ein bescheidenes, aber wunderbares Fleckchen." Wobei nicht uninteressant ist, daß die Grundstücke oberhalb des Rodo Drives zu Preisen von gebrauchten Flugzeugen gehandelt werden. Der geschätzte Preis für Moroders Anwesen: rund zehn Millionen Dollar.

Wie schlagen wir den Bogen von Glitzer und Glamour der Traumfabrik Hollywood zu den ärmlichen Anfängen, als nichts als Hoffnung die Räume füllte, die heute der Erfolg belegt? Zuallererst wollte er Skilehrer werden und Bergführer, wie alle Jungs seiner Klasse. Das habe nichts mit der verwandtschaftlichen Bindung zu Luis Trenker zu tun, die ihm selbst seriöse biographische Archive unkorrigierbar anhängen, trotz seiner Dementis. „Wenn man zehn Generationen zurückgeht, ist im ladinischen Ortsteil St. Ulrich irgendwie jeder mit jedem verwandt. Aber das mit Trenker ist eine reine Erfindung." Den alpinistischen Wortschatz zu plündern bleibt in jedem Fall verlockend, wenn man Moroders Aufstieg in gefährlich dünner Luft, alleine ohne Seilschaft, nachzeichnet, vom mühseligen ersten Kraxeln am Fuße der steilen Wand hinauf, immer weiter der Sonne entgegen, bis er schließlich alle Gipfel stürmte.

Geboren wurde der schlanke Musiker mit der hohen Stirn 1940 in dem winzigen Dolomiten-Nest als vierter Sohn kleinbürgerlicher Landwirte mit bescheidenem Pensionsbetrieb. Seine Kindheit war ein Alp-Traum, sagt er. Wie immer er das meint. Im Grödnertal lebt man vom Tourismus, der Sohn muß bei der Gästebetreuung helfen und langweilt sich schrecklich. Die Perspektiven für ihn und seine Altersgenossen: Skilehrer, Wirt, Herrgottsschnitzer oder Bergführer. Irgendwann fängt Giorgio Moroder an, Gitarre zu spielen. So leidlich. Der Kuß der Muse bleibt aus.

Durch Vermittlung von Freunden wurde er Geometer (Landvermesser) und besuchte die Fachschule für Architektur. Pflichtgemäß. Die Kür nach Feierabend war schon in jenen Tagen das Musikmachen, unter anderem als Aushilfs-Bassist bei Jonny Hallyday, einem Rock-Star, als Moroder 19 war. Ein paar Tage vor dem Geometer-Examen war endgültig Schluß mit der bürgerlichen Karriere. Gegen den Rat seiner Eltern nahm er ein Angebot als Tournee-Musiker an. „Ich wußte, wenn ich das nicht mache, wenn ich jetzt mein Leben nicht verändere, dann komme ich nie mehr aus dem Grödnertal hinaus."

Sechs Jahre tingelte er mit Show-Combos in Europa herum. Ein Tag war wie der andere. Immer die gleiche Folge der Stücke, zum Schluß eine Zugabe, ermüdend. Moroder verlor schnell alle Freude daran. In Berlin kam es zu einer bedeutungsvollen Situation mit Langzeitwirkung: „In einer Bar erlebte ich drei Musiker, die längst im Rentenalter waren und mit stoischem Gleichmut ihre Instrumente bearbeiteten. Ein erschreckendes Bild. Es löste eine schlimme Vision aus. Im Geiste erkannte ich mich in einem solchen Trio, als alter Mann mit Zitterknien und Rauschebart."

Zum Glück hatte er während der Rundreisen 16 000 Schweizer Franken eisern gespart. Die gaben ihm Mut, in Berlin zu bleiben, um sich als Komponist zu versuchen. Obwohl er weder Noten schreiben noch lesen konnte und seine Erfahrungen mit den Grundlagen des Tonsatzes sich auf guten Willen beschränkten, war er von seinen Ideen, die er auf Bänder festhielt, überzeugt. Nun können Melodien noch so schwungvoll und harmonisch klingen, für private Hausmusik im Verborgenen gibt's weder Geld noch Ruhm. Wenn kein Plattenkäufer die Chance hat, die Titel mitzusummen, vergammeln die Kompositionen nutzlos in Archiven. Bei Moroder füllten sie schnell die Regale.

Um nicht zu verhungern, ging's ans Eingemachte. Der Notgroschen schmolz wie Eis in der Sonne. Als der Tag der totalen Ebbe in der Kasse nahte, akzeptierte Giorgio notgedrungen einen Job als Tonassistent. „Für einen Monat war ich fest angestellt – das einzige Mal in meinem Leben." Seine, wie er glaubte, flotten Hits schrieb er weiter ohne aufwendige Partituren und exakt notierte Arrangements. Notenblätter wurden nach wie vor durch „akustische Notizen" ersetzt. Die Melodien spielte er auf dem Klavier und zeichnete sie auf.

Mit Donna Summer kam der internationale Erfolg

Der erste kleine Erfolg kam unerwartet wie ein Regenguß aus heiterem Sommerhimmel. Mit Ricky Shane, den in Berlin die Schulmädchen verehrten, hatte er mehrere Probetitel aufgenommen. Dabei fand er das Richtige. Ricky sang nicht, er schrie aus Leibeskräften, heiser und laut wie ein Galeerenpeitscher „Ich sprenge alle Ketten". Das wurde zumindest in der deutschen Fernseh-Hitparade 1967 eine Spitzennummer und brachte fünfstellige Tantiemen.

Finanziell gesundet, gründete der Südtiroler in München mit Freunden das berühmt gewordene „MusicLand-Studio". Auf einem Moog-Synthesizer bastelte er an einem eigenwilligen Stil, der später zum Disco-Sound führte. Nach einigen Fehlversuchen mit nationalen Schlagergrößen trat er wohl mehr aus Verzweiflung selbst vor's Mikrophon. „Looky, looky" hieß das rhythmische Stück und blieb, auch Wohlmeinende sagen ‚zum Glück', ein einmaliger Kraftakt. Damals war Giorgio ein vollbärtiger, gemütlicher Disco-Produzent und zu jedem Blödsinn bereit. Die Kombination Jux und Zufall war es schließlich, die ihn ins Rampenlicht schob.

Aus der Clownerie mit einem Chor-Mädchen des deutschen Hair-Ensembles entstand eine Platte, die als Hintergrund-Musik für Peep-Shows und Nachtbars geeignet schien. 32mal hatte die dunkelhäutige Amerikanerin Donna Summer auf Giorgios Geheiß den Orgasmus simuliert und unter Violinenschwirren und Synthesizer-Gezirpe dafür 17 Minuten gebraucht. Donna saß derweil mit hochrotem Kopf auf dem Hocker, preßte die Hände an die Schenkel und dachte an ihren Freund. „Love to love you, baby" machte die Sängerin zum Star und brachte ihrem Entdecker und Produzenten einen Welterfolg.

Was selbst Moroder anfangs als Spaß für Kegelbrüder beim Herrenabend angesehen hatte, wurde zur Startrampe seiner Amerika-Aktivitäten und eine Belebung des tristen deutschen Schlagergeschäfts. Zwischen Flensburg und Oberstdorf begann nach jahrzehntelanger Lethargie der internationale Aufschwung für die Pop-Musik aus deutschen Landen, von dem später Nachfolger wie die Softies „Modern Talking" profitierten. Den Schwung der Erfolgswelle nutzend, tüftelte der Südtiroler gemeinsam mit seinem Star insgesamt acht Langspielplatten aus, und beide verdienten an 30 Millionen weltweit verkauften Exemplaren.

International bekannt geworden, brachen der Produzent und sein Geldkehlchen nach Kalifornien auf. Bis dahin war es so, daß Europäer, Engländer ausgenommen, null Chancen im US-Musikgeschäft hatten. Moroder durchbrach als erster diese Schallmauer. Von der Sängerin, die heute irgendwo im Hinterland von Los Angeles ein stilles Hausfrauendasein mit drei Kindern führt, redet heute keiner mehr. „Man telefoniert, sieht sich gelegentlich", sagt er – Küßchen durchs Telefon, hi Darling, nichts weiter, Alltag in Hollywood. Moroder dagegen blieb im Geschäft, seine Karriere kam so richtig in Schwung.

Daran erinnert er sich gerne. Er nimmt die Brille ab, putzt sorgfältig die Gläser, denkt einen Augenblick nach: „Es war die Zeit, als der Disco-Sound um die Welt ging. Da wurden auch meine Gruppen ,Three Degrees' und ,Sparks' zu Teenager-Idolen." Daß ihn fortan in der Unterhaltungsbranche nicht nur die Show, sondern auch das Business reizte, verhehlt er nicht. Um Geldangelegenheiten, sein virtuosestes Metier, kümmert er sich selbst, einen Manager hatte er noch nie.

Musikalisch kam zu seiner Kreativität immer noch wenig Aufwand von außen dazu, um die Projekte zu fertigen. Der Schaffensprozeß, wie gehabt weiterhin ohne Noten, wurde von einem Synthesizer und einem Rhythmusgerät unterstützt. Moroder ruft bis heute vom Schlagzeug-Computer einen Grundrhythmus ab, über den er auf einem elektronischen Musikgerät improvisiert und dazu eine Melodie singt. Dann probiert er stundenlang und variiert. Sobald er etwas Brauchbares zum Klingen bringt, zeichnet er die Passage auf und läßt sie von professionellen Musikern im Studio umsetzen.

„Plastik-Musik" nennen Kritiker seine Werke. Vom „Untergang der Musik-Ästhetik" war mehr als einmal die Rede. Verletzt ihn das, oder stören ihn diese Formulierungen nicht? „Vielleicht haben die Neunmalklugen ja recht, ein Synthesizer ist nun einmal künstlich, doch sie übersehen, daß man die Melodie zuerst einmal komponieren und dann das Gerät auch beherrschen muß. Nein, wenn ich mich über solche Bemerkungen auch schon aufregen würde, sollte ich mich besser zur Ruhe setzen." Er greift nach dem Glas, setzt noch einmal ab, weil ihm ein Beispiel einfällt: „Da lese ich, daß ein Phil Collins, den ich sehr verehre, auch miserabel beurteilt wird. Wie soll mich dann unsachliche Kritik an meiner Arbeit überhaupt berühren?" Ob man diesen Mann nun als Künstler wertet, oder nur einen „Liedverkäufer" nennt, unbestreitbar hat er die elektrifizierte Form improvisatorischer Kreativität erfolgreich umgesetzt.

**Ein glücklicher Zufall
führte zur Film-Musik**

Immer auf der Suche nach neuen Betätigungsfeldern und Herausforderungen, probierte er in Beverly Hills etwas, das vorher für ihn Niemandsland war: die Untermalung von bewegten Bildern, made in Hollywood. Daß er zum Film kam, oder besser: der Film zu ihm, war reiner Zufall. „Der Produzent von ‚Midnight-Express', den ich gut kenne, weil er mit Donna Summer gearbeitet hat, schlug mich als Komponist für seinen Film vor. Regisseur war Alan Parker. Wir verabredeten ein Dreier-Treffen und haben uns sofort hervorragend verstanden. Von Filmmusik hatte ich keine Ahnung. Vielleicht war das ein Vorteil. Kurz und gut: der Einsatz kam auch für mich überraschend.

Wenn ich so etwas vorher schon gewollt hätte, wäre das Sache eines guten Agenten gewesen."

Seine Filmmusik, die ein sehr starkes Eigenleben führt, schlug so gut ein, daß ihm die New Yorker Kritiker 1978 den Jahrespreis zuerkannten. Dann folgte als hohe Auszeichnung der Golden Globe, und wenig später bekam er den Oscar. Auch nach Jahren ist die erste Verleihungszeremonie dieses bedeutendsten Filmpreises eine Szenenfolge, die er immer wieder mit Lust durchlebt und die ihn bis in kleinste Details erfreut.

Auf der Bühne der Academy of Motion Arts and Sciences, umrahmt von Blumenschmuck, hält der Sänger den letzten schmachtenden Ton, wartet, bis die Begleitmusik verklingt, und verabschiedet sich mit starrem Lächeln. Leiser, frostiger Applaus tröpfelt ihm entgegen. Im Fernsehen wird stürmischer Beifall vom Band zugespielt. Das ist so üblich, am höchsten Hollywood-Feiertag des Jahres. Es gilt für lasche Rahmennummern und ebenso, wenn die Namen der Kandidaten verlesen werden. Immer gleichbleibender Applaus erhöht vor den TV-Geräten künstlich die Spannung. Im Saal, in dem mehrheitlich Juroren und Insider sitzen, läßt sich bereits an der echten Lautstärke der Begeisterung ein Votum ableiten.

In dem kleinen überfüllten Kontrollraum, hinter dem Zuschauersaal, herrscht Hektik. Regisseur und Assistenten wirbeln. Aus dem Lautsprecher klingt eine Stimme „Zwei Minuten. Werbespots und Sendeansage". Der Regisseur fragt: „Was kommt als nächstes?" „Der Preis für die beste Filmmusik. Wir bringen jetzt die Kandidaten ins Bild." Die Kameras wandern zu den Komponisten John Williams, dann zu Jerry Goldsmith, weiter zu einem, der 18mal nominiert war und ebenso oft leer ausging.

Bewegung hinter den Blumen. Auf der Bühne verliest der smarte Moderator alle Namen, die fünf bekannten und den des Neulings: „Giorgio Moroder". Beifall brandet auf, lauter und länger als bei den anderen Nominierten. Moroder im Frack neben einem schönen dunkelhaarigen und tiefdekolletierten Starlet schwebt nur noch. ‚Du hast es geschafft', ist der beherrschende Gedanke eines unbeschreiblichen Glücksgefühls. Wieder folgt ein Werbespot, gleich darauf flammt über dem Monitor, der den Zeremonienmeister zeigt, eine Lampe auf. Der Conferencier kehrt zum Podium zurück. Im Kontrollraum wird eine rasche Bildfolge gemischt; Gesamtansicht, Köpfe, dann in der Totalen der Mann vor dem Mikrophon, der mit der üblichen Feierlichkeit einen Briefumschlag öffnet, den aufgeschriebenen Namen liest und die Ansage beginnt: „Den Preis für die beste Filmmusik erhält", eine letzte dramatische Pause, alle blicken erwartungsvoll nach vorne, „Mr. Giorgio Moroder für Midnight Express." Die Gäste klatschen, rufen ‚Bravo', Zusatzstimmung vom Band ist nicht nötig. Der Gewinner streckt die Arme hoch, unterdrückt einen Jubelschrei. Er steht auf, schiebt sich durch die zweite Reihe, geht nach vorne zur Bühne. Kamera drei steht im Weg, er prallt dagegen, ein Scheinwerfer poltert zu Boden, er reißt Kabel auseinander und merkt es nicht einmal.

Die Oscar-Veteranen in der ersten Reihe schmunzeln. Sie kennen dieses Hochgefühl. Die Kamera zwei erfaßt den Mann mit der roten Brille und hält die Jubelszene fest. Jetzt soll er etwas sagen, sich bedanken. Moroder bringt keinen Ton heraus („ich hatte meine Rede vergessen, ich wußte nicht mehr, wo oben und unten war"). Im Regieraum mault der Mann am Pult: „Jetzt komm, halt den Laden nicht auf, sag schon was." Schließlich bedankt sich der Südtiroler holprig und formuliert etwas von der fairen Chance, die man hier jedem gebe, egal woher er komme. Noch einmal Beifall.

Fünf Jahre später wiederholte sich die ungewöhnliche Feierstunde, wenn auch mit einem Unterschied: Beim Soundtrack zu „Flashdance" war der selbstbewußte Melodienschöpfer von vornherein ziemlich sicher, die wertvolle Statue erneut zu bekommen, „weil mein Titel so ein großer Erfolg war, soviel größer als jedes andere Stück, mußte es der Oscar sein". Neben weiteren Golden Globes und Grammys brachte der Titelsong zu „Top Gun" den dritten Oscar.

Der Hausherr lehnt sich zurück, gibt sich lässig, fährt sich durch das leicht angegraute Haar. Eigentlich wirkt er immer noch wie ein Landvermesser und nicht wie ein Hollywood-Star, ein Mogul der Pop-Szene. Was bringt denn finanziell ein Oscar? „Nicht viel. Weder unmittelbar, noch in der Folgewirkung", sagt er. „Für einen Schauspieler, Regisseur, Produzenten sicher eine Menge. Das ist etwas anderes. Ich habe natürlich anschließend auch Angebote bekommen, aber die Mittel fließen bei weitem nicht, wie man sich das vorstellt. Es gibt unheimlich viele, die versuchen, ins Geschäft zu kommen, und die gut zahlenden Clans stehen fest zusammen."

Er nennt Beispiele: „Ein Spielberg hat seinen Komponisten, und da ist es völlig egal, ob ein anderer einen Oscar gewinnt oder nicht. Das gilt ebenso für den Brandy Palmer und alle anderen. Also muß man in eine solche Clique hineinkommen. Ich habe viel mit dem Jerry Brockheimer und Don Simson gearbeitet, vier oder fünf Filme hintereinander gemacht."

Der wirtschaftliche Reiz dieses künstlerischen Aufgabenbereichs beim Film ist groß: etwa fünf Prozent Beteiligung an jeder verkauften Soundtrack-Platte. Moroder, der zu der Zeit täglich zwischen zwölf und 14 Stunden arbeitete (heute sind es sieben bis acht), produzierte wie am Fließband: „American Gigolo", „Scarface", „Cat People", „Superman III", „Die unendliche Geschichte", und wie sie alle heißen. Eine lange Reihe von Erfolgen und ein Flop, obwohl er das nicht hören mag. Gemeint ist die zeitgemäße Bearbeitung des Stummfilm-Klassikers „Metropolis" von Fritz Lang. Da hatte er sich gewaltig engagiert, für die selbstkomponierten Songs verpflichtete er Popmusiker der Extraklasse wie Pat Benatar, Jon Anderson, „Loverboy", Freddie Mercury, Adam Ant und Bonnie Tyler. Die Kritiker meinten es ausnahmsweise einmal gut, doch aus dem erwarteten Kassenschlager wurde nichts. Was ist unberechenbarer als der Erfolg?

Sport-Songs sind eine Sparte des Geschäfts, die Moroder überhaupt erst etabliert hat. Natürlich, den männlichen Charakter-Chor der Nationalmannschaften gab's schon, auch Hymnen und Schalke Glückauf. Doch daß aus solchen Hurra-Liedern internationale Hits werden können, glaubte keiner. Giorgio Moroder führte es der Branche vor. Für die Olympischen Spiele in Kalifornien komponierte er „Reach out for the Medals". Als das nächste Weltsportfest nach griechischer Tradition in Korea anstand, erinnerte er sich an die „Medals". Er saß beim Abendessen, genoß marinierten Thunfisch im Society-Lokal „Spago" am Sunset-Boulevard in Hollywood und trank ausnahmsweise kalifornischen Chablis. Mit leichter Hand warf er einige Noten auf eine weiße Serviette. Einige Monate später wurde die Melodie als Olympia-Hymne aus Seoul an Milliarden Fernsehzuschauer übermittelt.

Das Thunfisch-Beiwerk „Hand in hand" schlug alle Rekorde und erreichte in 20 Ländern einen Platz unter den Top-Ten. In Korea mußten Schulkinder das Lied mit dem Text von Tom Whitlock auswendig lernen.

Zum Fußball-Weltereignis, der WM in Italien, war er wieder am Ball. Nach jedem Spiel dröhnte es in den Stadien, sangen die Fans aus voller Brust „Un estate Italiana" (ein italienischer Sommer). „Ich habe mich ein bißchen gewundert, daß ich diese offizielle Hymne schreiben durfte, wo es in Italien international erfolgreiche Komponisten gibt, die eigentlich viel italienischer als ich sind." Natürlich fuhr der Südtiroler nach Rom und verteidigte anschließend in Amerika seine Sportleidenschaft Fußball, die in den Staaten einfach keinen Durchbruch als Fernsehsportart schafft. Fußball-Experte Giorgio hat sich Gedanken gemacht: „Die Tore müßten so groß wie beim Football sein und komplizierte Dinge wie ‚Abseits' entfallen."

Obwohl der vielseitig interessierte Klangschöpfer nicht wie ein knallharter Geschäftsmann aussieht, sind seine Gedanken stets kommerziell ausgerichtet. „Kunst kann jeder machen", behauptet er forsch, „aber Kunst zu machen, die sich auch verkauft, das ist die wahre Kunst." Seine Erfolge mit den Sporthits relativiert er dann auch sofort: „Natürlich wurden davon zig Millionen verkauft, nur mit Singles kann man finanziell nicht viel erwarten. Die kosten hier nur 1,99 Dollar, macht für mich nicht mal zehn Cent, LPs mit Sportmusik lassen sich nicht gut absetzen, Deutschland und Italien einmal ausgenommen." Da sei es lohnender, Pop-Alben zu produzieren.

Francesca kommt, zart und sanft, unglaublich liebenswert. Der eiserne Junggeselle, der er war, als er sie vor zwei Jahren kennenlernte, wurde bei ihr weich, verständlich. Gemeinsam haben sie bereits Nachwuchs. Manchmal sagen auch kluge Männer etwas Dummes und meinen es gar nicht so. Er streicht über ihr glänzendes Haar und sagt: „Es ist so fabelhaft, mit ihr zusammen zu sein. Seitdem ich Francesca habe, brauche ich keinen Butler mehr." Sie versteht zu wenig Deutsch, lächelt wie immer.

Moroders letzter Butler, ein Inder, arbeitete bei vielen Prominenten. Er will jetzt die Eigenheiten seiner Herrschaften in ein Buch packen. „Muß ich mir unbedingt kaufen", sagt Moroder, „was er über mich verbreitet. Ich habe nämlich da draußen so ein Image, das in nichts der Realität entspricht. So gehe ich beispielsweise fast nie auf Parties, weil ich um sechs Uhr morgens aufstehe. Dafür haben mich in der Zeit, vor meiner Frau, unendlich viele Mädchen besucht. Denen habe ich etwas vorgespielt, das war der beste Weg zum Erfolg."

Wie haben sich der Alltag und die Lebensqualität verändert, seitdem er mit Millionen jonglieren kann? „Alles ist natürlich leichter", sagt er. „Viel Geld habe ich immer in meinen Auto-Tick investiert. Lamborghini, Mercedes 560 SEL, BMW, Rolls-Royce und jetzt unser teures Spielzeug. Richtig, ich liebe auch meinen Weinkeller, habe Gefallen an den schönen Dingen des Lebens, die besten Hotels, First-Class-Flüge. Im übrigen schmeiße ich das Geld nicht raus, sondern halte es zusammen. Ich esse bescheiden, meine Leibspeisen sind immer noch Pizza und Spaghetti."

Ob er ohne nachzudenken schon mal etwas kaufe? Dazu brauche er vor sich selber eine Erklärung. „Wenn ich einen unheimlichen Erfolg hatte oder ich mir sagen kann, das machst du dir zum Weihnachtsgeschenk, dann leiste ich mir schon mal etwas Besonderes wie eine alte Uhr. Wochenlang hat es gedauert, bis ich mich durchgerungen habe, diese 60 000 Mark dafür auszugeben. Schließlich war das entscheidende Argument, daß es sich ja um eine unvergängliche Investition handelt."

**Konzert für 16
Pauken und Trompeten**

Wie legt der Mann, der nie einen Manager haben wollte, sein Geld an? „In erster Linie in Immobilien. Ich habe neben diesen Häusern ein Anwesen in Aspen (Colorado) erworben und in Südtirol das Familienhaus abgerissen und neu gebaut, nachdem ich meine Geschwister ausbezahlt hatte. Schließlich gehe ich bei den übrigen Anlagewerten nach dem Mischprinzip vor: ein Teil Money Market, ein Drittel Beteiligungen und Aktien sowie Gold als eiserne Reserve." Moroder steht auf, schließt die Terrassentür. Die kühle Abendluft schleicht hier oben auf den Hügeln in die Räume. Draußen beginnt vielfarbig Los Angeles zu leuchten. Er geht zum Wandschrank, kommt mit einigen Mappen zurück. Wieder hat er Neuland gesucht. Die Pop-Musik – das gibt er zu – beginne ihn im Moment doch etwas zu ermüden. Täglich im Studio, laute Musik, immer wieder probieren, nach so vielen Jahren sei das langweilig. „Das ist der Grund, warum ich andere Betätigungsfelder haben möchte." Die Architektur mit besonderer Kreativität und

Ästhetik zu verbinden sei ein Weg. So hat er einen imponierenden Turm entworfen für eine Weltausstellung oder als Mahnmal. Mit mehreren Städten verhandele er gerade. Außergewöhnlich ist das Projekt, eine Kathedrale in Pyramidenform. Ein typischer Moroder-Entwurf, ohne Fremdassistenz.

Dazu gehört der Cizeta-Moroder V 16 T, von dem er sich einen großen Erfolg erhofft, andernfalls die Idee unter Hobby-Verluste abschreibt. Daß die Verbindung zwischen dem Komponisten und dem leidenschaftlichen Techniker Zampolli zustandekam, verdanken die beiden Rambo-Rocky Silvester Stallone, ebenfalls Lamborghini-Fahrer, der sein Fahrzeug in der Werkstatt von Zampolli betreuen läßt. Er machte die beiden unterschiedlichen Herren miteinander bekannt. Als er von dem Projekt hörte, bestellte der Filmstar und Multimillionär gleich ein Exemplar des Fachmanns. Einer der ersten Wagen, die tatsächlich gebaut werden, geht an Rocky. Der Cizeta, der nie einen Windkanal sah, wurde inzwischen im Tal des Todes, in der Sierra Nevada, auf Hitze- und Kältetauglichkeit und im Stadtverkehr von Los Angeles auf Standfestigkeit getestet. Alles prima, wären da nicht die bekannten Probleme mit dem 1,11 Meter hohen Sportwagen. Am Design hat der Südtiroler fleißig mitgearbeitet. Natürlich zeichnete an der Linie auch ein Weltklasse-Designer: Marcello Gandini, ein begnadeter Karosserieschöpfer, der bei Bertone am Countach gestylt hatte.

Wie es sich für einen Spitzensportwagen gehört, verfügt dieser Traum auf Rädern (Ex-Fiat-Chef Ghidella) über ein Gitterrahmenchassis und aufwendige Einzelradaufhängung mit doppelten Trapez-Dreieck-Querlenkern. Geradezu klassisch ist das Team das Mittelmotorkonzept angegangen. Bei diesem Zweisitzer hatte man nichts am Hut mit Allradantrieb oder Spielereien wie Allradlenkung. Die Innenausstattung freilich bietet, was heute technisch machbar ist, von der automatisch arbeitenden Klimaanlage bis zum Super-Hi-Fi wie bei Moroder im Wohnzimmer.

Plastik- und Metallmodelle des Autos, in verschiedenen Größen, stehen überall in der Wohnung verteilt. Auf kaum etwas anderes ist Giorgio so stolz wie auf diesen ungewöhnlichen Automobil-Entwurf. Bei allen Bedenken bleibt er Optimist. „Warten Sie es ab", flachst er, „es wird bald in besseren Kreisen schwer zu erklären sein, warum man keinen Cizeta-Moroder fährt." Darüber muß er selber lachen. Die Brille rutscht. Er putzt sie erneut, konzentriert und sorgfältig. Er referiert über die besonderen Merkmale des Sportautos.

Außergewöhnlich ist der Leichtmetall-Sechslitermotor mit nicht weniger als 16 Zylindern in V-Konfiguration. Das zur Zeit weltweit einzige Aggregat dieser Größenordnung im Automobilbau ist hinter dem Cockpit quer eingebaut. Man muß sich das vorstellen: zweimal die Bullenkraft eines Achtzylinder-Mercedes miteinander verbunden. Die Zylinderköpfe sind mit vier Ventilen je Brennraum bestückt, wobei die acht Nockenwellen von der Mitte des Motors aus per Zahnriemen aktiviert werden. Die Maschine, die je nach Drehzahl flüstert oder grollt und in Spitzenbereichen ein regelrechtes Gewitter im Affenkäfig auslöst, wurde von Freund und Partner Claudio Zampolli entwickelt. Zampolli hat in Santa Monica einen eigenen Betrieb, Cizeta Motors, Spezialität: Lamborghinis. Er hat einst bei Ferrari Formel-1-Motoren entwickelt und die roten Renner aus Maranello an den Pisten betreut.

Während Moroder komponierte, klopfte Claudio, der gewiefte Ingenieur, in seiner privaten Bastelstube den Takt für 16 Zylinder und 64 Ventile. Bereits bei der Premiere auf dem Prüfstand funktionierte das außergewöhnlichste Triebwerk der Welt wie eine Schweizer Uhr. Über 8000 Touren fauchen die 560 PS kraftvoll, unwiderstehlich. Mehr als 320 Stundenkilometer schnell ist damit die Flunder. Wenn die Reichen und Ausgeflippten der Welt wirklich so wahnsinnig sind, dann sollen sie ihren Wahnsinn haben. Giorgio kommt mit dem ersten Gang hin. Schneller als 130 fährt er nie.

Dem Mann, der mit Fleiß und Ideen zur Berühmtheit geworden ist, ohne die Nachteile eines Hollywood-Stars wie Einschränkung der persönlichen Freiheit und Sturmlauf der Fans in Kauf nehmen zu müssen, gehen die Wunschträume nie aus. Jetzt möchte er einmal als Regisseur einen Film machen. Nein, konkrete Pläne gebe es nicht. Nebulöse, mit vielen Worten nichtssagende Andeutungen à la Hollywood, nur um sich damit ins Gespräch zu bringen, liegen dem grundsoliden Burschen aus den Bergen überhaupt nicht.

Was er auch tut, er wirkt stets bescheiden und ist mit seinen Erfolgen doch das schillerndste Vorzeigestück der Branche. Bei der musikalischen Bewertung wird er sich zu allen Zeiten auf eine Polarisierung einstellen müssen, von Akzeptanz – wie: „ein perfekter Henry Mancini auf 110 Volt" oder „Klassiker der Pop-Musik" (Wall Street Journal) – bis zur totalen Ablehnung mit dem Hinweis, daß er nichts als synthetische Sound-Gestaltung mache, vergleichbar dem Gedudel, mit dem Fluggästen die Angst genommen und Kunden im Supermarkt Spaß am Kaufen geweckt wird. Die wirtschaftliche Ausnahmestellung, auf Punkt und Komma meßbar, erkennen auch die Neider an. Der Bergbauernsohn hat selber konsequent verfolgt, was er in einem Song fordert: „Go for the Gold!"

XII

HEINZ PRECHTER

HEINZ PRECHTER

Vom Sattlerburschen zum Konzernbesitzer in Detroit

Die steile Falte über dem Nasenrücken, Zeichen von Unmut und Verstimmung, löst sich in einem Lächeln. Heinz Prechter, den sie den „amerikanischen Cabrio-König" nennen, scheint noch einen Augenblick über das gerade beendete Gespräch mit japanischen Finanziers nachzudenken, geht dann zur Tagesordnung über. 350 Millionen Dollar hatten sie ihm geboten. 350 Millionen Dollar für seine Automobilfirmen, 31 Werke in drei Kontinenten. Die übrigen Unternehmen und Beteiligungen sollten von diesem Geschäft unberührt bleiben.

Prechter hat abgelehnt. Heute mit derselben Entschiedenheit wie viele Male zuvor.

Die Begründung dafür wirkt fremd in der sonst so tiefgekühlten Managerdiktion der Branche: „Die Firmen", sagt er, „sind mein Lebenswerk. Wie kann ich sie für Geld abgeben, ich verkaufe doch auch nicht meine Kinder."

Vertane Zeit sind für den gebürtigen Franken solche Gespräche. Nicht einmal persönliche Anerkennung sieht er in den Angeboten. Sie sind ihm einfach lästig.

Wer ist dieser Mann, der in Detroit, der Automobilhauptstadt Amerikas, als Zulieferer der internationalen Kfz-Industrie auch nicht bei den großen Drei Klinken putzen muß, den die Big-Shots Lee Iacocca, Roger Smith und Red Poling zu Hause besuchen? Was ist so außergewöhnlich am deutschen Chef des Weltunternehmens ASC, das mit dem Concept-Car Vision II einen der aufregendsten Autoentwürfe in Genf ausstellte? Prechter, der nie in seinem Leben einen Teller gespült hat, verkörpert wie kein zweiter die tausendfach erzählte amerikanische Erfolgs-Story: vom Tellerwäscher zum Millionär.

1942 wurde er in Kleinhöbing geboren, auf einem Bauernhof in diesem winzigen fränkischen Nest. Nach der Volksschule begann er bereits mit 13 Jahren als Lehrling in einer Sattlerwerkstatt. In Nürnberg demonstrierte er erstmals, was Fleiß bewirken kann. Mit außergewöhnlich guten Noten in der Berufsoberschule ließ man ihn zu Vorlesungen an der Politechnischen Universität zu. 1963 kam der Mann mit der Figur eines Jockeys als Austauschstudent für ein Jahr in die Vereinigte Staaten von Amerika. „Ganze elf Dollar hatte ich in der Tasche", schilderte er in einem Gespräch, „aber ich fühlte mich unglaublich reich."

Es machte ihm nichts aus, bis zu 14 Stunden täglich in Werkstätten zu arbeiten, um die Miete für die Doppelgarage zahlen zu können, die er nach und nach mit gebrauchtem Werkzeug einrichtete, um Schiebedächer in Autos von der Stange einzubauen. Stolz nannte er seine Ein-Mann-Firma die „American Sunroof Company". Zwei Jahre später packte er seine Utensilien in Kisten und zog nach „Detroit City", wie er sagt und wie es in den Songs heißt, die ihn schon damals begeisterten. Fleiß und Ideen in der Kombination führen häufig zu Erfolg. Er stellte ein paar Leute ein, und er fand ein kostengünstiges Verfahren, Vinyldächer aufzuspritzen.

In dieser Größenordnung hätte sich bei Prechter wohl alles weiter bewegt, wäre nicht Henry Ford II. gewesen. Der letzte Auto-Zar unterhielt sich mit dem Deutschen, der – wie er – „besessen in Autos" dachte, und gab ihm schließlich die Chance, in 500 Ford Mercury-Cougar-XR-7-Modelle Schiebedächer einzubauen. Das war ASCs erstes Programm für ein Großunternehmen. Es folgten Ford-Cabrios in Kleinserien.

Auch als er die erste Million in Dollar auf dem Konto hatte, ließ sein Biß nicht nach, zeigte er keine Anzeichen, wie viele andere, sich nun selbstzufrieden und satt zurückzulehnen. Bis heute ist sein Arbeitstag unverändert intensiv wie in der Anfangsphase.

Punkt fünf Uhr schrillt der Wecker, dann geht's ins eigene Sportzentrum, wo er mit Direktoren Racketball spielt und dabei den Tag bespricht. Nach dem Duschen und einer Tasse Kaffee sitzt er Morgen für Morgen um sieben Uhr am Schreibtisch. Zum Lunch begnügt er sich mit einem Sandwich, und beim täglichen Abendessen sind die Gespräche mit Partnern das Wichtigste. Nur das Wochenende gehört seiner Familie, der Ehefrau Waltraud, die ebenfalls aus Franken kommt, und den neunjährigen Zwillingen Paul und Stefanie.

Natürlich hat dieser Mann, der Millionen Menschen das Autofahren noch ein bißchen angenehmer gemacht hat, mit den Gewinnen sein Traumhaus gebaut, auf der großen Insel am Eriesee mit herrlich altem Baumbestand im eigenen Park und Gästehaus im Art-Deco-Stil. Auch sein Sportzentrum ist optimal eingerichtet, aber ansonsten lebt er so bescheiden wie damals, als alles anfing. „Fränkische Landgerichte sind mir das Liebste, und richtig Spaß habe ich, wenn ich es einrichten kann, Reisen in Nürnberg zu unterbrechen. Dort habe ich meine Freunde, dort lebt mein Bruder immer noch auf dem Bauernhof."

In Amerika kam der Erfolg, doch geschäftliche Anbindung sucht der US-Bürger, der im Herzen stets Deutscher geblieben ist, auch in der Bundesrepublik. Bei Heilbronn baute er eine neue Betriebsstätte, in der die Cabrio-Ausführung des Porsche 944 S2 produziert wird. Zum Ende der achtziger Jahre arbeitete ASC bereits im Lohnauftrag für Porsche, in einer eigenen Betriebsstätte in der Bundesrepublik, wo man nun, neben der Beteiligung bei den Karosseriewerken Weinsberg, über ein festes Standbein verfügt. Darüber hinaus wurde in Südkorea zusammen mit Hyosung eine Fertigungs- und Entwicklungsstätte in Betrieb genommen. ACS, die drei Buchstaben, die vom Firmenkürzel zur Konzernbeschreibung wuchsen, arbeitet außerdem mit Takada Kogyo, einem bekannten Kraftfahrzeughersteller in Japan, bei der Produktion von Carioletkomponenten zusammen. Unter dem Strich steht ein Marktanteil von 23 Prozent bei den größten Zulieferern der Cabrioletindustrie. Allein im Modelljahr 1989 wurden von ASC über zwei Millionen Spezialfahrzeuge für Kunden auf der ganzen Welt modifiziert. Auf dem ASC-Stand beim Genfer Automobil-Salon, der stets zu Beginn des Frühlings stattfindet, geht es zu wie auf einem Stehempfang. Hallo, Mister Lutz, Grüß Gott, Herr Doktor Reitzle. Vor wichtigen Leuten zeigt der Autokönig von Detroit Respekt, er deutet sogar eine leichte Verbeugung an. Auch ein Ausdruck der eigenen Bescheidenheit. Er tuschelt mit dem Chrysler-Präsidenten, notiert sich ein paar Zahlen auf einem Taschenblock und freut sich. „Probleme, die im Eiltempo gelöst werden, und Millionenverträge, die bei einem kurzen persönlichen Gespräch abgeschlossen werden, sind mir am liebsten, lange, zähe Verhandlungen dagegen ein Greuel wie sonst nur noch endlose Parties, auf denen man kostbare Zeit verschenkt."

Ein Mittvierziger im Manager-Grau fragt ihn, wieviel Prozent Eigenanteile er denn noch an seiner Firmengruppe halte. Prechter nestelt an der Club-Krawatte, blickt irritiert über den oberen Rand seiner Brille: „Ich habe überhaupt keine Teilhaber, keine Aktionäre. In allen Unternehmen bin ich Alleinbesitzer." Und weil das nicht so leicht zu verstehen ist, fühlt er sich verpflichtet, eine Erklärung nachzuliefern: „Da pflege ich eine andere Philosophie als die Amerikaner." Und noch in einem anderen Punkt ist er nach 27 Jahren kein bißchen amerikanisch geworden: „Zur allgemeinen Auffassung gehört es dort, ein Unternehmen mit allen denkbaren Möglichkeiten der Finanzierung hochzubringen und unmittelbar vor dem Höhepunkt zu verkaufen. Das, wie gesagt, kommt mir nicht in den Sinn."

Was er mit dem Geld macht? Eine simple Frage bei verständlicher Neugier. Prechter baut sein Unternehmen weiter aus, aber er pflegt auch seine Träume. Nach der Vision I entwarf er vor Genf mit seinen Designern ein noch aufregenderes Auto, „the Vision II", Wespentaille, Haifischmaul, luxuriöse Innenausstattung. In die Stahlkarosserie wurde ein völlig neuartiges Spoiler-Schiebedach integriert. Die viertürige Bauweise wurde mit Blick auf den Markt der neunziger Jahre gewählt.

Kartographier- und Navigationsanlage helfen dem Fahrer, den Zielort problemlos zu finden. Die Rückspiegel werden durch den Einsatz von zwei Kameras, deren Aufnahme direkt auf LCD-Bildschirme im Armaturenbrett übertragbar sind, ersetzt. Durch dieses System entfällt der tote Winkel. Das Projekt hat mehr als drei Millionen Dollar gekostet.

„Obwohl Vision II ein Fahrzeug der nächsten Generation ist, haben wir versucht, den praktischen Aspekt in unsere Konstruktion zu integrieren", kommentiert Mark Trostle, leitender Direktor der Designabteilung. „Die viertürige Bauweise wurde mit Blick auf den Kraftfahrzeugmarkt der Zukunft gewählt: „Es ist unsere Überzeugung, daß der zukünftige Fahrzeugbau dem leistungsfähigen, vielseitig anwendbaren und dem Fahrvergnügen Rechnung tragenden Konzept der Vision II folgen wird." Die Türen zum Fond, die an der B-Säule geöffnet werden, bieten bequemen Einstieg. Dem Fahrer steht eine komplette on-board Büro-Computeranlage zur Verfügung: Telefon mit Modem, Telefax, 9"-CRT-Farbmonitor, Aktienmarkt-Infosystem, Textverarbeitungssystem und Keyboard. Das Alpine Sound System mit parametrischem Equilizer und Zehn-Disc-CD-Player sorgt über flach eingebaute Lautsprecher für ein high-fidelity Klangerlebnis. Die Kartographier- und Navigationsanlage bietet dem Fahrer mühelose Streckeneinhaltung. „Vision II wurde aufgrund unseres 25jährigen Firmenjubiläums als Partner der internationalen Automobilindustrie gefertigt und versinnbildlicht die Fähigkeiten unserer drei Firmengruppen", erwähnt ASC-Vorsitzender und Präsident Heinz Prechter. „Vision II verdeutlicht, daß wir auch in Zukunft mit der Automobilindustrie zusammenarbeiten können."

**Präsident George Bush
schrieb ihm einen Dankesbrief**

Wird der Prototyp bald in Serie gebaut? Prechter schüttelt den Kopf. „Nein, es ist nur für die Selbstdarstellung des Unternehmens und zu meiner Freude da. Das ist doch die Summe wert..."

Ein Fahrzeug als äußeres Zeichen des Erfolgs. Um den in der Branche zu dokumentieren, gab es zu keiner Zeit einen Nachholbedarf. Bereits in den frühen 70er Jahren erweiterte ASC sein Produktionsprogramm und begann mit dem Design und der Fertigung von kundenspezifischen Sonderanfertigungen für die Automobilindustrie. 1978, zehn Jahre nach der Durchführung seines ersten Projekts, arbeitete das Unternehmen an über 40 Projekten, modifizierte über 1 600 000 Fahrzeuge in den USA und produzierte mehr als 70 000 Schiebedächer. Das Wachstum des Unternehmens war unaufhaltsam, das Produktangebot hatte sich um ein Vielfaches erweitert, und der Name American Sunroof Company wurde den Fähigkeiten, Produkt- und Leistungsangeboten dieses aufstrebenden Unternehmens nicht mehr gerecht. Im Januar 1982 fand eine Neugestaltung der bisherigen Betriebsstruktur statt. ASC Incorporated war ins Leben gerufen.

ASC Incorporated besteht aus drei Hauptgeschäftsbereichen – Aeromotive Systems Company, American Sunroof Company und Automobile Speciality Company. Mitte der 80er Jahre begann man bei ASC, weltweit für die Automobilindustrie zu arbeiten. Saab und Toyota waren die ersten Kunden, für die in eigener Regie entwickelte Cabrioletkomponenten beziehungsweise ganze Fahrzeuge aus den USA nach Europa und Asien verschickt wurden.

Das ASC-Werk in Bowling Green in Kentucky/USA arbeitet ausschließlich für die Corvette-Cabriolets von Chevrolet. Bei diesem Programm werden die Verdeckkomponenten bei ASC gefertigt und just-in-time an das angrenzende Montagewerk von General Motors geliefert. Umgekehrt werden die aus dem Montagewerk von General Motors kommenden Corvettes mit ASC Hardtops versehen und an General Motors zurückgebracht. Von dort werden die Fahrzeuge an die Händler ausgeliefert.

Mit jedem Jahr wuchsen die Überschüsse, vergrößerte sich das Imperium des einstigen Auswanderers. Es ist wie bei vielen anderen, die ich befragt habe. Auch Heinz Prechter versichert glaubwürdig, daß er zu allererst Erfolg und Anerkennung genießt und den Spaß an der Herausforderung. Das Geld, das er verdient, ist für ihn zwangsläufige Belohnung, aber nicht zentrale Überlegung für Planung und Arbeit.

"Wer hat, soll auch gerne geben", sagt er überzeugt und spendet großzügig für die Kultur und wohltätige Zwecke an allen Orten, wo Prechter-Werke stehen. Er investiert Millionen in Zentren für schöne Künste, Ausbildungsprogramme und Universitäten. Sicherlich auch darum wurde Heinz C. (das "C" steht für Christian) Prechter dreimal Ehrendoktor, unter anderem der Eastern Michigan University in Detroit. Zweimal wurde er Manager des Jahres, und 1988 ernannte ihn das Northwood Institute zum "Outstanding Business Leader". Weil er ein politisch sehr interessierter Mensch ist, unterstützt er ebenso die Politik.

Bei George Bushs Geburtstag in Islamorada (Florida Keys) plauderte er mit dem Präsidenten auf dem Bootssteg und saß schließlich mit ihm gemeinsam an der Festtafel. Prechter ist überzeugter Republikaner, sammelte schon Wahlkampfgelder, bevor sein "Freund George" Vizepräsident wurde, und brachte vor der letzten Entscheidung nochmal mehr als eine Million zusammen. Über Prechters Schreibtisch in seinem mit Designer-Skizzen und Auszeichnungen dekorierten Büro im Detroiter Vorort South-Gate hängt ein Foto vom Shake-hands mit dem Präsidenten, das die Aufschrift trägt: „Meinem lieben Freund Heinz, dem ich so überaus dankbar bin, mit allen guten Wünschen, George Bush."

Ehefrau Waltraud war Theologie-Studentin, als Prechter sie kennenlernte. Mit der Hochzeitsreise erfüllte er sich einen weiteren Lebenswunsch. In vier Wochen eroberten die Honeymooner die Welt. Einmal rund um den Erdball im Düsenjet, mit dem Schiff und dem Auto. Auch heute wechselt Prechter ständig zwischen diesen drei Fortbewegungsmöglichkeiten. Am Bootssteg vor seinem Haus liegt ein 800-PS-Rennboot, ein Düsenjet mit eigener Besatzung hilft, Reisezeit zu sparen, und in der Garage steht neben einem Cadillac natürlich viel Deutsches: ein Zwölfer BMW, ein 56er Porsche Spider, wie ihn einst James Dean auf seiner letzten Fahrt benutzte, und zwei 928er. Einen davon hat Prechter einfach aufgeschnitten und verlängert. Den viersitzigen Porsche mit vier Türen ließ Ferry Porsche später kopieren, in Serie ging er nie.

Weil es sich so ergab, wurde aus dem Autoreich des Deutsch-Amerikaners mittlerweile ein Multikonzern. Als sein Freund Coleman A. Young, der dunkelhäutige Bürgermeister von Detroit, ihn darum bat, übernahm Prechter ein pleite gegangenes Renommier-Restaurant, später auch ein Hotel. Es folgte ein Zeitungsreich mit 22 Blättern, unter anderem eine Wochenzeitung, die einst Henry Ford I. gegründet hatte und die seit 1917 „Dear-born Press and Guide" heißt. Ein Immobilienunternehmen rundete das Mischprogramm ab. Insgesamt arbeiten mehr als 3000 Menschen für Prechter, der versucht, allen die Möglichkeit zu geben, sich bestmöglich selbst zu verwirklichen.

Wie hat er sich verändert zwischen der Startphase und heute? Er betont die sparsame Lebensart, so als geniere er sich, die Millionen zu genießen. Ein Schock, den er während der Rezession Ende der siebziger Jahre in Detroit erlebte, wirkte lange nach. „Eine Firma nach der anderen war damals am Ende. Ich hatte nackte Angst und sagte mir immer wieder, was schnell hochkommt, geht auch schnell wieder nach unten." Tatsächlich rauschten die Umsatzzahlen in den Keller. Von 120 Millionen auf 50 und schließlich auf 25 Millionen. „Gerettet haben mich die Vinyldächer. Der Materialeinsatz lag zwischen 30 und 40 Dollar, der Kunde zahlt rund 250."

Es sind immer erst einmal die persönlichen Ideen, die Bedürfnisse wecken und damit für einen Markt sorgen, der dann zum Spielfeld wird, auf dem sich Einsatz, Fleiß und Organisationstalent bewegen können. Als Prechter im kalifornischen Sommer den endlosen Limousinen-Lindwurm auf den Highways unter der glühenden Sonne sah, kam ihm der Gedanke, Schiebedächer anzubieten, die in diesem Land fehlten, weil Klimaanlagen fast immer in den Fahrzeugen für Kühle sorgen. Doch die Möglichkeit, im Auto ein Stück vom Himmel zu sehen, wenn auch nur ein begrenztes, wurde begeistert angenommen.

Jetzt hat er einen neuen Dreh und damit eine weitere Marktnische gefunden: Das Klappverdeck für Vans und Lieferwagen. Eine angenehme Seite des Erfolgs ist, daß sich neue Vorstellungen viel leichter realisieren lassen. Chrysler hat bereits zwei Serien à 5000 Stück bestellt.

Eine Szene aus dem Frühjahr '92. Wieder steht Genf an, der Salon, mit dem der europäische Autofrühling eingeläutet wird. Es gibt kaum Neuheiten und echte Premieren. Das Wort vom Autofrühling gilt wohl meteorologisch und nicht automobilistisch. Die Vorstände der internationalen Automobilhersteller haben ein gemeinsames Ziel. Sie drängen sich um den Rand des Präsentiertellers, auf dem sich ein Nissan 300 ZX 2+2 dreht. Es ist kein gewöhnliches Auto, für das die Bühnentechniker ein sanftes Licht ausgetüftelt haben, das die Linien betont, sondern das erste Coupé, das sich auf Knopfdruck in ein Cabriolet verwandelt. Das Dach schiebt sich geräuschlos und schnell wie ein Faltverdeck in den Kofferraum – und natürlich auch zurück. Wo Regen zum Alltag gehört, wartet man auf eine solche Möglichkeit ganz sicherlich. Der Beifall ist groß, der Neid der Mitbewerber unverblümt.

Zu einer Zeit, da General Motors bekanntgibt, 74 000 Leute entlassen zu müssen, Iacocca mit Chrysler zum dritten Mal ums nackte Überleben kämpft und Ford das schlechteste Ergebnis der Firmengeschichte meldet, baut Prechter sein Imperium nochmals aus, hat er die wirtschaftliche Einbahnstraße Japans in lukrativen Gegenverkehr umfunktioniert, seine eigenen und damit endlich auch US-Produkte auf den Nippon-Markt gebracht: Er exportiert Toyotas und Nissan-

Modelle, die er geöffnet und umgebaut hat, mit einem patentierten Faltdach nach Asien und Europa.

Eine Überraschung, ja eine Sensation? Ganz sicher nicht, wenn man bewertet, wieviel Markt-Gespür und unermüdlichen Einsatz der Deutsche zusammenbringt.

Heinz Prechters Tips für junge Manager auf dem Weg nach oben. Das Wichtigste:

„Wählen Sie eine Aufgabe, die Sie fesselt und mit der Sie sich total identifizieren können."

„Suchen Sie nicht nach Positionen, die Sie nur in die Lage versetzen, Ihren Lebensunterhalt finanzieren zu können."

„Bemühen Sie sich, Perfektionist zu sein! Auch, wenn der Begriff in der Wohlstandsgesellschaft oft einen negativen Klang hat, streben Sie ihn an."

„Diskretion und Vertraulichkeit sind die halbe Erfolgsmiete."

„Lassen Sie sich in der Aufbauphase niemals von dem Geld, das Sie gerade verdienen, beeindrucken oder gar blenden."

„Führen Sie nicht im Kommandoton, sondern lassen Sie die Mitarbeiter ihre Talente entwickeln. Sie haben schließlich den Nutzen."

XIII

MARK McCORMACK

MARK McCORMACK

Gute Geschäfte mit Golf, Tennis und dem Vatikan

Die New Yorker Morgensonne zaubert Gardinenmuster auf den wuchtigen Eichenschreibtisch. Die Straßensinfonie der Metropole palavert durchs halb geöffnete Bürofenster. Mark McCormack, ohne den – wie die Washington Post schrieb – im professionellen Weltsport überhaupt nichts mehr läuft, telefoniert mit Australien, ein Millionengeschäft, dann mit Berlin, privat. Seine tennisspielende Frau Betsy Nagelsen (sie tritt unter ihrem Mädchennamen an) hat an diesem Tag bei den Internationalen deutschen Meisterschaften eine Runde gewonnen. „Gegen die Deutsche Claudia Porwick, ist das nicht ein hervorragendes Ergebnis?" freut sich der Ehemann, strahlt für Sekunden und genießt es, mir das Ergebnis mitteilen zu können. Doch dann kommt er sofort zur Sache. „Wie lange brauchen wir für das Gespräch?" fragt er. „Sind 45 Minuten okay oder maximal 60? Let's go", sagt er und drückt die Stoppuhr.

Der Mann macht Tempo. Unsichtbar scheint neben uns ein Olympiastarter zu stehen, der hinter den Blöcken die Pistole hebt: „Auf die Plätze, fertig, los", Zeitspiel im Büro als Sprintwettbewerb. Der weißhaarige Herr, dem man nachsagt, er wickele seine Geschäfte mit der Rücksichtslosigkeit eines Attentäters ab, bleibe dabei aber stets ein Gentleman, hat den jungen Tag bereits in Minutenscheiben portioniert.

Die straffe Organisation des Ablaufs, das Geizen mit der kostbaren Zeit war schon sein System, sein Arbeitsstil, als das mächtige

IMG-Imperium (International Management Group) nicht einmal in seinen Vorstellungen existierte. Nur hat er heute die Nutzung eines kompletten Arbeitstags total perfektioniert. Geld macht McCormack wie Heu, die Zeit aber scheint dem knapp 60jährigen davonzurennen. Der Preis für den Erfolg, wie ihn sonst keiner in der Branche findet.

Blenden wir 30 Jahre zurück: An einem ebenso strahlenden Morgen und zur gleichen Frühaufsteherzeit – typisch für den Starmanager – saß Mark an einem bescheideneren Schreibtisch mit dem Rücken zum Fenster und sein Freund Arnold Palmer davor, dort, wo ich heute sitze.

Mark war ein junger, nicht übermäßig erfolgreicher Anwalt, vielleicht weil der Sport ihn zu sehr ablenkte. Ungeschminkt sagt er von sich selbst: „Vor allem spielte ich Golf und sogar gut genug, um bei den US-Championships zugelassen zu sein. Aber doch nicht gut genug, um Meisterschaften zu gewinnen. Ich wollte beruflich allzu gerne etwas tun, was im Zusammenhang mit Golf steht und bei dem ich gleichzeitig meine juristische Ausbildung nutzen konnte.

Sein Freund Arnold Palmer war der Beste von allen, die weltweit in dieser Sportart antraten. Er war der überlegene Langspieler, der unübertroffene Putter. Alles machte er perfekt, solange er sich auf Rasen bewegte und einen Schläger führen konnte. Nur mit Geld umzugehen und mit klugen Verträgen, die ihn schon damals reich gemacht hätten, bereitete ihm Kopfschmerzen, machte ihn regelrecht fertig. „Das belastet mich, dieser ganze Kram blockiert das Hirn", überlegte er Ende der fünfziger Jahre, „wenn mir da einer professionell helfen könnte, würde ich ihn am Preisgeld beteiligen."

Ähnliche Gedanken, wenn auch von anderer Ausgangsposition, war Mark bereits vor- und rückwärts durchgegangen. Als sich nun sein Freund genau in diese Richtung äußerte, beschloß der Jurist, ohne zu zögern, die nächtelang durchgespielte berufliche Kehrtwende: „Mit 400 Dollar Startkapital gründete ich eine eigene Firma und damit einen neuen Industriezweig: die Sportmanagement- und Sportmarketingindustrie. Daraus wuchs die International Management Group." Wahrscheinlich wurde er in Amerika so schnell bekannt, weil man ihn überall „den Mann, dem Arnold Palmer seine Millionen verdankt" nannte.

Als Mark „the shark" (Mark, der Hai) bezeichnen ihn manche Kritiker, weil er wie kein anderer konsequent abkassiert und Prozente diktiert. Seinem Klienten verschaffte er vom ersten Tag fabelhafte Verdienstmöglichkeiten, aber nichts lief ohne Honorar für ihn. Er ging systematisch vor. Alles und jedes wurde auf Notizzetteln vermerkt, die als Sammlung manchmal die Stärke von drei bis vier Kartenspielen erreichten. Er war mit zehn oder fünfzehn Prozent an den Aufträgen beteiligt, die seine Klienten ohne ihn nie bekommen hätten, und bekam ebenso seinen Anteil an laufenden Einnahmen, die der Sportler ohne Marks Dazutun hatte.

Nach kürzerem Anlauf als der Hochspringer Fosbury zur Latte brauchte, registrierte der Manager die erste Netto-Million. Gejubelt hat er nicht, auch nicht gefeiert. Sachlich stellt er fest: „Jeden Dollar mußte ich investieren." Er baute Zweigstellen und Büros in aller Welt auf. Der Perfektionist hatte einen Leitsatz, der in abgewandelter Form von vielen Selfmade-Millionären zu hören ist: „Über den kleinen, freudebringenden Erfolg nie das große Ziel aus den Augen verlieren."

Zufrieden gab sich der Mann, der nicht nur mit dem Klang seines Namens an einen Schotten erinnert, auch nicht, als er zehn Jahre später bereits 500 Vollzeit- und 150 Teilzeitarbeitskräfte in 10 Ländern und 20 Büros beschäftigte. Auf diese Weise betreute er 500 Sportler aus allen Bereichen. Ende der 80er Jahre hatten sich sämtliche Zahlen im schönen Gleichschritt verdoppelt. Da waren bereits mehr als 1000 Athleten Vertragspartner von IMG. Die Millionen, die Mark McCormack persönlich kassierte, legte er in Wertpapieren und Immobilien an. Inzwischen waren seine Beteiligungen am finanziellen Erfolg der Sportler und bei der Vermarktung von Fernsehrechten auf bis zu 50 Prozent gestiegen.

Wie energisch er dafür Kundenziele verfolgt, macht das Beispiel Wimbledon deutlich. Als McCormack und seine engsten Vertrauten vor gut 20 Jahren in den Londoner Vorort kamen, erwirtschafteten die Veranstalter mit dem Turnier auf dem heiligen Rasen ein Plus von 35 000 Pfund. Jetzt sind es sieben bis acht Millionen Pfund bei jeder Offenen Englischen Meisterschaft. Der smarte Amerikaner, der den steifen Vorständen, die längst allem Irdischen entrückt schienen, zunächst ein Dorn im Auge war, ließ sich nicht beirren und verkaufte jeden Quadratzentimeter der Anlage nach Detailplänen an Sponsoren,

Erdbeer- und Champagnerverkäufer, er vermarktete das Vereins-Emblem in Violett und Grün auf Krawatten, Hemden, Pullovern, auch auf Schraubenziehern und Kugelschreibern.

Als er das Fernsehen, das die Übertragung des feinsten Wettbewerbs im weißen Sport als gottgegebene Selbstverständlichkeit ansah, brutal zur Ader ließ, hatten die stocksteifen Oldies bereits ihren Frieden mit dem Fremdling gemacht, der ihnen so reiche Ernte garantierte. Jede Minute der Fernsehzeit verhökerte Marks Tochtergesellschaft TWI rund um den Erdball. McCormack hatte als erster erkannt, daß seine Idee einen Kreislauf in Gang setzt, der für alle Beteiligten Profit abwirft. RTL bezahlte in Deutschland beispielsweise fünf Millionen Mark für die Rechte; die Werbeeinnahmen für die Spots während der Seitenwechsel betrugen aber zehn Millionen. Auch hier zahlte sich das Risiko aus.

Weil alles so schön lief und Mark McCormack sich – wie gesagt – nie mit dem „kleinen Erfolg" zufriedengab, kaufte er dem Tennis-Zirkus ATP für 56 Millionen Dollar die Rechte für alle Turniere ab. Rechnen Sie sich selber aus, wieviel der Mann, der Tennis boomen und Geld regnen läßt, damit dem Familienkonto auf Hawaii überschreiben kann.

Objektiv gibt es nun natürlich wichtigere Dinge als Tennis und Golf. Auch wenn einige Sportfanatiker da sicherlich lautstark protestieren werden. Allerdings zählt Politik für McCormack nicht dazu. Da sieht er auch nur durch Etats streng reglementierte Quellen. Beratungen aber, die kostbarer Zeit der Vorbereitung bedürfen und dann nur für die Ehre sind, würden der geschilderten Philosophie widersprechen. McCormack ist ein politisch interessierter Mensch, weil jede Veränderung wichtig fürs Geschäft sein kann. Zum Geschäftemachen taugt dieser Lebensbereich nicht.

Dafür vermarktete er die Papst-Reisen und die jährliche Gala der Nobel-Stiftung. Zum Papst, der weltweit akzeptiert ist und Emotionen weckt, hat er eine Wunschvorstellung: Der Heilige Vater mit der Coca-Cola-Flasche in der Hand als Werbeträger für das bekannteste Markenprodukt dieses Erdballs. Zwischen Wunsch und Wirklichkeit ist der Graben gar nicht mal so breit. „Wir verhandelten mit der katholischen Kirche von England. Der Vatikan und die Ortskirche hatten uns gebeten, die kommerzielle Seite, die auch vom Vatikan akzeptierte

Vermarktung der Papst-Reisen, zu übernehmen. Wir wurden uns einig." Wieviel Prozent er der sicherlich nicht armen Kirche abknöpfte, darüber mag er nicht reden. Dabei verzieht Mark McCormack das Gesicht. Er tut so, als sei er verschnupft. Als sei das Melken der heiligen Kuh Alltagsgeschäft, eine solche Frage aber ein Sakrileg.

Die Olympischen Spiele, die alle vier Jahre die Welt in Atem halten, gehören im Grunde genommen ebenfalls dem Manager, der sie verplant, verkauft, vermittelt. Der Mann, der bei Verhandlungen bis in die Haarwurzeln konzentriert ist, findet Möglichkeiten, an die sonst keiner denkt. Die Gralshüter der Amateurüberzeugung heulten auf, als sie von den Millionen hörten, die IMG als Provision allein für den Verkauf der TV-Rechte kassierte. Bei solcher Kritik oder Einwänden, die er nicht verstehen mag, nimmt der Mann die Schärfe und den stechenden Blick eines Raubvogels an. „Der olympische Geist wandelt sich", sagt er. „Wenn die Erfinder der Spiele heute hier sitzen würden, wäre es ihnen von vornherein egal, womit sie ihr Geld verdienen." Und er ist überzeugt davon.

Überzeugungen vermittelte er auch in seinem Buch „Was man an der Harvard Business School nicht lernt". Es wurde ein Bestseller, ja, ein Lehrbuch an amerikanischen Wirtschaftsschulen. Darin gibt McCormack Weisheiten preis und Anregungen, wie Jungmanager den richtigen Weg zum Erfolg finden. Mit Erfolg meint er Millionen. Es sind vernünftige Dinge, klug und alltagsbezogen, die er aus seiner Sicht schildert.

Ein paar Kostproben:

Viele Leute, die eine Firma gründen möchten, aber nie über den Wunsch hinauskommen, sind davon überzeugt, daß sie nur damit zu warten brauchen, bis sie genug Geld beisammen haben. Für sie wären sogar zehn Millionen Dollar als Anfangskapital nicht ausreichend. Kein Guthaben auf der Bank kann den Verlust der Sicherheit wettmachen, der mit dem Verlust eines festen monatlichen Einkommens verbunden ist. Wenn sie ihr Projekt ausarbeiten und für jede Sparte in der Rubrik „Ausgaben" mit der maximalen Summe rechnen, werden sie ihre Pläne mit Sicherheit nie realisieren können.

Etliche Geschäftsleute analysieren ihre Gründe, eine Partnerschaft einzugehen, nicht so gründlich wie sie sollten. Manchen geht es hauptsächlich um die „numerische Sicherheit". Natürlich ist es beruhigend zu wissen, daß man nicht immer allein verantwortlich ist. Aber die Probleme, die eine Partnerschaft mit sich bringt, wiegen den Grad der erhofften Sicherheit bei weitem auf. Es gibt Partnerschaften, wo Stärken und Schwächen ausgewogen sind und der geschäftliche beiderseitige Vorteil überwiegt. Aber es ist wahrscheinlicher, daß die Partnerschaft selbst zum größten negativen Faktor wird, und wenn auch nur in der Hinsicht, daß sie der Flexibilität abträglich ist. Es kann kein Zufall sein, daß die spektakulärsten Erfolge in der Geschichte des Unternehmertums „Solonummern" sind.

**Am Anfang nahm er
nur zehn Prozent von Sportlern**

Gedanken, die sich, in Buchform verpackt, ausgezeichnet verkaufen lassen.

Bei der Frage nach der Auflagenhöhe kokettiert er, zuckt mit den Schultern: „Eine gute Million war es in Amerika, weltweit werden es schon ein paar Millionen sein." Millionen, andere Größenordnungen sind für Mark McCormack nicht vorstellbar. Was macht er nun mit der Ernte seiner Bemühungen? Wie genießt er die finanziellen Vorteile seines Erfolgs? Er spielt ab und zu mit Freunden Golf oder Tennis und jettet ansonsten wie eh und je um den Erdball. „Was soll ich groß mit meiner Freizeit machen, wenn alles, was ich bei beruflichen Reisen erlebe, doch Spaß ist. Denken Sie nur an Wimbledon, an die US Open; dann folgen große Golfturniere, die packenden Spiele der National Football League, Festivals in London oder Tokio. Zum Ausspannen genieße ich das prächtige Hawaii-Archipel, wo wir ein Haus haben."

Auch wenn die schnellebige Zeit ein paar Aussagen widerlegen sollte, bleibt der Reiz des Wortinterviews erhalten. Hier die Ansichten des Managers, den sie „den mächtigsten Mann des Sports" nennen.

Über die Prozentsätze, die Sie kassieren, gibt es viele Gerüchte. Wie hoch sind sie wirklich?

McCormack: Das ist unterschiedlich. Sie können sehr niedrig sein. Wenn Sie aber einen Vertrag über hunderte Millionen Dollar –

wie bei den Olympischen Spielen – machen, kann dieser Satz sehr hoch sein.

Wie hoch?

McCormack: Es kann schon bis auf 50 Prozent raufgehen. Aber Sie müssen Ihre Prozentsätze davon abhängig machen, was Sie für Ihren Klienten tun können. Angenommen, wir würden die Einkünfte vervierfachen, würden wir vom Differenzbetrag durchaus 50 Prozent beanspruchen. Dennoch wäre es eine gute Sache – für beide Seiten.

Als Anfänger haben Sie wohl nicht in dieser Größenordnung gedacht. Wie waren denn die Einstiegs-Tarife des Neumanagers McCormack 1960?

McCormack: Nun, sie waren in gleichem Maße geringer wie die persönlichen Möglichkeiten im Verhältnis zu heute. Es begann so mit zehn bis 15 Prozent.

Sie wollen die Sportler, so ist es einmal formuliert worden, vor der Ausnutzung durch Unternehmen und Veranstalter schützen. Sie vertreten aber auch Veranstalter und Unternehmen. Gibt es da nicht zwangsläufig Interessen-Kollisionen?

McCormack: Das muß ich korrigieren. Wenn eine Firma Becker weltweit zur Werbung benutzen und ihm nur 5000 Mark pro Jahr zahlen würde, wäre das wohl nicht fair. Das ist es, was ich meinte. Alles, was ich damit sagen will, ist: Sportler sollten nicht unsinnig und unvernünftig durch die Werbe-Unternehmen ausgenutzt werden. Und wenn ich beide Seiten vertrete, um so besser. Denn dann kann eine für beide Seiten optimale Lösung gefunden werden. Pflicht ist eben nur, daß ich beide Parteien über die Doppelvertretung informiere. Solange für beide Seiten die Verhältnisse offen liegen, gibt es keinen Interessen-Konflikt.

Die deutsche Grand-Slam-Titelträgerin Steffi Graf und auch Boris Becker sind begehrte Werbe-Partner. Beide werden von Einzelpersonen betreut, Becker von Ion Tiriac und Steffi Graf von ihrem Vater Peter. Wird da nicht ein Weg aufgezeigt, der die Ära McCormack beenden könnte?

McCormack: Es ist unmöglich für irgend jemanden, eine Sportlerpersönlichkeit so gut zu managen, wie unsere Firma das tut. Denn Sport ist eine so internationale Sache, daß man Steffi Graf oder Boris Becker beispielsweise in Japan nicht repräsentieren könnte, ohne dort ein Vollzeit-Büro zu haben. Wenn unser Unternehmen diese beiden

Personen repräsentieren würde, würden sie mehr Geld verdienen, als sie momentan bekommen. Das ist absolut sicher.

Andererseits: Ob jemand zehn Millionen oder zwölf Millionen im Jahr verdient, macht natürlich nicht den großen Unterschied. Nehmen Sie einmal Peter und Steffi Graf. Der Vater löst seine Aufgabe wirklich erstklassig, und Steffi fühlt sich mit ihm und durch seine Hilfe so wohl, daß sie auf den Plätzen eine gleichbleibend gute Leistung bringt. Zumindest trägt das dazu bei. Das bedeutet ihr vielleicht mehr als die paar Millionen, die sie mehr verdienen könnte.

Ion Tiriac wiederum ist eine große Persönlichkeit im Tennis. Er weiß sehr viel, mehr als die meisten. Aber auch hier gilt, was ich im Zusammenhang mit Steffi Graf gesagt habe.

Wie ist das in Ihrer Organisation: Gibt es nicht Einzelpersonen, die einzelne Sportler managen, etwa Martina Navratilova oder Ivan Lendl?

McCormack: Aber natürlich. Wir sind die größte Sport-Organisation der Welt. Wir haben auch Einzelpersonen, die nur einen Sportler betreuen, also sogenannte Count-Supervisor. Doch auch diese wichtigen Personen könnten nicht ohne die Unterstützung unseres weltweiten Zweigstellennetzes arbeiten. Wenn wir also Golf-Veranstaltungen in Australien managen, dann muß jemand dort sein, der diesen Job über die Bühne bringt.

Angenommen, Sie hätten einen Wunsch frei: Welche international bekannten Sportler würden Sie dann betreuen wollen?

McCormack: Beim Golf: Severiano Ballesteros, im Tennis Steffi Graf und im Skisport Pirmin Zurbriggen. Das sind die Sportler, die ich gerne vertreten würde.

Und wie viele haben Sie momentan?

McCormack: Oh, ich weiß nicht. Ich habe sie nie gezählt. Wir haben mehr als 1000 Klienten.

In allen Bereichen gibt es heute Ranglisten. Versuchen Sie doch einmal, für uns Ihre ganz persönliche Sportler-Hitliste zusammenzustellen.

McCormack: Wenn ich das täte, würde ich mir auf einer Zehn-Punkte-Skala einen Freund und neun Feinde machen.

Wer sind denn Top-Leute, ohne Rangfolge?

McCormack: Jean-Claude Killy, der vier Goldmedaillen gewonnen hat, im Skisport. Dann Palmer, und im Tennis Björn Borg, der die Größe hatte, zum richtigen Zeitpunkt aufzuhören. Heute überzeugen

Steffi Graf und André Agassi. Becker gehört sicherlich nicht dazu. Ich bewundere ihn zwar sehr, aber er benimmt sich auf dem Court nicht mehr so, wie er es noch vor wenigen Jahren getan hat.

Becker beschwert sich zu oft, jammert zuviel. Und er klagt mit lauter Stimme, versucht oft, zu klug zu sein. Er spricht mit den Linienrichtern, in Wimbledon beim Matchball – das macht man einfach nicht. Okay, er ist jung, 20 Jahre alt. Als ich 20 war, habe ich wahrscheinlich 20mal mehr Fehler gemacht. Doch zum Leitbild für die Jugend wird er nie werden.

In die Persönlichkeitsliste gehört noch Jackie Stewart. Er war mehr als ein guter Fahrer, nämlich auch ein Gentleman und ein guter Geschäftsmann.

Sie gelten in Deutschland als ein „Time is money"-Symbol. Wie lange kann man eine solche Arbeit durchstehen?

McCormack: Während meines Arbeitsjahres ist fast alles, was ich tue, für andere Menschen Freizeitspaß. Ich gehe nach Wimbledon, zu den Olympischen Spielen, zu den British Open im Golf, ich gehe zum Dinner mit Björn Borg. Die meisten Leute würden ihr Leben lang arbeiten, damit sie diese Dinge tun könnten. Für mich hingegen sind sie ein Teil meiner täglichen Arbeit. Ich habe also meine Vorliebe, mein Hobby, zu meinem Beruf gemacht. Deshalb ist das keine Arbeit für mich. Ich kann es gar nicht erwarten, aufzuwachen und zu sehen, was auf meinem Terminplan steht.

Manchmal fangen Sie um fünf Uhr morgens an?

McCormack: Ja, ich fange früh an, sehr früh. Manchmal schon um vier Uhr. Ich habe meine besten Ideen am frühen Morgen, da kann ich meine Telefonate mit Europa erledigen. Ich diktiere meiner Sekretärin am Morgen, und wenn ich den Tag so zeitig beginne, habe ich später Zeit für andere Dinge, wie dieses Interview.

Man sagt, Sie führten genau Buch über Ihre Flugkilometer, Ihre finanziellen Transaktionen und sogar über Ihre Schlafstunden. Sind Sie pedantisch?

McCormack: Ja, ich habe eine unbeschreibliche Menge persönlicher Notizen.

Was war Ihr größter persönlicher Erfolg?

McCormack: Ich weiß nicht. Ich war ganz zufrieden mit dem Schreiben meines Buchs und mit seinem Erfolg.

Gab es irgend etwas, über das Sie sehr enttäuscht waren?

McCormack: Ich bin oft enttäuscht, wenn ich weiß, daß ich eine gute Arbeit geleistet habe, die aber nicht gewürdigt wird. Das geht wohl den meisten Managern so. Anerkennung ist für mich aber etwas sehr Wichtiges.

Sie wollten die Organisatoren von Wimbledon dazu bringen, auch sonntags spielen zu lassen. Aber das wurde empört abgelehnt ...

McCormack: Zunächst ein Mißerfolg, später dann aber doch ein Erfolg. Erst haben sich die Verantwortlichen geweigert, dann haben sie es doch getan.

Henry Ford und Lee Iacocca beklagten, daß Manager mit 65 in den Ruhestand geschickt werden, auch wenn sie sich noch fit fühlen. Wie lange kann ein Top-Mann seine Arbeit gut machen?

McCormack: Eine interessante Frage. Als man die Grenze von 65 Jahren einführte, lag das durchschnittliche Lebensalter der Menschen viel niedriger als heute. Der seitdem eingetretene Wandel wurde nicht berücksichtigt. Die Lebenserwartung wird in Zukunft noch weiter steigen. Was ist, wenn die Menschen eines Tages durchschnittlich 100 Jahre alt werden? Sollen sie dann aufhören, wenn sie 80 sind? Die Frage ist doch, ob man aufhören oder weitermachen will. Erfahrung ist und bleibt unbezahlbar.

„Die Olympiade ist durch den Kommerz nicht gefährdet"

Sie bezeichnen sich als „Manager von Menschen und Konzepten". Wo ordnen Sie die Olympischen Spiele ein, die Sie offiziell vermarkten?

McCormack: Die Olympischen Spiele werden durch die Nationalen Olympischen Komitees und das Internationale Olympische Komitee gemanagt. Wir sorgen dafür, daß die Spiele finanziell abgesichert werden, und wir vermarkten sie. Für Calgary und in Seoul beispielsweise hatte ich die Fernseh-Übertragungsrechte weltweit verkauft; ebenso für Barcelona. Albertville, Austragungsort der Winterspiele 1992, hat uns beauftragt, nicht nur die TV-Rechte zu verkaufen, sondern die ganze finanzielle Nutzung bis hin zu den Souvenirs zu übernehmen.

Sind Sie das erste Unternehmen, das die Vermarktung von Olympia übernimmt?
McCormack: Ja, ich bin sicher, daß wir die ersten waren.
Wieviel verdienen Sie an den Olympischen Spielen?
McCormack: Nun ja, wir sind ein privates Unternehmen, und unsere Grundphilosophie lautet: Wenn unsere Klienten verlauten lassen, was sie uns bezahlen, dann liegt es an ihnen, und es ist okay. Aber wenn Sie mich fragen, wie unsere finanziellen Vereinbarungen mit dem Deutschen Tennisbund oder mit Bernhard Langer aussehen, muß ich passen. Ich sollte tunlichst schweigen.
Hochbezahlte Stars des Sports sind heutzutage am Start. Das Ende der olympischen Idee?
McCormack: Ich denke, die Definition des Worts „Profi" ist sehr, sehr kompliziert. Es ist ja nicht das erste Mal, daß Profis an den Olympischen Spielen teilnehmen, wenn man „Profi" so definiert, wie ich es tue. Die Teilnehmer aus den osteuropäischen Ländern zum Beispiel waren immer Vollzeit-Athleten, die kassierten. Die Athleten der DDR oder auch die Basketballer der Sowjetunion wurden jahrzehntelang von der Regierung bezahlt; ihnen werden Trainingsmöglichkeiten eröffnet, ihr Lebensunterhalt ist gesichert – es wird also für sie Geld ausgegeben, damit das Land in dieser Sportdisziplin siegt, die Flagge gehißt, die Nationalhymne gespielt wird. Für mich waren und sind diese Sportler Profis. Auch in der westlichen Welt haben mit Sicherheit viele Athleten seit Jahren still und heimlich Geld angenommen. Und deshalb kann ich den Leuten nicht zustimmen, die vom „ersten Mal" sprechen und davon, daß der Olympische Geist getötet wird.
Also eine zeitgemäße Öffnung?
McCormack: Der Olympische Geist wandelt sich. Zu Beginn der historischen Zeitrechnung, als die Olympischen Spiele ins Leben gerufen wurden, gab es natürlich keinen Profisport. Und wenn die Erfinder der Spiele heute hier sitzen würden und die Olympiade neu einrichten müßten, würden sie eine unserem Jahrzehnt gemäße Form finden, damit die tatsächlich besten Sportler aller Disziplinen antreten könnten. Dabei wäre es von vornherein egal, womit sie ihr Geld verdienen.
Glauben Sie, daß der Charakter der Olympischen Spiele, so, wie sie nun einmal sind, durch den Kommerz gefährdet wird?

McCormack: Nein, ich denke, in gar keinem Fall.
Man sagt, daß Sie Ihr Unternehmen IMG (International Management Group) mit weniger als 1000 Dollar und einem Händedruck gründeten. Wie groß ist Ihre Organisation heute?
McCormack: Heute haben wir ungefähr 1000 Vollzeitarbeitskräfte, wir sind in 18 Ländern vertreten und haben 26 Büros.
Und Arnold Palmer war der erste McCormack-Klient?
McCormack: Ja, seit 1960.
Inzwischen sind Sie einer der größten Fernsehproduzenten der Welt. Exklusiv-Rechte haben Sie auch im Zusammenhang mit den Papst-Reisen und den bedeutenden Galas der Nobelstiftung. Woran denn sonst noch?
McCormack: Ich habe die TV-Rechte an den Olympischen Spielen, auch an vielen Tennis-Meisterschaften. Aber wir repräsentieren nur die TV-Rechte. Es ist ein Unterschied, ob man die Rechte hat oder sie repräsentiert, also gegen Provision verkauft. Das gilt ebenso für Wimbledon, die US Open, die Australien Open, alle großen Golf-Meisterschaften weltweit, alle Ski-Weltmeisterschaften und -Cups. Hier in den USA gehören mir die Rechte an den Übertragungen der National Football League (American Football), MCAA (American College Atlantic Association), America Cup Yard Races und an vielen anderen Wettbewerben.
Man nennt Sie den „mächtigsten Mann des Sports". Sie arbeiten mit vielen prominenten Assen zusammen, speziell im Golf- und Tennissport. Wer ist denn Ihr schwierigster Schützling?
McCormack: Wenn ich Ihnen das jetzt sagen würde, hätte ich einen Klienten weniger. Das größte Problem, das ich habe, ist: Viele der Sportler sind sehr jung, wenn sie anfangen, so um die 14. Da müssen Sie sich noch mit den Eltern auseinandersetzen. Wenn Sie die Verhandlungen mit den Erwachsenen nach schwieriger Anlaufzeit endlich im Griff haben, kommen die jungen Sportler in das Alter, in dem sie gegen ihre Eltern revoltieren und selber entscheiden wollen. Und wieder fangen Sie ganz von vorne an.
Häufig beklagt man Fehler von Sport-Funktionären. Haben Sie schon einmal daran gedacht, die Persönlichkeiten zu vermarkten, die dem Sport wirklich helfen?
McCormack: Nein.
Beraten und vermarkten Sie auch Politiker?

McCormack: Nein. Kein Geschäft!
Fragt Sie der amerikanische Präsident um Rat?
McCormack: Nein, nicht der Präsident. Ich habe aber für einen Vizepräsidenten gearbeitet, habe ihm bei all seinen Veröffentlichungen geholfen. Das war aber keine Sache für die Öffentlichkeit.
Ihr Buch „Was man an der Harvard Business School nicht lernt" wurde ein internationaler Erfolg. Was macht solche Bücher, wie sie auch Lee Iacocca und Donald Trump geschrieben haben, zu Bestsellern?
McCormack: Das weiß ich auch nicht. Aber es ist tatsächlich ein Erfolg: Mehr als eine Million gebundener Exemplare sind verkauft worden. Es ist auch als Taschenbuch herausgekommen und wird weltweit in Schulen ausgegeben. Ich glaube, es interessiert die Leute, aus den Erfahrungen, die andere in Unternehmen und Werbung gemacht haben, zu lernen. Sie wollen sie für ihre eigenen Aktivitäten nutzen. Der Unterschied zwischen meinem Buch und den Büchern von Iacocca und Trump, die auch mit Business zu tun haben, ist der Reiz der Namen. Ich schreibe von Björn Borg, der Nobel-Stiftung oder über den Heiligen Vater. Die Leute interessieren sich halt mehr dafür, welche Verträge mit Steffi oder Boris zustande kommen, als dafür, warum das neue Design für die Chrysler-Vans mißlungen ist.
Glauben Sie, daß junge Manager aus der Schilderung Ihrer Führungsphilosophie Kapital ziehen können?
McCormack: Ich hoffe doch. Deshalb werden die Bücher ja gelesen.
Durch ein „wahnwitziges Geldfieber", wie Tom Wolfe es nennt, werde das klassische Management ausradiert. Fühlen Sie sich als Teil einer menschenmordenden Geldmaschinerie?
McCormack: Nein, wirklich nicht. Ich glaube, daß Geld sehr wichtig ist – besonders dann, wenn man nur wenig hat. Ist aber genügend da, um den persönlichen Lebensstil und -standard für sich und seine Familie zu erhalten, dann ist Geld nicht so bedeutend. Das Thema „Geldgier" wird romanhaft überbewertet.
Status-Symbole liegen im Trend. Sie prägen die zweite Hälfte der 80er Jahre. Tragen Sie dem Rechnung? Ist es ein Status-Symbol, von Mark McCormack gemanagt zu werden?
McCormack: Der Gedanke gefällt mir, es wäre schön, wenn es so wäre. Das beste, was wir auf diesem Gebiet erreichen könnten: daß

Leute, die Gewinner sind, Stolz darüber empfinden, mit uns zusammenzuarbeiten. Und die Leute, die Mercedes oder BMW fahren und eine Rolex tragen, weil sie darin ein Zeitzeichen des Erfolgs sehen... Okay, warum denn nicht? Es ist kein Grund, sie deswegen intellektuell abzuwerten.

Haben Sie nur Partner? Oder haben Sie auch Freunde?

McCormack: Ich habe auch Freunde. Aber ich hatte nie viele Freunde. Freundschaft ist etwas, das lange Zeit zum Entstehen braucht. Ich bin sehr vorsichtig und warte, bevor ich jemanden als meinen Freund bezeichne. Es ist ein großer Unterschied, ob jemand ein Freund oder ein Bekannter ist.

Was erwarten Sie von Freunden?

McCormack: Daß man, wenn man mit ihnen zusammen ist, total ausspannen kann. Daß man sich darüber keine Gedanken machen muß, was für einen Eindruck man in dem Augenblick vermittelt. Freunde müssen einen so gut kennen, daß sie beurteilen können, wann man sich nicht gut fühlt. Bei ihnen darf man irrational reagieren, und sie akzeptieren das. Man kann etwas Verrücktes tun, und sie tolerieren es. Man muß sich bei Freunden nicht dauernd rechtfertigen, und sie brauchen es nie bei mir zu tun. Schließlich ist ein Freund jemand, bei dem man nicht nachfragt, warum er um etwas bittet.

Was möchten Sie von Ihren Partnern wissen, bevor Sie sie als Klienten akzeptieren?

McCormack: Daß sie ehrlich sind, daß sie die Dinge tatsächlich so vertreten, wie sie es vorgeben zu tun.

Bei welcher Größenordnung machen Sie das Geschäft selber und delegieren es nicht an Mitarbeiter?

McCormack: Es kann ein ganz kleines Geschäft sein. Es kommt darauf an, ob ich glaube, daß ich es am erfolgreichsten machen kann. Und es hängt davon ab, ob ich glaube, daß das Beste getan werden kann. Nur weil ein Geschäft groß ist, muß das nicht unbedingt heißen, daß ich es am besten machen kann. Es gibt Mitarbeiter, die einen bestimmten Auftrag viel besser ausführen können als ich. Es hängt also nicht von der Höhe des Abschlusses ab und auch nicht von der Person des Klienten.

XIV

KARL EHMER

KARL EHMER

Auch mit Wurstwaren ist eine Traumkarriere möglich

Die Samstagausgabe der „New Yorker Staats-Zeitung und Herold" bringt auf Seite eins nur ein einziges Thema. Diesmal geht es nicht um Politik, um Kanzler und Koalitionen, auch nicht um die Fußballnationalmannschaft. Die deutschsprachige Zeitung feiert einen Schwaben in New York, der das Verdienstkreuz Erster Klasse des Verdienstordens der Bundesrepublik Deutschland verliehen bekommen hat. Sein Name ist Karl Ehmer, Unternehmer mit dem ungewöhnlichen Wahlspruch: „Mein idealer Lebenszweck ist Borstenvieh und Schweinespeck." Konsul Dr. Thomas Fischer-Dieskau hat die Auszeichnung für den Bundespräsidenten übergeben. Mehrere Fotos zeigen die Zeremonie und die anschließende Feier im Penta-Hotel. Darunter ist die Gästeliste abgedruckt. Sie liest sich wie das „Who is who" der erfolgreichsten Deutschen in New York.

Es hieß, die hohe Ehrung wurde Ehmer für die Vertiefung der deutsch-amerikanischen Freundschaft zuteil, um die er sich stets bemüht und die er finanziell großzügig unterstützt habe. So hat er ein „plattdeutsches Altenheim" auf Long Island mitgegründet, und er beteiligt sich an der jährlichen Steubenparade im Zentrum der Metropole. Ehmer garantiert darüber hinaus den Bestand des deutsch-amerikanischen Freundschaftsgartens in Washington, der als Symbol für die engen Beziehungen gewertet wird.

Ordensverleihungen sind freilich so ungewöhnlich nicht. Doch hinter dem freundlichen und großzügigen alten Herrn von Seite eins, der bereits die 80 überschritten hat, steht eine der ungewöhnlichsten Karriere-Stories eines Einwanderers. Die abgegriffene und immer wieder auf Hochglanz polierte Tellerwäscher-Millionärs-Arie paßt geradezu perfekt auf seine 60 Jahre in den USA.

Ehmers Lebenslauf liest sich wie ein Synonym für den „amerikanischen Traum". Das gewollt unernste Motto macht deutlich, daß sich dabei alles um die Wurst dreht. Der gemachte Geschäftsmann mit Großfleischereien, Wurstfabriken, Geschäften und Restaurants sowie einer Fast-Food-Kette startete einst mit gewaltigem Handicap, ausgerechnet auf dem Höhepunkt der Weltwirtschaftskrise.

Rückblende ins Frühjahr 1930. Der Passagierdampfer „Columbus" vom Norddeutschen Lloyd nähert sich in gemäßigter Fahrt der Neuen Welt. Langsam heben sich die Morgennebel und geben die Skyline der aufregendsten Stadt Amerikas frei. New York, die Metropole der Vereinigten Staaten, liegt vor ihm. Möwen begleiten mit heiserem Krächzen das Schiff. Karl Ehmer, gerade 21, steht mit geflickter Joppe und Schirmmütze auf dem Oberdeck und erlebt mit Herzklopfen die erste Begegnung. Weit vor der Silhouette hebt sich mit scharfen Konturen die Freiheitsstatue ab. Der erste Gruß für die Einwanderer. Sechs Tage hat die Überfahrt von Bremerhaven gedauert, 115 Dollar (nach damaligem Kurs 460 Mark) mußte er für seinen Platz auf dem Zwischendeck bezahlen. Zum Arbeiten ist der Junior gekommen, er möchte viel Geld verdienen, um einmal als reicher Mann in seine schwäbische Heimat zurückzukehren, die ihm zur Zeit keine Arbeit garantieren kann. So wie er denken im selben Jahr 60 000 Deutsche, die ihr Land verlassen. 45 000 suchen in den Vereinigten Staaten eine neue Heimat.

Liberty Island gleitet vorüber. Fasziniert bewundert Ehmer die steinerne Schönheit dieser Lady mit dem Feuer der Freiheit, die der französische Bildhauer Frédéric Auguste Bartholdi 1886 geschaffen hat. Für den Einwanderer aus Klein-Ingersheim bei Ludwigsburg ist die Müdigkeit nach der schlaflosen Nacht verflogen. Der wie blankgeputzte Morgen nährt die Hoffnung. Eine dreijährige Metzgerlehre hat er hinter sich und dabei gute Kenntnisse erworben. Als Geselle konnte er seine Fähigkeiten weiter ausbauen, bis es in Deutschland kaum noch Fleisch und Arbeit gab. Englisch allerdings spricht er kein einziges Wort.

Das Schiff gleitet in den Hafen. Neugierige und fliegende Händler stehen am Pier. Lautes Stimmengewirr mit babylonischem Durcheinander liegt über der Szene. Von irgendwoher klingt Marschmusik. Als die Beamten der Einwanderungsbehörde den Dampfer freigeben, rennt der 21jährige mit seinem Rucksack und dem Pappkoffer los. Hinter dem Zoll wartet seine Kusine. Sie umarmen sich: „Willkommen in der neuen Heimat."

Damit begann der wichtigste Lebensabschnitt. Der junge Mann aus Deutschland zog in eine winzige Kammer und arbeitete bereits vom nächsten Morgen an zwölf Stunden am Tag mit 30 Minuten Pause. Dafür bekam er 30 Dollar Lohn in der Woche. Gar nicht mal so schlecht für den Anfang. Dazu gab's gute Kost. Kraft genug hatte Karl, in dieser Phase anschließend noch von acht bis zehn am Abend die Sprachschule zu besuchen, um sich möglichst schnell auch dann in der Stadt verständigen zu können, wenn nicht gerade andere deutsche Auswanderer um ihn herum waren. Eine harte Zeit ohne Raum für privaten Spaß.

Oft dachte er an zu Hause, an die alten Freunde. Wenn es nach dem Willen seines Vaters gegangen wäre, hätte er den Hof der Eltern übernommen. Aber als Bauer sah sich Karl nicht. Er wollte Metzger sein, köstlichen Aufschnitt machen, Steaks und Braten vorbereiten. Sein Vorteil, den er noch heute sieht: „Ich hatte das Glück, mir bei besonders guten Wurstmachern Können anzueignen. Ich habe überall Anregungen mit den Augen gestohlen." Seine letzte Stelle in Deutschland erlebte er bei der Metzgerei Josef Müller in Dietzenbach bei Frankfurt: „Von dem habe ich mir später die Rezepte der Gewürzmischungen für meine Waren geben lassen", sagt Ehmer.

Der Mann von Karls Kusine, John Böse, der in New York deutsche Pasteten und Würste herstellte, war mit seinem neuen Gehilfen sehr zufrieden.

Nach zwei Jahren nahm Ehmer sich für das Cannstatter Volksfest, das ein deutscher Club in der Millionenstadt ausrichtete, ein freies Wochenende. „Mit der gleichen Vorfreude und Herzklopfen, wie die Menschen heute einer vierwöchigen Amerikareise entgegenfiebern", erinnert er sich. Bei der Veranstaltung lernte er Martha Voegele kennen. Die aus Ebingen stammende junge Dame mit dem lustigen Hütchen war ebenfalls kurz zuvor nach Amerika ausgewandert. Wie das bei Verliebten so ist, träumten sie von gemeinsamer Zukunft und einem eigenen Geschäft. Als Ehmer 1932 mit seinen ersten zusammengesparten 250 Dollar einen kleinen Laden an der Ecke 2. Avenue und 46. Straße kaufte, läuteten tatsächlich kurz danach die Hochzeitsglocken. „Ich habe sie gar nicht gefragt, sondern nur gesagt: ‚Komm, wir heiraten'."

Doch während das Eheglück Bestand hatte, mußte der junge Unternehmer schnell sein erstes Lehrgeld bezahlen. Nach vier Monaten stieß er das Geschäft wieder ab, weil der Umsatz in der armen Wohngegend nicht einmal ausreichte, um die Kosten zu decken. „Ich arbeitete zunächst wieder für einen deutschen Geschäftsmann, der selbst keine Ahnung von der Fleischerei hatte. Doch schon kurze Zeit später unternahm ich einen weiteren Anlauf", spult er den Film zurück. „Das kann ich allen jungen Leuten nur raten, ebenso zu handeln. Der erste Versuch einer Unternehmensgründung geht häufig daneben. Laßt euch dadurch nicht entmutigen", formuliert er engagiert.

Zu diesem Zeitpunkt hatte er schon 500 Dollar auf der hohen Kante und zusätzlich 300 Dollar zur Verfügung, die er von seinem Vermieter geborgt hatte. Damit erwarb er einen Laden in der Nähe des damaligen Deutschen-Viertels Yorkville an der 86. Straße. „Der Umsatz am ersten Tag betrug sieben, in der ersten Woche ganze 96 Dollar", sagt er. „Ich war verzweifelt, grübelte nächtelang, ob ich etwas verkehrt mache. Doch tatsächlich war es die elende Zeit, die Wachstum nicht zuließ."

Um nicht wieder verkaufen zu müssen, ließ er seine Martha allein den Verkauf führen, während er von Dienstag bis Freitag bei seinem früheren Arbeitgeber rackerte, für fünf Dollar täglich. „Abends und am Wochenende fertigte ich dann meine eigenen Wurstwaren an. Ich fuhr oft mit einer Kiste voll Fleisch und Aufschnitt auf der Schulter mit dem Bus zu meinem anderen Arbeitsplatz", schildert er die damalige Zeit. „Der Fahrpreis betrug fünf Cent."

„Mein Chef kaufte von mir bestimmte Wurstsorten, und ich nahm ihm einen Teil seiner Fertigung ab." So verbreiterten beide ohne Mehrkosten die Angebotspalette. Bald hatte Ehmer die Schulden abbezahlt und konnte ein zweites und drittes Geschäftslokal hinzukaufen. „Ich hab' ganz schön Nerven gehabt", schwäbelt er.

Die neuen Läden waren alle auf Pump eingerichtet. „Die Handelsvertreter waren daran interessiert, ihre Ausrüstungsgegenstände loszuwerden, aber ich hatte kein Geld, also unterschrieb ich Teilzahlungsverträge." Sein Vabanque-Spiel zahlte sich aus. Er wußte mittlerweile, wo ein Laden Erfolg haben würde und wo nicht.

Obwohl er erst 26 war, hatte ihn die eisige Kälte des Weltstadt-Business schon geprägt. Er agierte mit Geschäftssinn und Geschick. „Ich hatte trotz der Stottergeschäfte erneut 300 Dollar auf der Bank als eiserne Reserve, da sah ich in der Third Avenue einen leeren Laden ohne Einrichtung. Nun, die Räume waren einfach, aber ich nahm sie trotzdem und leistete eine Anzahlung von 100 Dollar. Nach Abzug der Miete von 100 blieben mir noch 100 Bucks. Ich hängte ein großes Schild ins Fenster, auf dem stand: „Dieses Geschäft wird in Kürze als 1A-Schweinemetzgerei öffnen."

Bald kamen aus allen Teilen New Yorks die Kunden, um hier ihre original deutsche Bratwurst zu kaufen. Ehmer und sein Gehilfe schafften es kaum noch, ausreichende Mengen zu produzieren. „Da die Wurstküche zu klein wurde, kaufte ich ein weiteres Ladenlokal mit größerem Arbeitsraum, in dem einfach mehr hergestellt werden konnte", stellt er sachlich fest. Inzwischen sorgte das Taktieren mit größeren Summen ebenso für ein glückliches Gefühl wie die gelungene handwerkliche Arbeit.

Ein typisches Beispiel aus jener Zeit schildert er selbst: „Eines Tages wollte ich für die Familie ein Haus kaufen. Meine Frau war dabei. Ich sollte den Besitzer treffen, der gerade selber ein Lokal erworben hatte. Das damit eingegangene Risiko machte ihn aber derart nervös, daß er mich geradezu anflehte, ihm doch diese Investition und nicht das Haus abzukaufen. Ich sagte okay und drückte den Preis angesichts des Notangebots um 40 Prozent. Hinterher habe ich mich über meine Härte selber gewundert. Als ich die Treppe hinunterging und es meiner Frau erzählte, bemerkte sie nur: Dahin also der Traum vom eigenen Haus."

Ärger mit den Gewerkschaften brachte Ehmer 1939 so weit, daß er alle seine New Yorker Läden verkaufte und in die Automobilmetropole Detroit umzog. Doch im kühlen Norden, an der kanadischen Grenze, fühlte er sich nicht wohl. Geschäftlich ging es auch nicht wie erhofft voran, und er kehrte nach New York zurück. Das alte Ladenspiel begann von vorne. Sein Finanzroulette mit kleinen und mittleren Einsätzen drehte sich erneut.

Leicht waren die Zeiten nie für den inzwischen eingebürgerten Schwaben. Der Zweite Weltkrieg machte die Arbeit in New York noch komplizierter. Als wohlmeinende Freunde ihm bei Kriegsausbruch rieten, ein geplantes neues Geschäft nicht als „Deutsches Wurstgeschäft" anzukündigen, weil die Germans doch so verhaßt seien, stießen sie bei Ehmer auf Granit. „Ich kann doch nicht verleugnen, daß ich aus Deutschland bin", empörte er sich. „Außerdem schmeckt ihnen die Wurst nicht schlechter." Er behielt recht. Kein Kunde sprang ab.

**Den Weg zum Ziel
stets unbeirrt verfolgen**

Ehmer überlebte den Krieg ohne persönliche Anfeindungen in seiner neuen Heimat. Seine Geschäfte blühten, und bald richtete er in dem überwiegend von Deutschen bewohnten Viertel Ridgewood seine zentrale Wurstküche für alle Läden ein. Die mehrmals vergrößerte Anlage ist auch noch heute Hauptquartier für „Karl Ehmer Quality Meats".

Es war ein langer, harter Weg bis dahin. „Ich habe schwer gearbeitet, aber es hat mir Spaß gemacht", blickt er zufrieden zurück. „Wenn man bedenkt, daß nach der Überfahrt nicht ein Cent im Geldbeutel war", erinnert er sich bei Schweineschnitzel mit Spätzle und Blumenkohl in „Karl Ehmer's Rathskeller" in der Ortschaft Fishkill bei Poughkeepsie, nördlich von New York.

Das gemütlich eingerichtete Restaurant könnte in jeder deutschen Ortschaft stehen. Gezapft wird Dinckelacker Bier, der Wein ist selbstverständlich Württemberger und der Kaffee von Melitta. „Den Wein importier' ich selbst", verrät er verschmitzt. Die Inneneinrichtung stammt ebenfalls aus Baden-Württemberg.

Jede nur denkbare Verbindung zur alten Heimat hält Amerikas Wurstkönig über Jahrzehnte aufrecht. Nur an eine Rückkehr hat er in den letzten 25 Jahren nicht ein einziges Mal gedacht. Wenn er nach Deutschland reist, besucht er den verbliebenen Rest der Familie im schwäbischen Raum oder holt in Stuttgart seinen neuen Mercedes ab, zuletzt einen 560 SEL. Eine ganze Zeitlang hat er versucht, junge Leute zu motivieren, als Arbeitskräfte mit in die Staaten zu fliegen, um dort in seinen Betrieben einen Job anzunehmen. Diese Werbe-Aktionen führten zum einzigen Augenblick, wo Ehmer resigniert hat: „Da will keiner mehr das Risiko einer Übersiedlung eingehen, und von Arbeiten redet man am besten überhaupt nicht. Da sieht man nur lange Gesichter."

Seine deutschen Autos, auf die er so stolz ist, und das Reisen rund um den Erdball betrachtet er als Belohnung für seinen gewaltigen Einsatz bis ins hohe Alter. „Mein einziger Luxus", pflegt er zu sagen. Er fuhr kreuz und quer durch Australien, machte eine Safari in Afrika, erlebte die Anden, besuchte die Inseln der Südsee und flog nach China. Auf den langen Flügen, für andere eher Strapazen, kann er sich entspannen. Doch ganz abzuschalten gelingt ihm nicht. So kam er in den Ferien mit Chinesen ins Geschäft, er verkaufte das Know-how des Wurstmachens und organisierte die Einrichtung einer kompletten Großküche.

Rastlos ist er und überhaupt keiner, der daran denkt, daß er längst seinen Lebensabend pflegen sollte. Diese Freuden genießt er stundenweise in kleinen Portionen, wenn er abends in seinen Palast heimkommt. Oft schwimmt er dann noch ein paar Bahnen in seinem Pool mit Wettkampfmaßen, Unterwasserdüsen und Gegenstromanlage. Sein Haus hat er in LaGrange bei Fishkill gebaut, und dort engagiert er sich trotz des hohen Alters auch kommunalpolitisch. In seinem Heimatblatt, dem „Poughkeepsie Journal", sorgt Ehmer immer noch für Schlagzeilen. Der gebürtige Schwabe, der ständig mit einem Cowboyhut auf dem Kopf herumläuft, hat gerade mit Erfolg den Kampf gegen die Befürworter einer Fußgängerzone gewonnen. In der Probezeit waren die Geschäfte leer und die Grünanlagen mit Obdachlosen übervölkert. Deshalb setzte Ehmer seinen Plan durch, die trostlos gewordene Innenstadt wieder zu reaktivieren.

Vor Jahren wollten sie ihn zum Bürgermeister machen, er hat abgelehnt. Da konzentrierte er sich gerade auf die Idee, Schlachtvieh nicht mehr nur einzukaufen, sondern selber zu züchten. Er hatte dafür nach und nach vier Farmen mit riesigem Weideland erworben und Spezialisten für Schweinemast und Rinderzucht eingestellt. Mit der Zeit kam er zur Erkenntnis, daß dieser für ihn fremde Teil seines kleinen Imperiums zu viel Ärger machte und zu wenig Gewinn brachte. Da verkaufte er alles, geschickt wie immer, mit einem guten Profit. Lediglich zehn Hektar Land behielt er zurück. Darauf züchtet er jetzt einige Rudel Rehe, das Fleisch liefert er an New Yorker Restaurants.

Auch der Robusteste ist gegen Krankheit nicht gefeit. Als ich Ehmer im Frühjahr 1990 besuchen wollte, um mit ihm über seine neueste Idee, die fahrbaren Wurststände, mit denen er die ganze Ostküste beschicken wollte, zu reden, verabschiedete er sich in die Klinik. Über seine Krankheit mochte er nicht sprechen. Sorgen machte ihm, was aus seinem Unternehmen wird, wenn er einmal nicht mehr da ist. Er hat zwei Töchter, der männliche Erbe, der den Betrieb übernehmen kann, fehlt. Zwei Enkel arbeiten bereits für ihn, erklärten aber, daß sie kein Interesse am Management haben. Am liebsten wäre ihm ein Fachmann aus Europa, aber dem setzen die amerikanischen Einwanderungsbehörden Schranken.

Welche Gedanken hat er, wenn er auf seine Karriere zurückblickt, auf seine mit Fleiß zusammengetragenen Millionen, und was kann er möglichen Nachfolgern empfehlen? Er muß nicht nachdenken: „Auch heute gilt, wie vor 60 Jahren, daß die Bereitschaft, hart arbeiten zu wollen, durch nichts, aber auch gar nichts zu ersetzen ist." Was sich geändert hat, ist der Umgang mit dem Geld. „Ich habe damals alles selber geregelt, doch in dieser Zeit sollte man sich nicht scheuen, in die Auswahl eines finanziellen Hausarztes zu investieren", sagt er ganz ernst, obwohl sich die Lachfältchen um seine Augen vertiefen. „Es ist eine Heidenarbeit, Geld für sich arbeiten zu lassen. Ich denke sogar, es ist eine Kunst."

Dann offenbart er einen Gedanken, der deutlich zeigt, daß der Spruch vom „Lebenszweck mit Borstenvieh und Schweinespeck" nur als Selbstironie zu verstehen ist. „Der amerikanische Traum", sagt der erfolgreiche alte Herr voller Weisheit, „ist die Erfüllung von Wunschdenken und Hoffnung und die Bereitschaft, alles dafür zu geben. Vorgezeigt werden in dem Zusammenhang immer die edlen Dinge, Glanz Gloria. Für mich darf die Erfüllung ebenso im Umgang mit ganz simplen Alltagsgütern liegen." Entscheidend sei, daß man den Weg zum Ziel stets unbeirrt verfolge.

Seine Gespräche mit den Hauptpersonen des Buches „Amerikanische Traumkarrieren" führte der Autor in den USA. Die Interview-Termine (von oben nach unten): Mark McCormack, Jay Pritzker, Ronald Haan, Giorgio Moroder, Donald Trump (großes Foto) besuchte er zu einem Zeitpunkt, als noch keine dunklen Schatten auf dem Milliarden-Imperium lagen.

Interview-Termine (Fortsetzung): Händedruck nach Testfahrten mit Lee Iacocca. Links daneben Gesprächspartner Heinz Prechter und rechts darunter William Johnson, in dessen Büro in Buckhead (Georgia).
Zweiter Gedankenaustausch mit Donald Trump (unten) in der schwierigsten Phase seiner Unternehmensgeschichte. Einen Tag später bewilligten die Banken dem angeschlagenen Baulöwen den rettenden Überbrückungskredit.

» *Die Tüchtigen, die sich ihren Karrieretraum im Management erfüllen und in den Bereich der Millionen-Dollar-Gehälter vordringen, kommen stets aus dem Volk der emsigen Bienen. Das sind die Jungs, die von Anfang an mehr tun als von ihnen erwartet wird. Anders als die neunmalklugen Grübler geben sie immer ihr Bestes.* «

Lee A. Iacocca

Mein Dank gilt allen,
die geholfen haben,
dieses Buch fertigzustellen.
Darin sind Freunde und
Bekannte eingeschlossen,
die in schwierigen Situationen,
durch persönliche Beziehungen,
Kontakte ermöglicht und
Türen geöffnet haben.

Der Autor

BILDNACHWEIS

Ronald Haan: Bernd Kollmann
Arnold Schwarzenegger: Ullstein-Teutopress
Jay A. Pritzker: Bernd Kollmann
Donald J. Trump: Ullstein-Camera Press Ltd.
Frederick W. Smith: Archiv
Lido A. Iacocca: Robert Tringali
Elke Andrzejewski: Archiv
Jack Nicklaus: Wilfried Witters
William B. Johnson: Heinz Horrmann
Giorgio Moroder: Archiv
Heinz Prechter: Rolf Kurz
Mark McCormack: Anthony Robe
Karl Ehmer: Dieter Klar

Bitte beachten Sie
die folgenden Seiten

Christel Vollmer

Erfolgreiche
Deutsche
in New York

Ullstein Buch 34988

»If you can make it there, you'll make it anywhere...«, so sang Frank Sinatra in seiner Liebeserklärung an New York. Und die Menschen, die hier vorgestellt werden, könnten einstimmen: Denn ihnen allen ist sie gelungen, die Traumkarriere in New York. Deutsche Wunderkinder erzählen von ihrem Erfolg: Claudia Schiffer, das schönste Mädchen der Welt; John Kluge, der reichste Mann Amerikas; Discokönig Rudolf, der im New Yorker Nachtleben bestimmt, wo's langgeht; John Schlesinger, der Lehrer der Wall-Street-Broker; Annemarie, von Jackie Onassis' Köchin zur Millionärin, und viele andere.

Sachbuch

DIE HOTELFÜHRER DER LUXUSKLASSE

DIE BESTEN DER BESTEN
VON
HEINZ HORRMANN

Jeder Band enthält ca. 200 Seiten mit rund 150 meist farbigen Abbildungen. Ausgewählt, kritisch beschrieben und mit stets vergeblich gesuchten Insider-Tips versehen von Heinz Horrmann - einem der ganz großen Kenner der weltweiten Hotelszenerie. Als einziger Deutscher ist er Juror bei der Hotel-Weltrangliste von CONDE NAST TRAVELLER, New York, und bei der Tageszeitung DIE WELT führte er die erste umfassende europäische Hotelwahl durch.

Bisher erschienen:
Business-Hotels (35263), Strandhotels (35264), Grandhotels (35265), Resorts und Lodges (35266), Golf- und Tennishotels (35267), Gourmet-Hotels (35270)

In Vorbereitung:
Schloß-Hotels (35269), Hotels im Schnee (35268), Club-Hotels (35271), Beauty- und Fitneß-Hotels (35272)

FIRST CLASS WOHNEN ECONOMY ZAHLEN

ULLSTEIN HOTELFÜHRER